EINES TAGES
EIN VIERTELJAHRHUNDERT

BY LUKAS MENGELER

VORWORT

„EUROPAPOKAL! WIR SPIELEN WIEDER IM EUROPAPOKAL!" ICH HATTE EINEN OHRWURM, ALS ICH NACH DEM SPIEL IN LONDON AUS DEM STADION GING. WIR HATTEN VERLOREN, ABER ES FÜHLTE SICH SELBST FÜR MICH, DEN ERFOLGSBESESSENEN, NICHT SO AN. UND ICH WAR SICHER NICHT DER EINZIGE, DER DAS SO EMPFAND. DIE SECHS SPIELE GEGEN ARSENAL, BELGRAD UND BORISOV HABEN MICH AN MEINE AKTIVE ZEIT ERINNERT. DAMALS WAR ES FÜR DEN 1. FC KÖLN NORMALITÄT, INTERNATIONAL ZU SPIELEN. ALLERDINGS GIBT ES VON UNSEREN REISEN BEI WEITEM NICHT SO GROSSARTIGE FOTOS. DAS IST HEUTE DANK LUKAS MENGELER ANDERS.

ER HAT DAS TEAM IN DEN SPIELEN DER UEFA EUROPA LEAGUE 2017 BEGLEITET. IN DEN ARENEN, IM FLUGZEUG, IM BUS, IN DER KABINE. HERAUSGEKOMMEN SIND BESONDERE UND EXKLUSIVE EINBLICKE. MAN SIEHT EBEN NICHT NUR JUBEL, SONDERN AUCH ANSPANNUNG, KONZENTRATION, LEIDENSCHAFT – UND DIE ENTTÄUSCHUNG EINER MANNSCHAFT, DIE IN DIESEN SPIELEN ALLES VERSUCHT HAT. OBWOHL WIR IN DER VORRUNDE AUSGESCHIEDEN SIND – DIESE EUPHORIE, DIESES GLÜCK, ENDLICH WIEDER ODER SOGAR ZUM ERSTEN MAL IN EUROPA DABEI GEWESEN ZU SEIN, SIND ES WERT GEWESEN. UND DESHALB BIN ICH FROH, DASS MIT DIESEM BAND NICHT NUR DIE GESÄNGE IM KOPF BLEIBEN, SONDERN AUCH DIE BILDER.

TONI SCHUMACHER

13.09.2017 | 11:01 OZ ABFLUG NACH LONDON, KÖLN / BONN AIRPORT

13.09.2017 | 11:40 OZ ANKUNFT, LONDON STANSTED AIRPORT

13.09.2017 | 12:48 OZ ANKUNFT, FOUR SEASONS HOTEL CANARY WHARF, LONDON

13.09.2017 | 15:55 OZ ABSCHLUSSTRAINING, EMIRATES STADIUM, LONDON

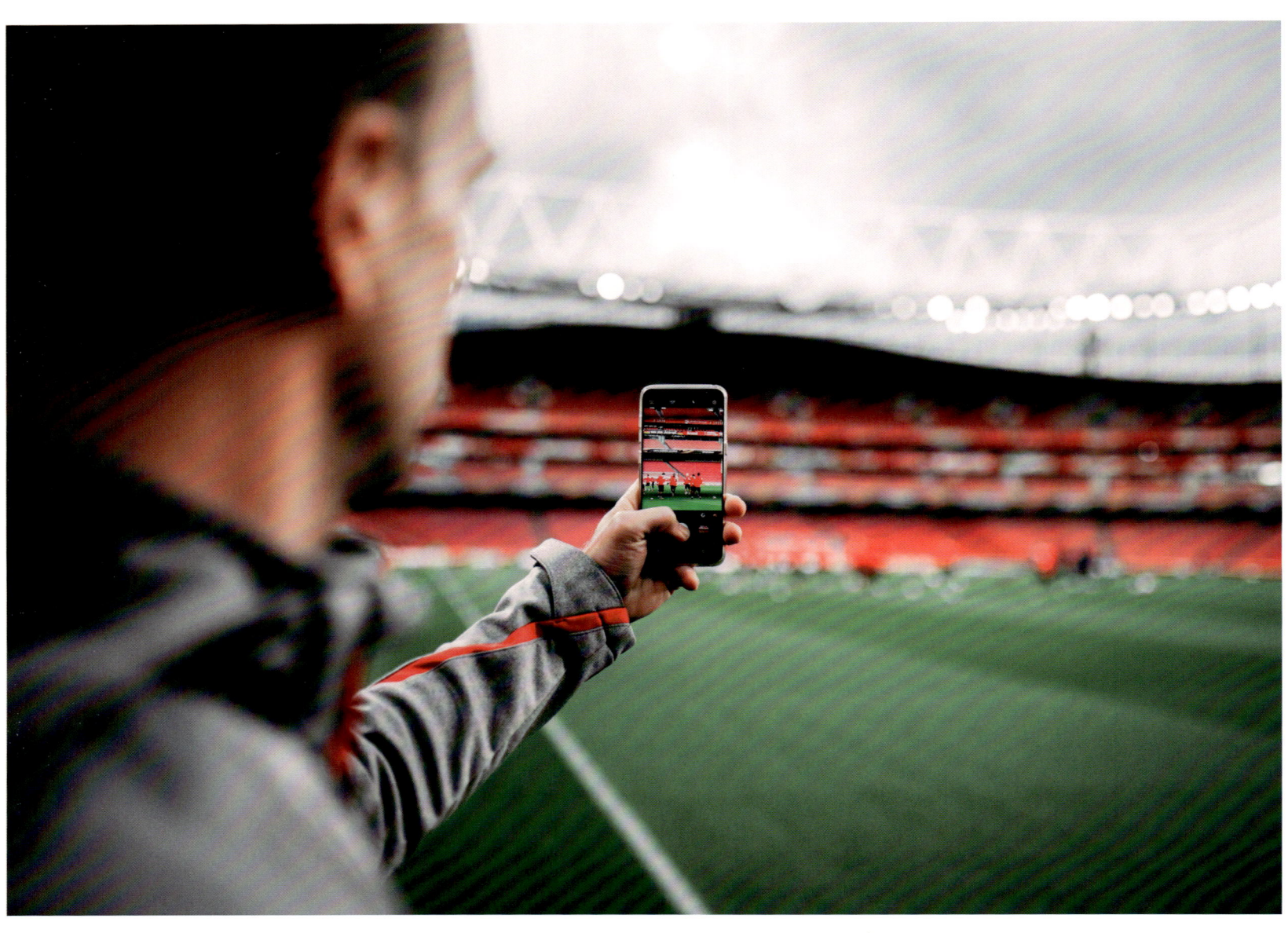

35

1934
1935
1936
mia san Arsenal
Arsenal
ROCKY
GOOD OLD ARSENAL
UEFA EUROPA LEAGUE
UniCredit
UEFA EUROPA LEAGUE
UEFA EUROPA LEAGUE

ARSENAL D.N.A.
1938
PERU
1948
1950
1953
Arsenal
Arsenal Liberia
ITALIAN GOONERS
Arsenal
UEFA EUROPA LEAGUE
AMSTEL
UEFA EUROPA LEAGUE

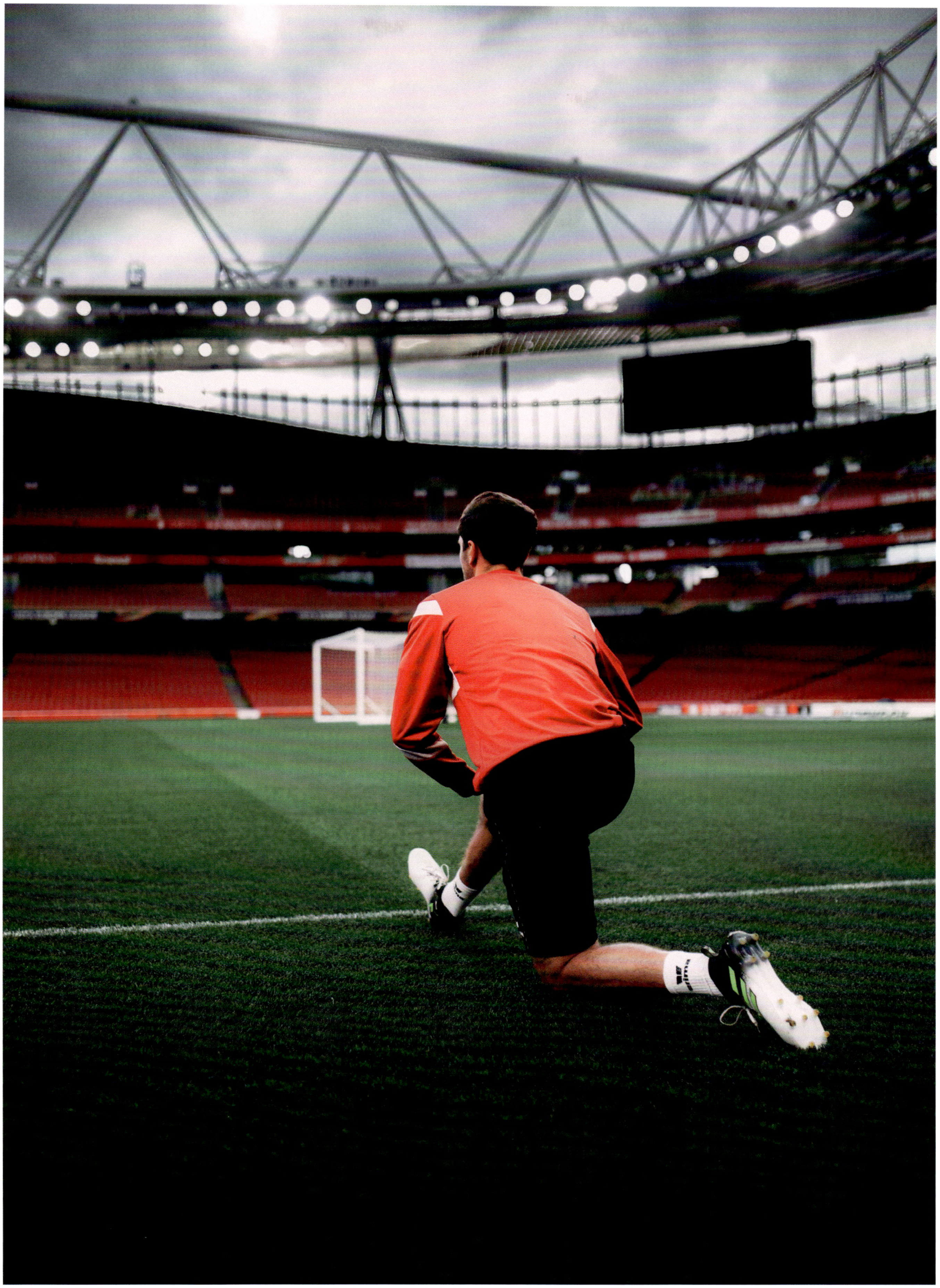

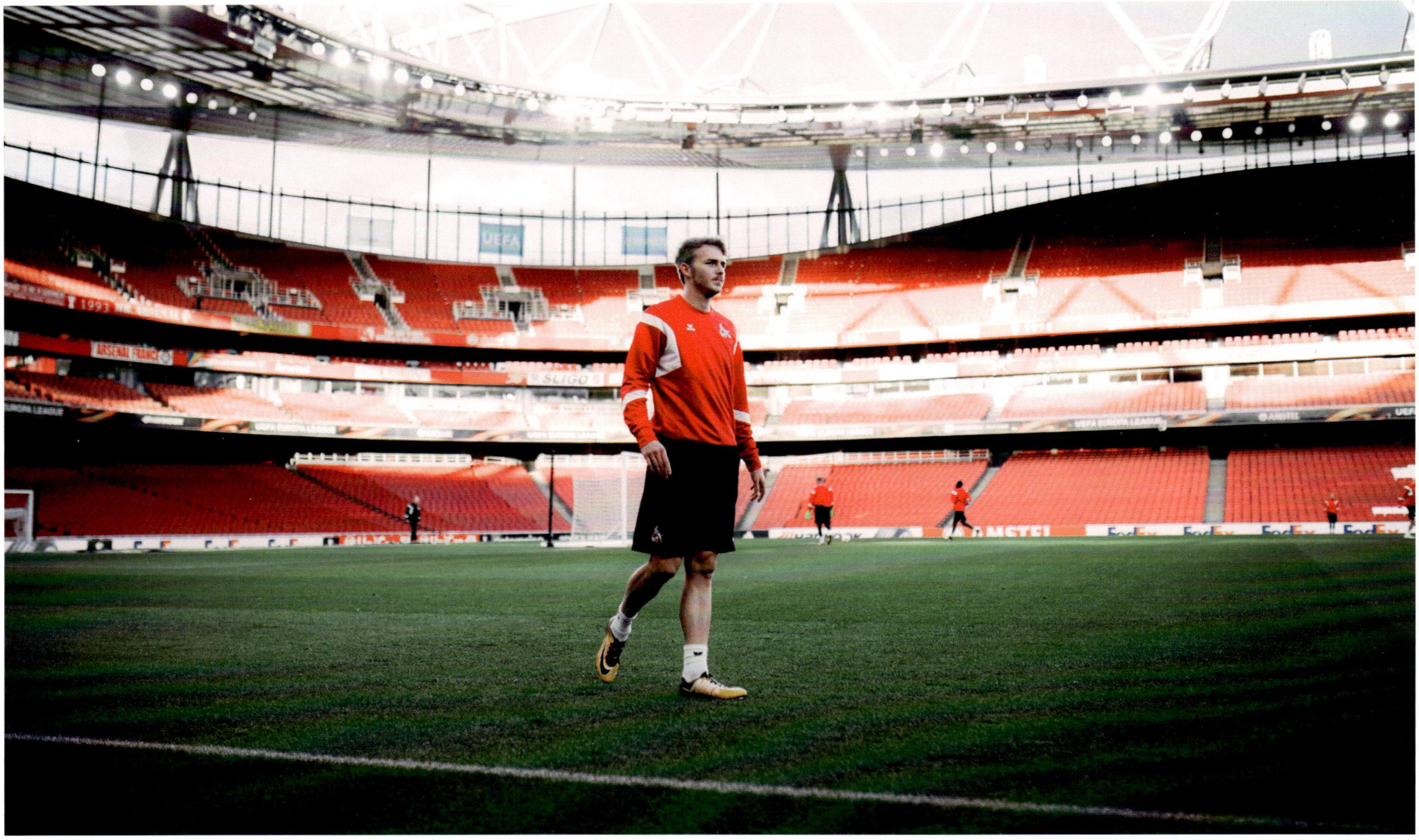

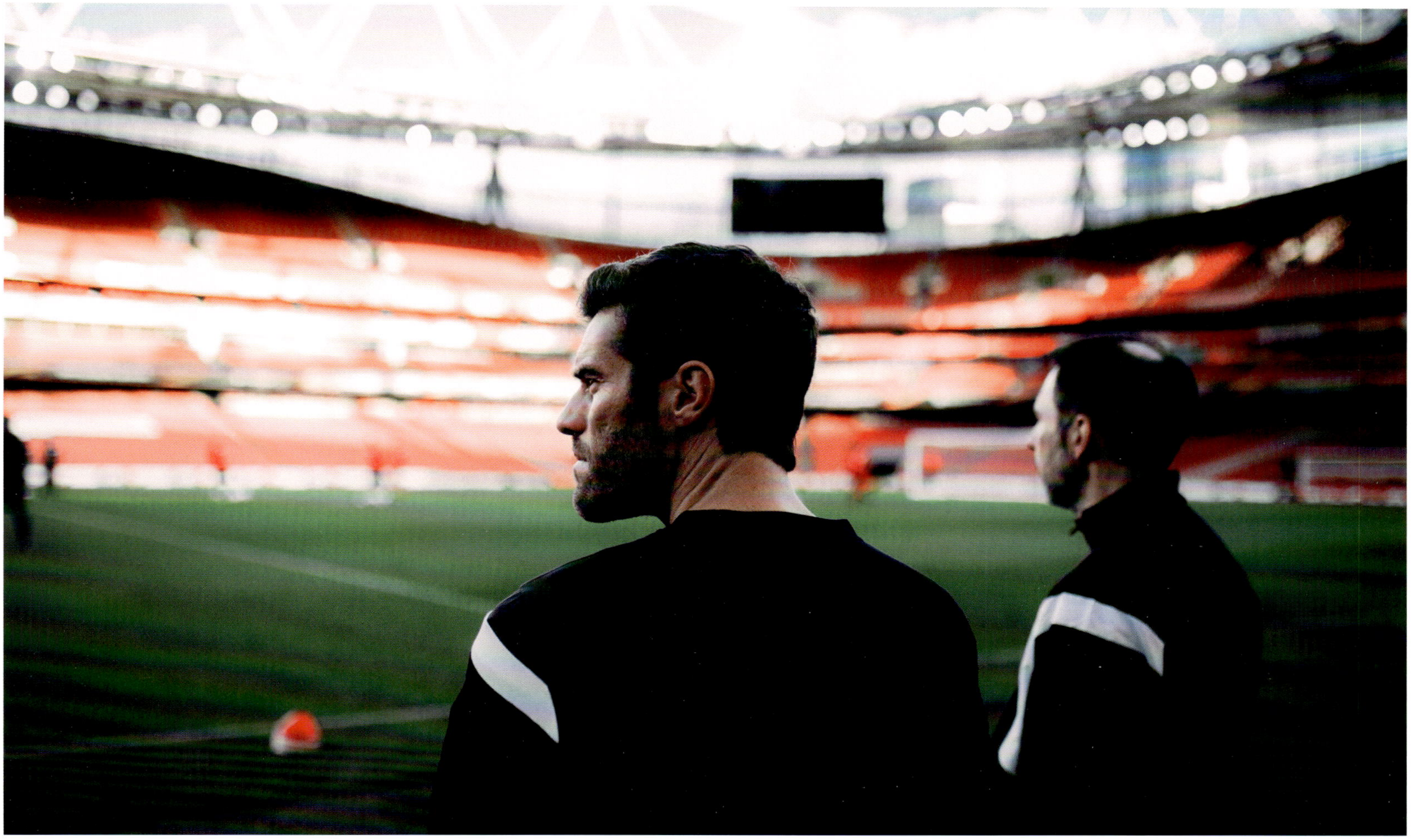

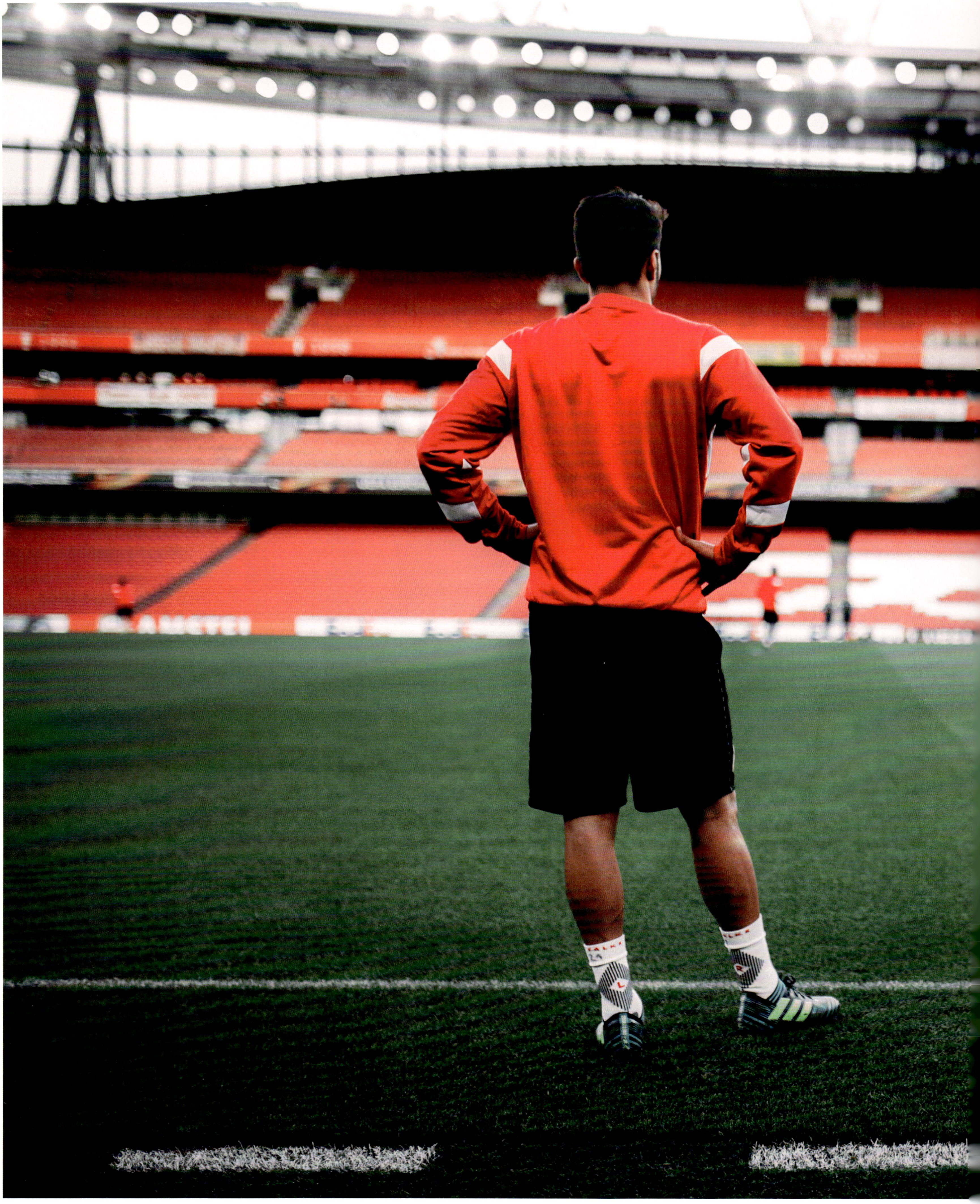

43

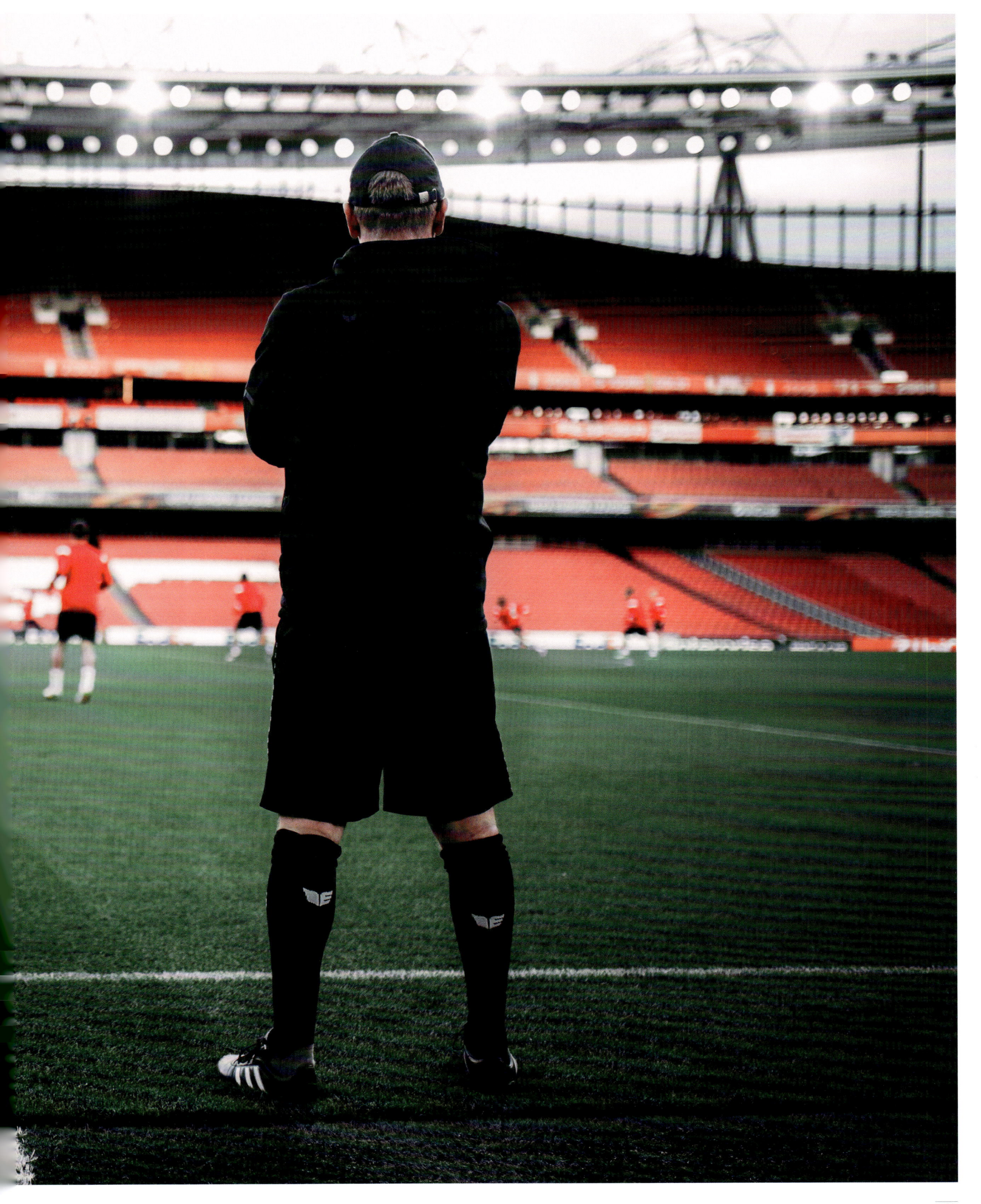

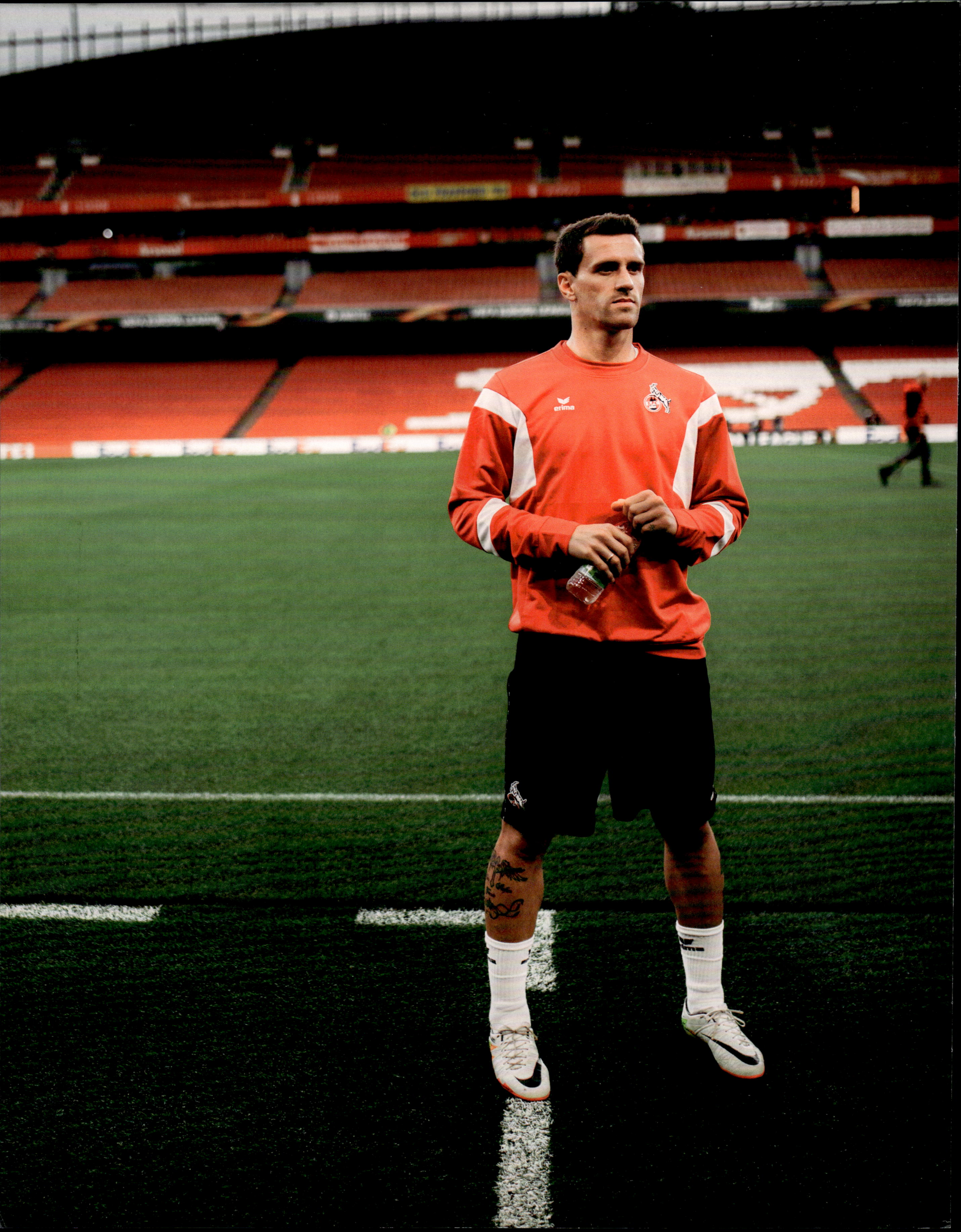
erima

45

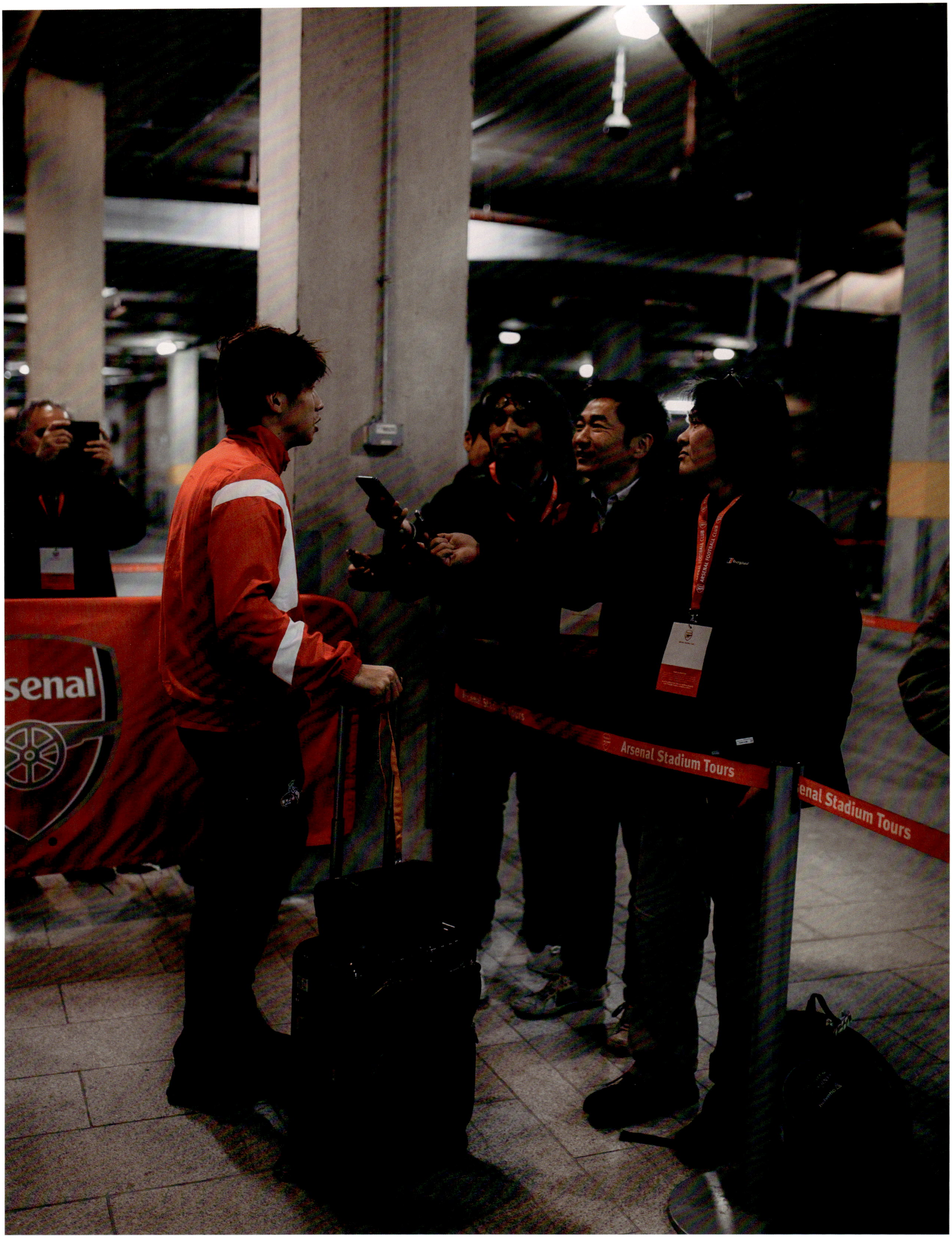
senal
Arsenal Stadium Tours
enal Stadium Tours

13.09.2017 | 18:41 OZ EMIRATES STADIUM, LONDON

13.09.2017 | 23:47 OZ FOUR SEASONS HOTEL CANARY WHARF, LONDON

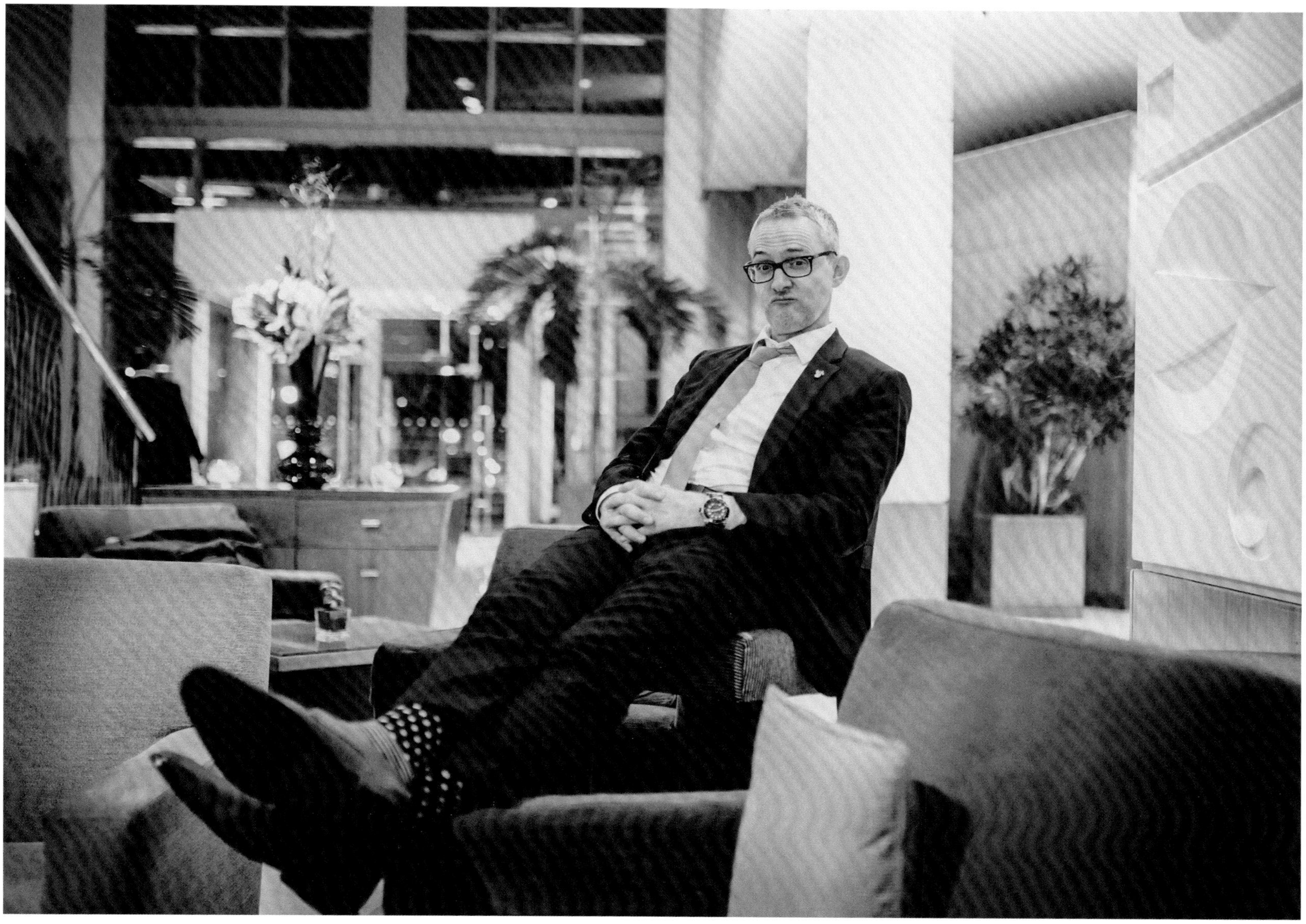

14.09.2017 | 10:45 OZ ANSCHWITZEN, FOUR SEASONS HOTEL CANARY WHARF, LONDON

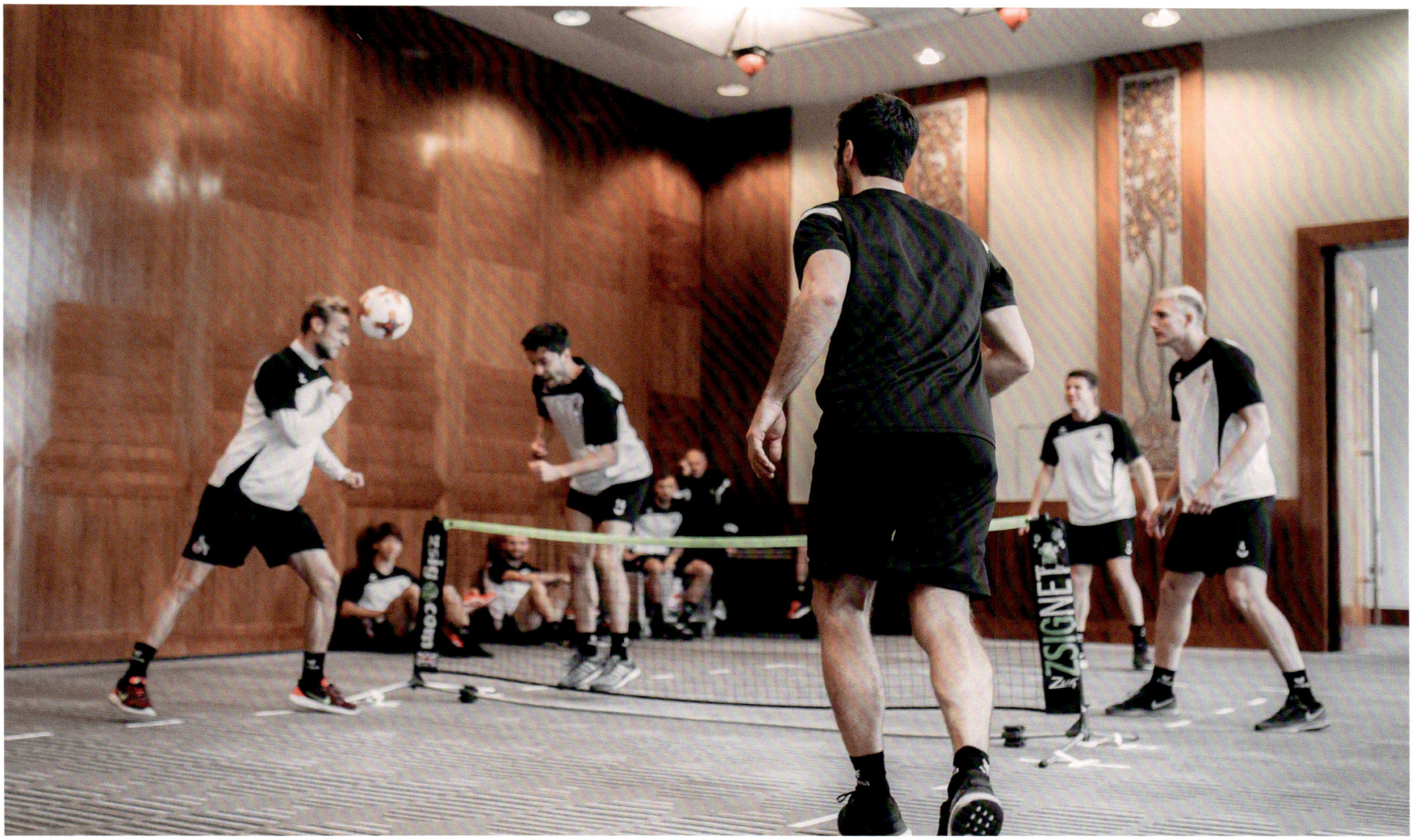
ZSIGNET

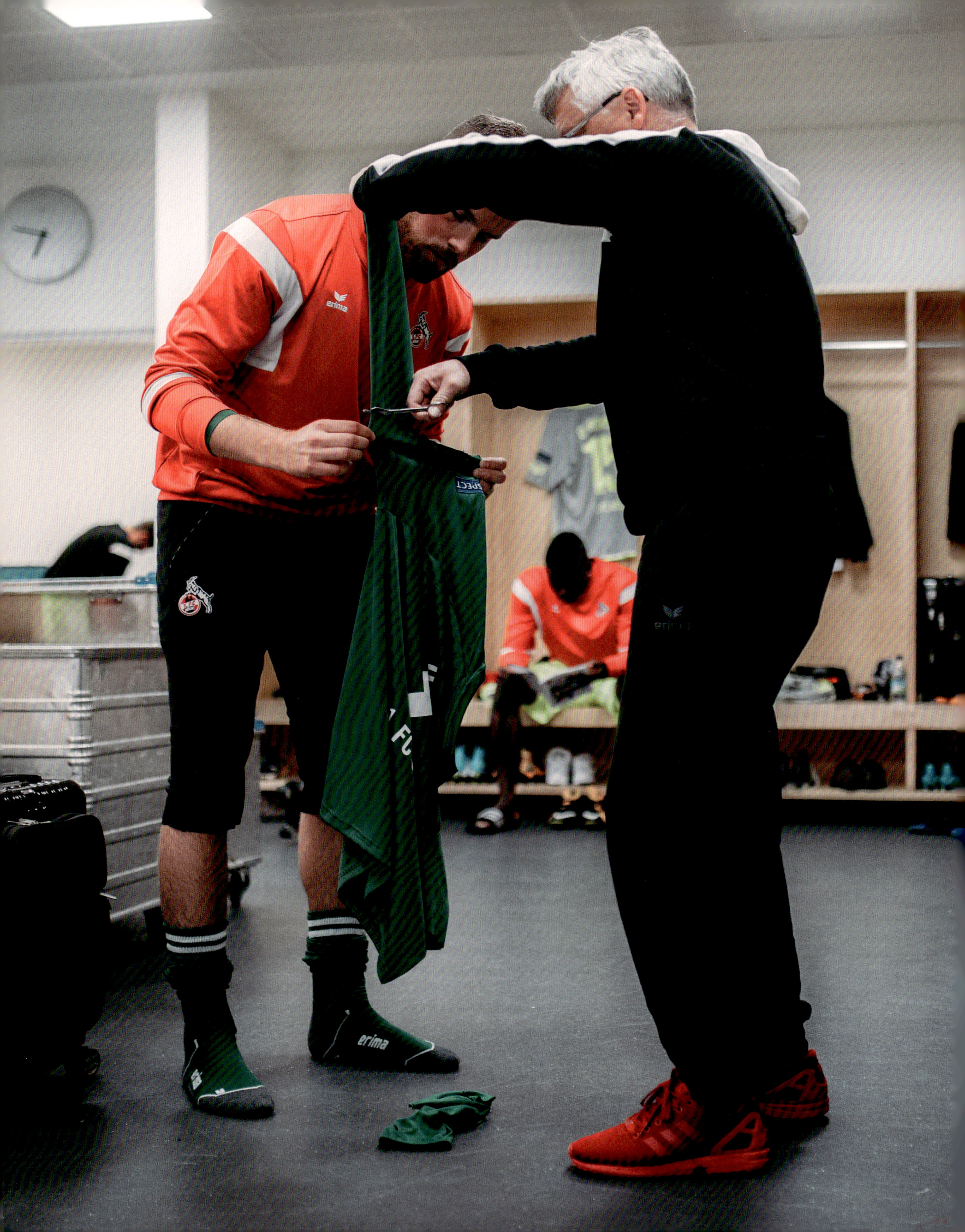
erima

14.09.2017 | 18:47 OZ KABINE, EMIRATES STADIUM, LONDON

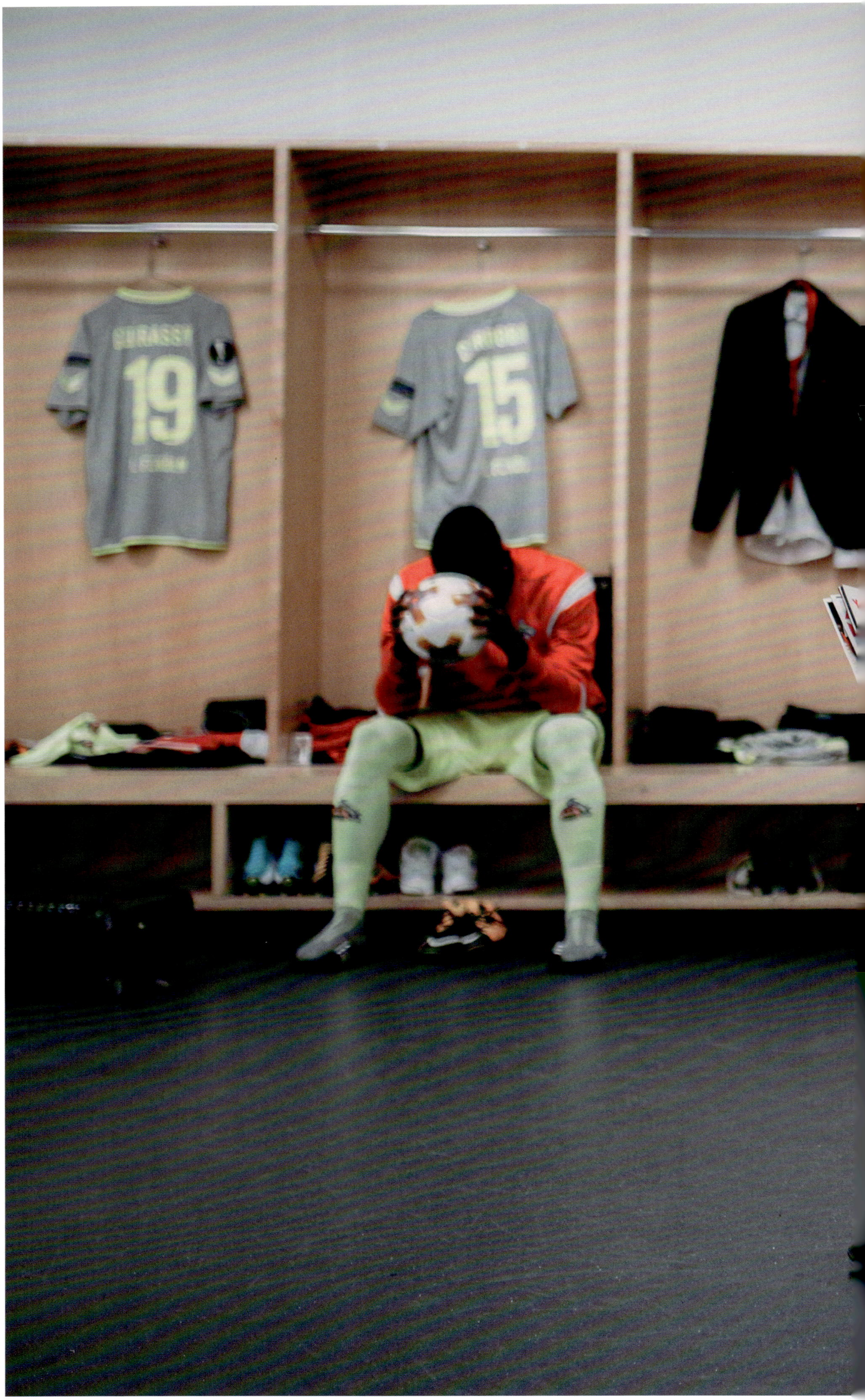
19
15

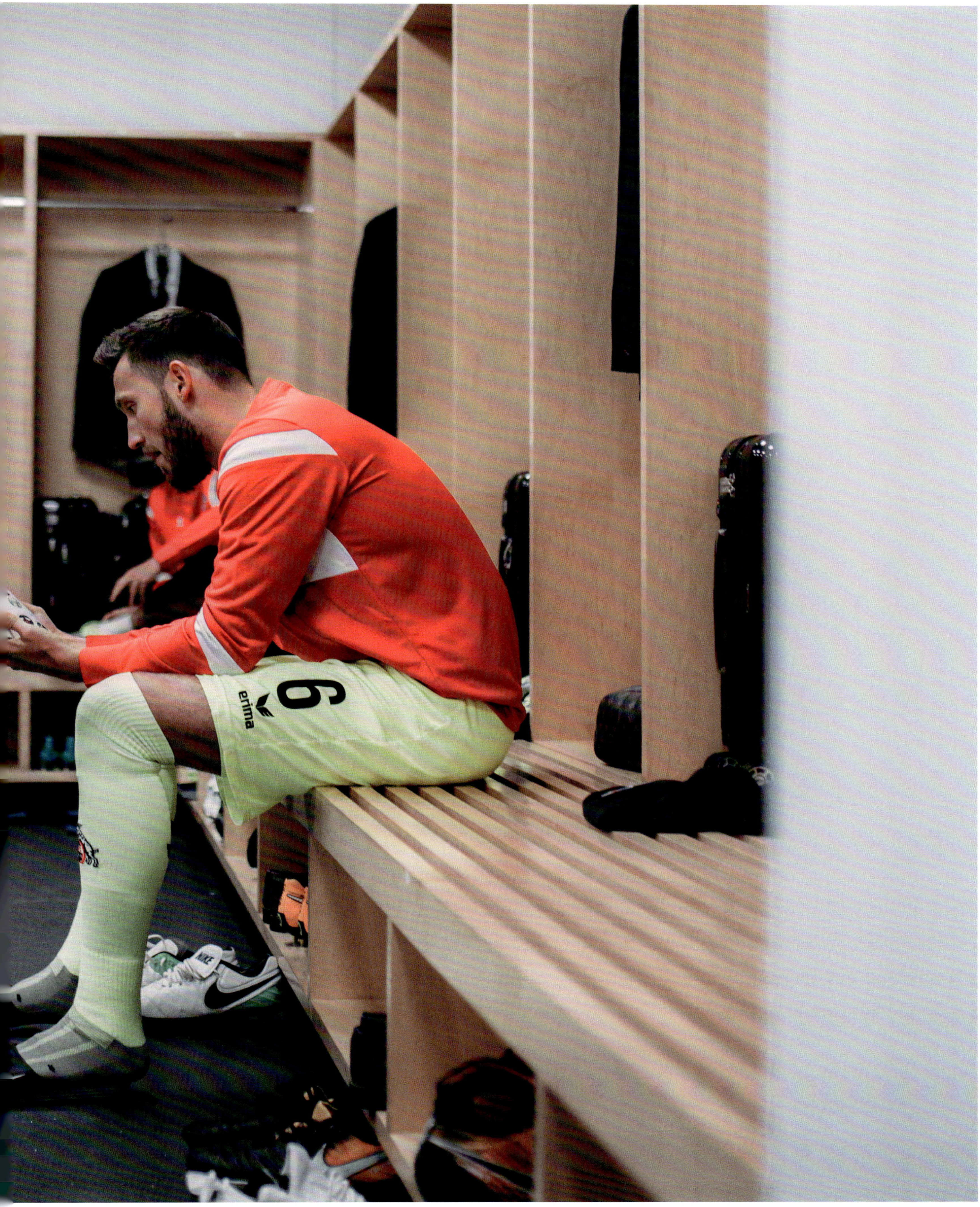
erima
9
NIKE

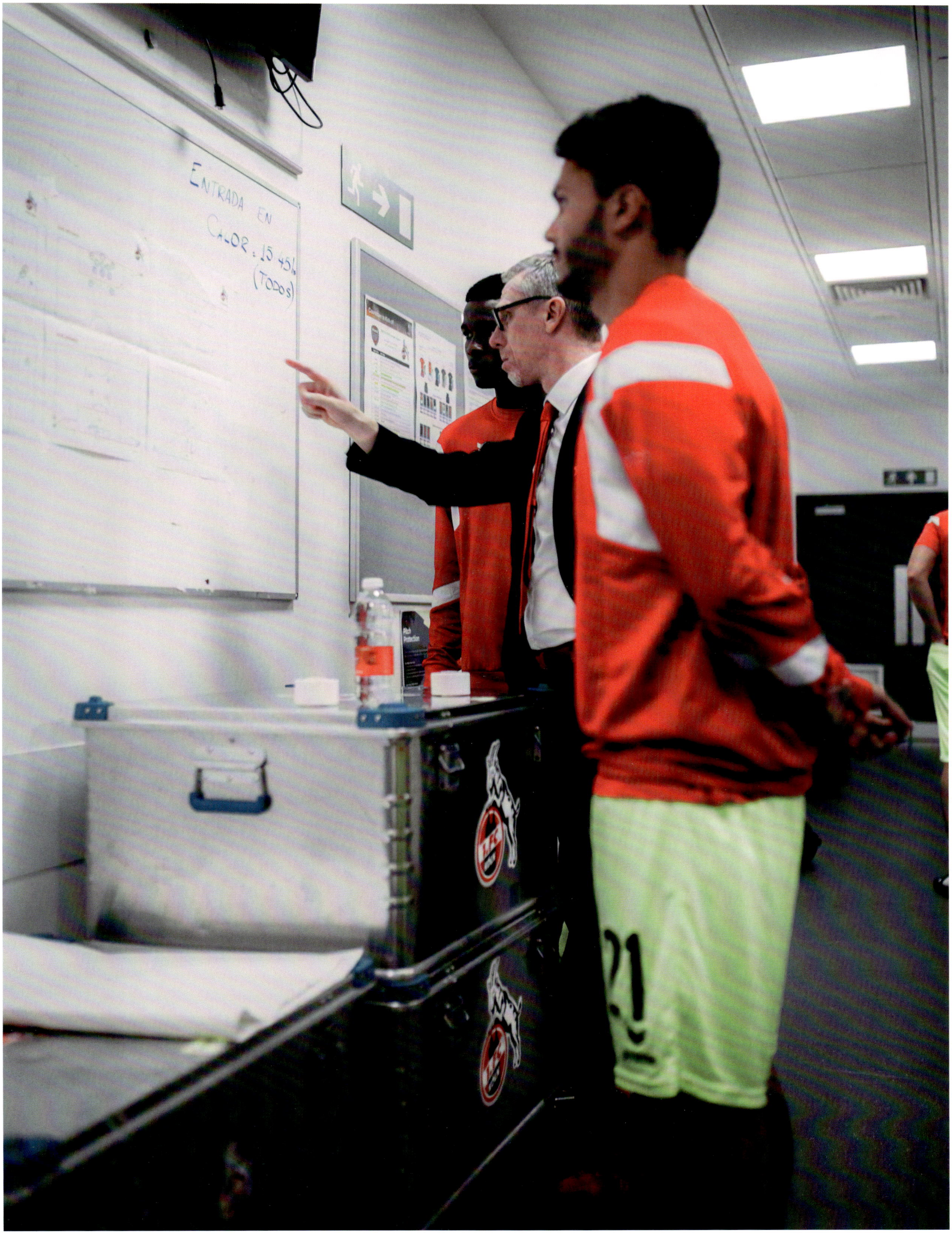
ENTRADA EN
CALOR: 15.45h
(TODOS)

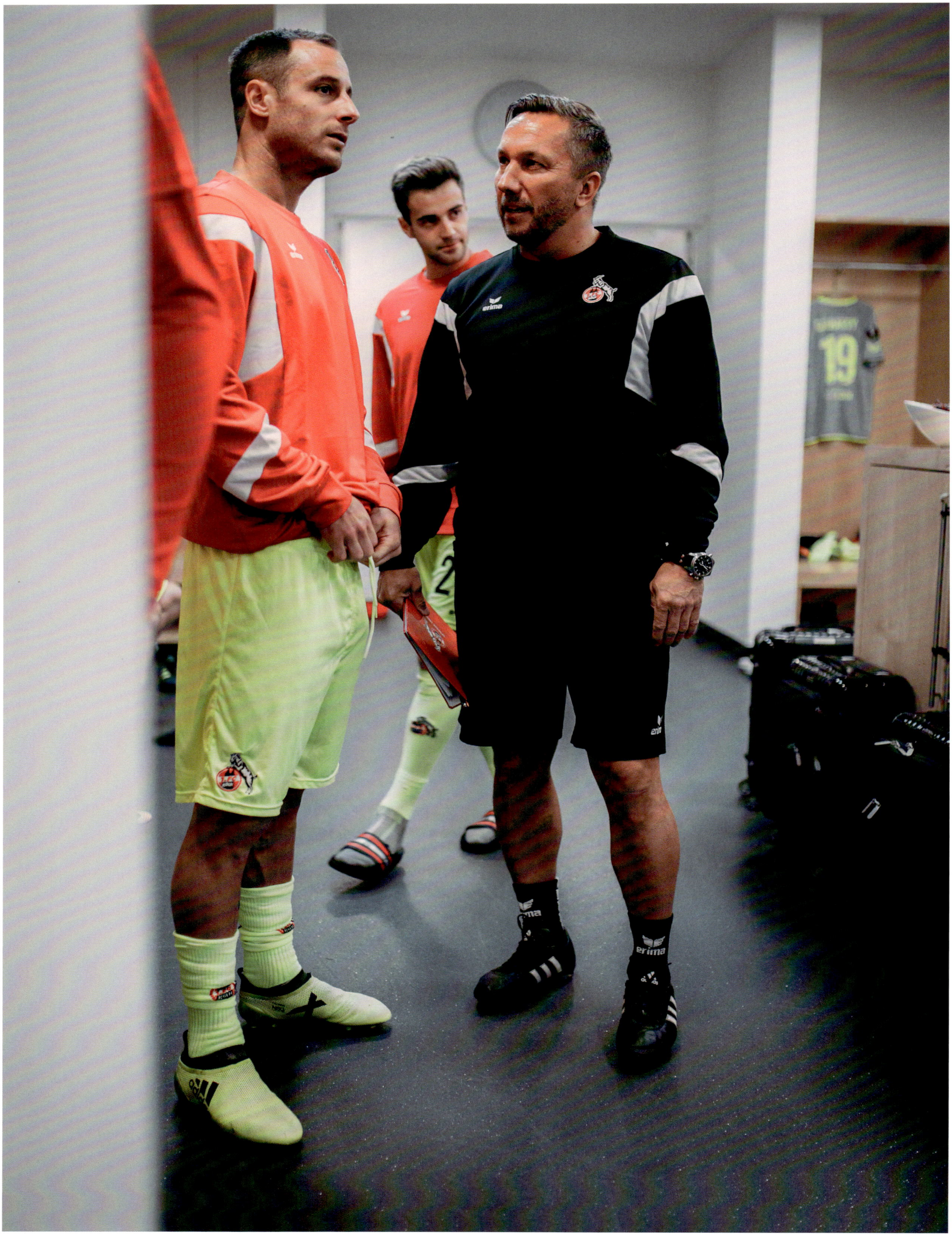

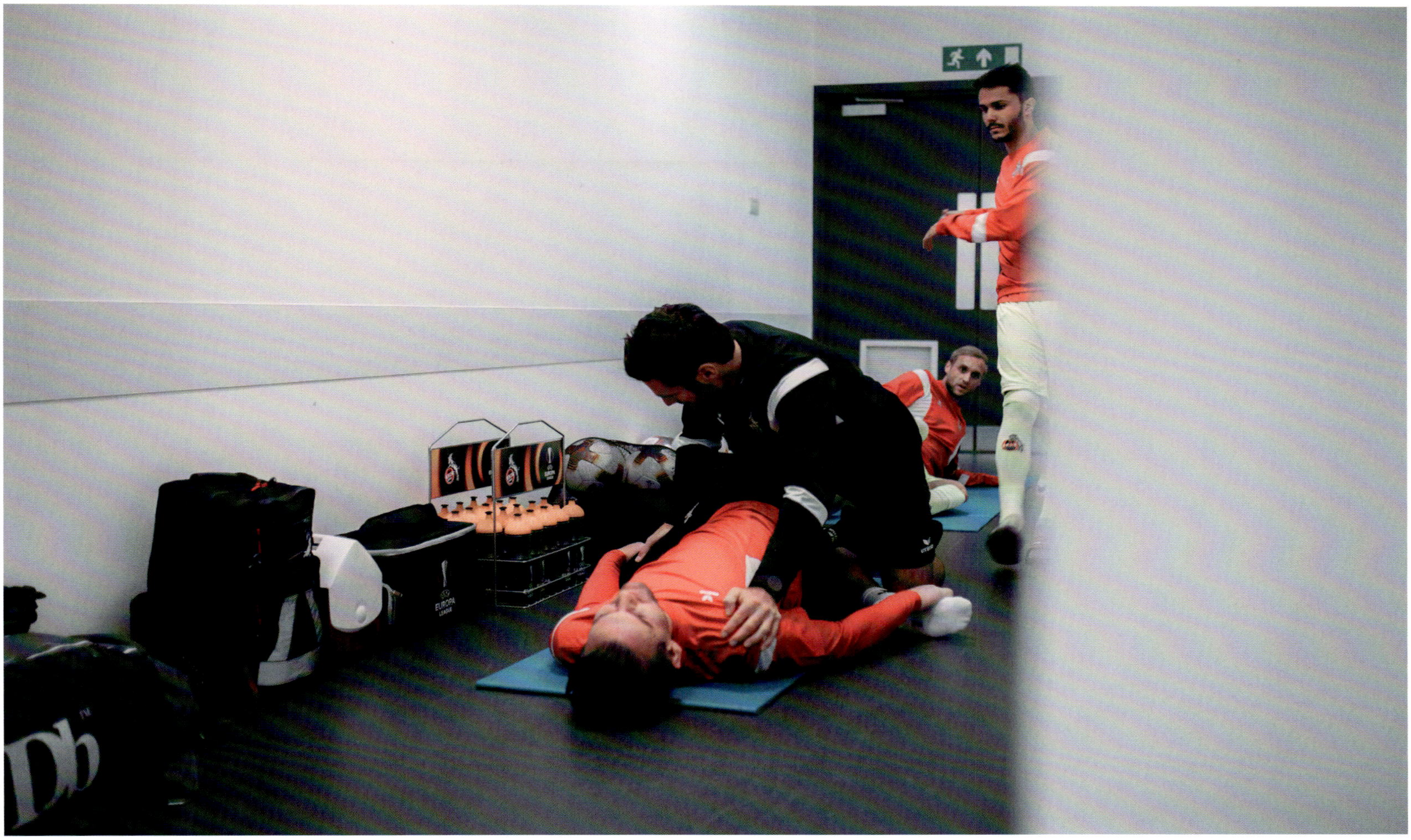

14.09.2017 | 18:54 OZ GESCHÄFTSFÜHRER JÖRG SCHMADTKE
INFORMIERT DIE MANNSCHAFT ÜBER EINE MÖGLICHE SPIELABSAGE

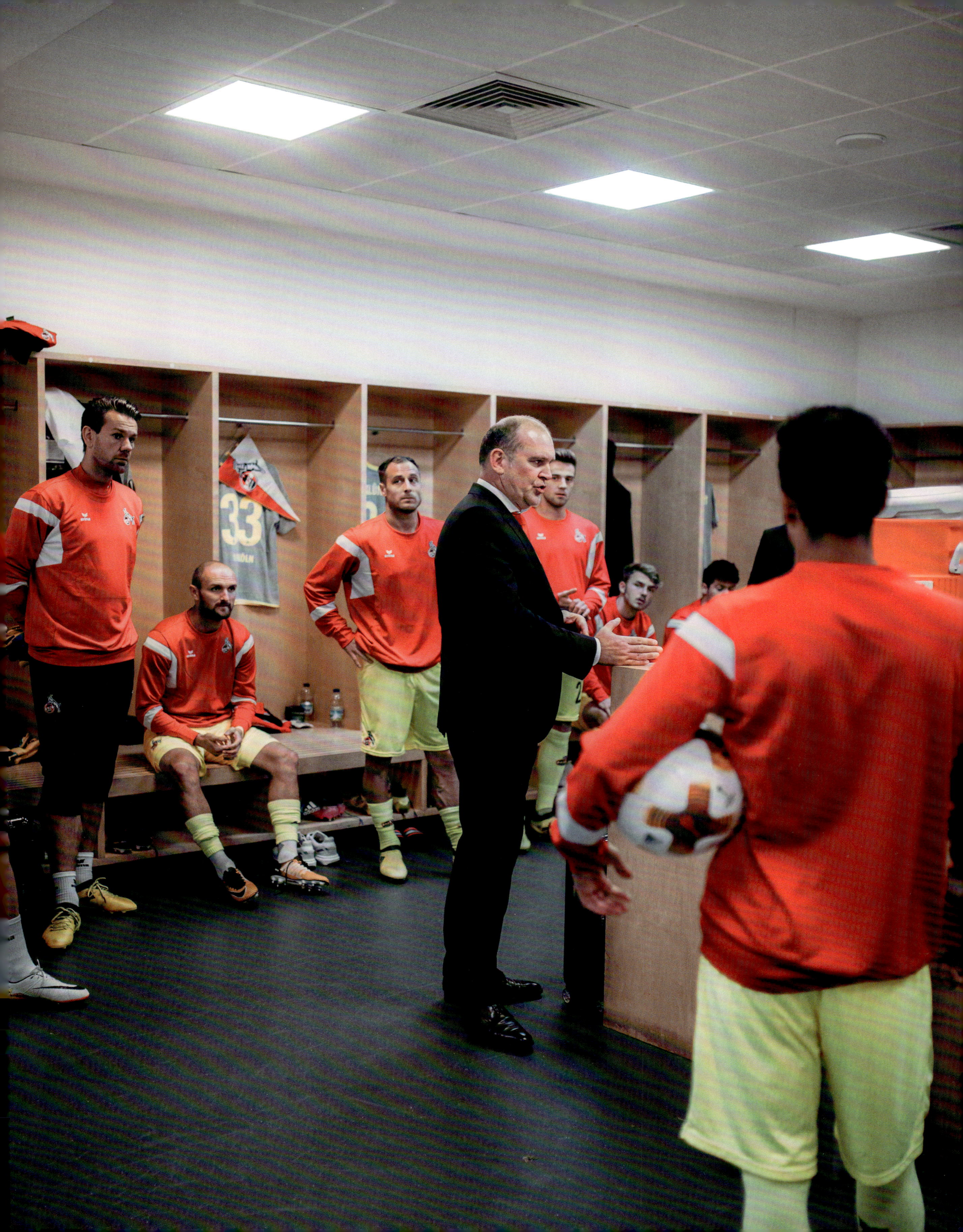
33

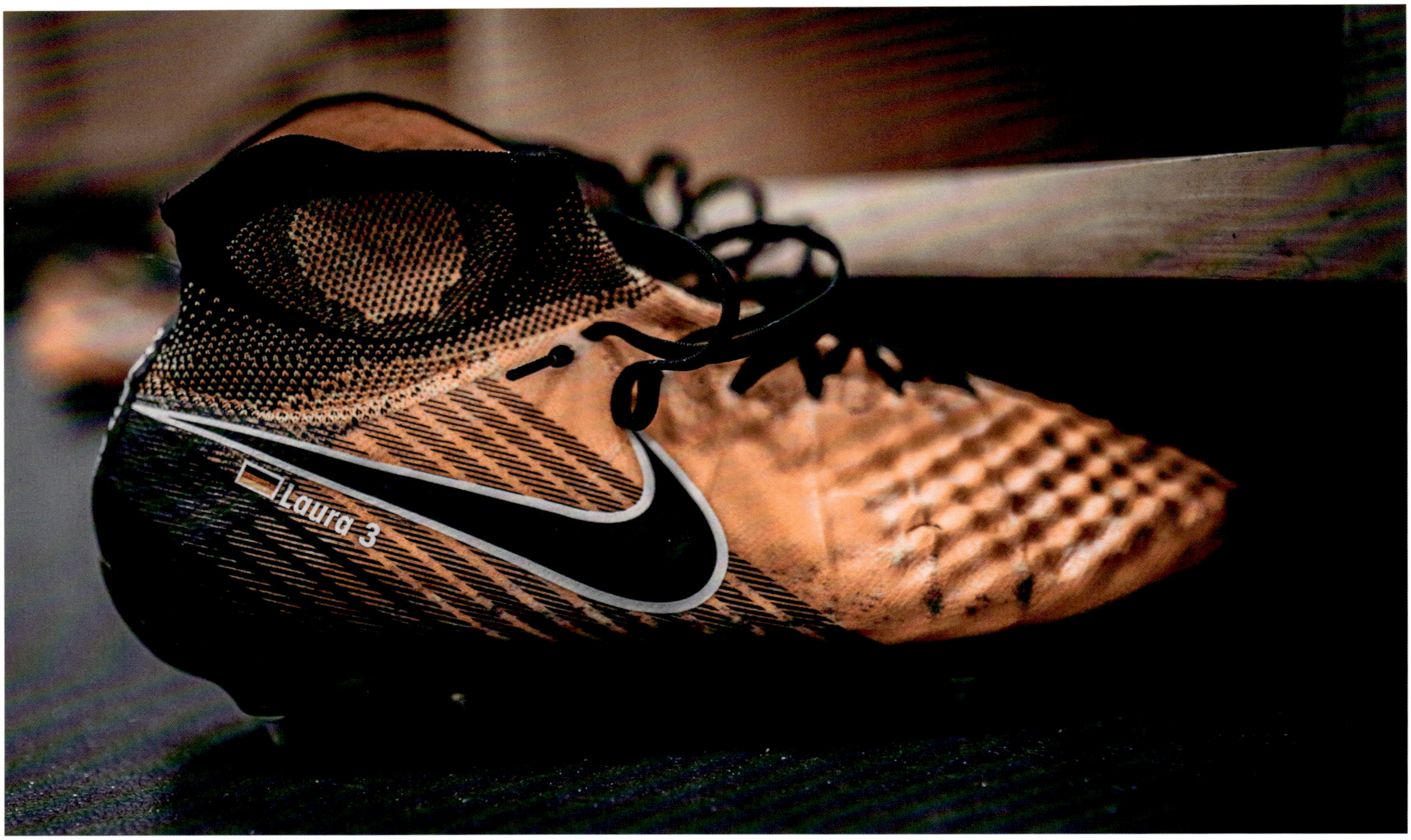
Laura 3

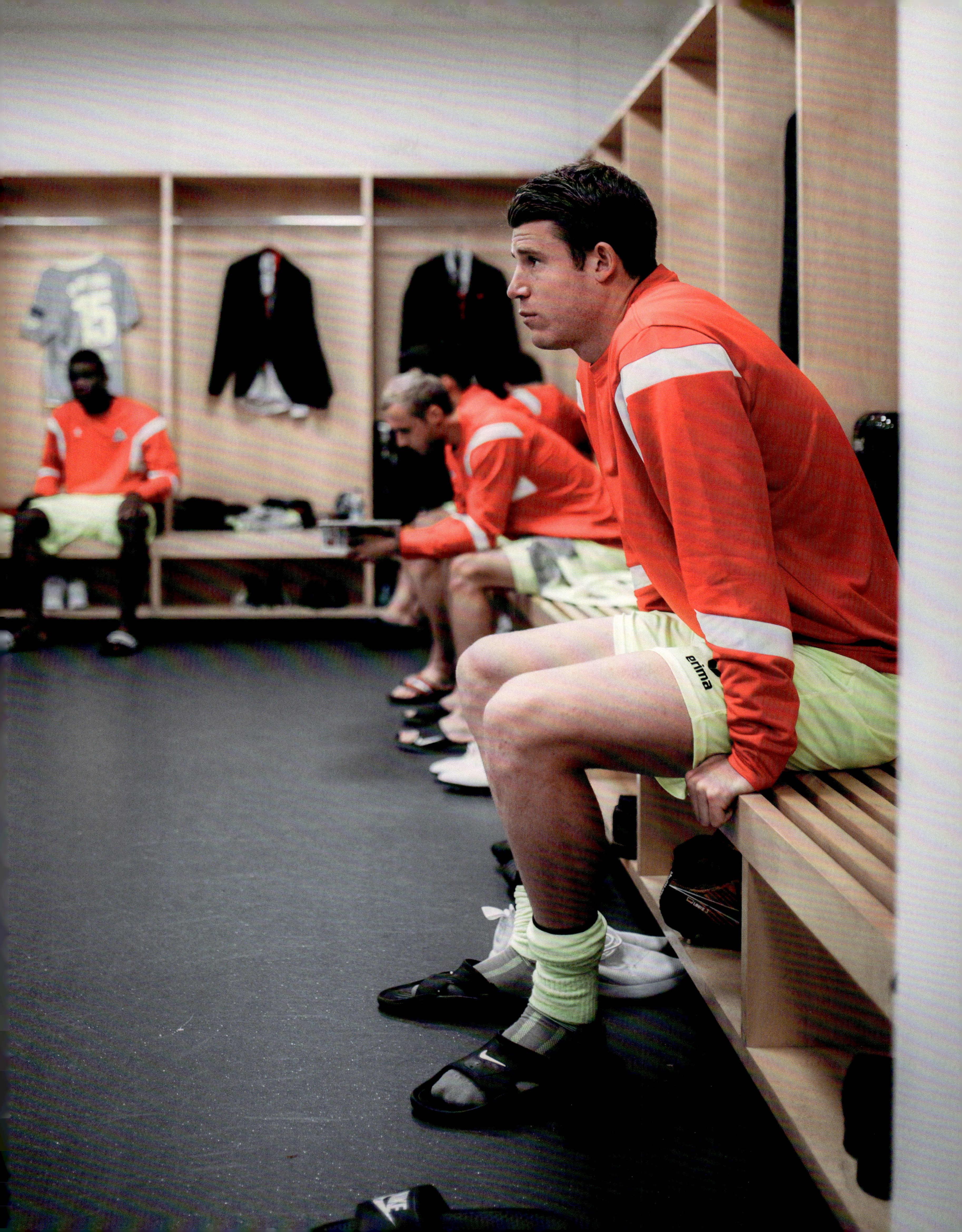
15
erima

14.09.2017 | 19:14 OZ EMIRATES STADIUM, LONDON

1991-2016 ARSENAL DENMARK
2017
Arsenal
UEFA EUROPA LEAGUE
enterprise RENT-A-CAR
UEFA EUROPA LEAGUE
POLICE
POLICE
POLICE

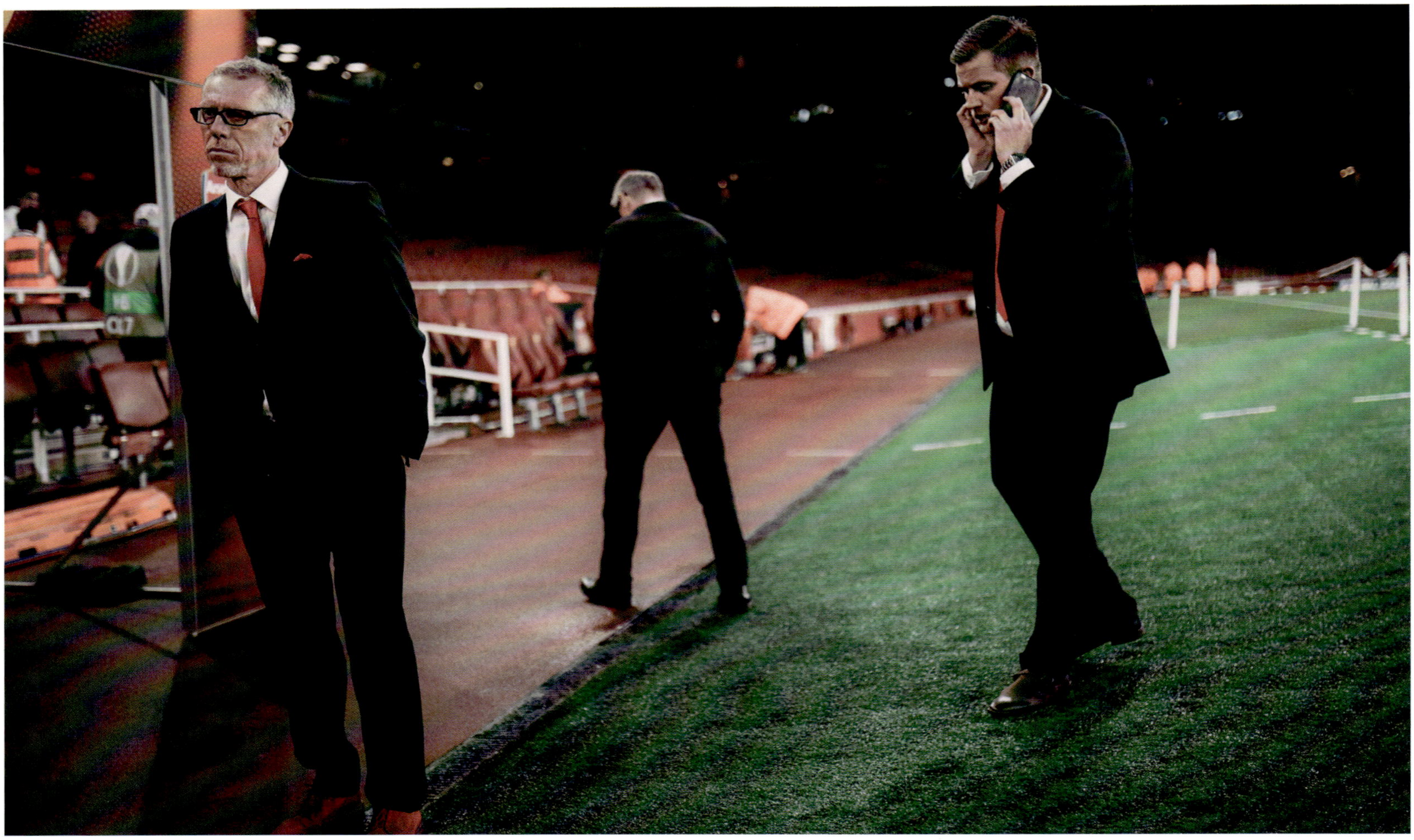

67

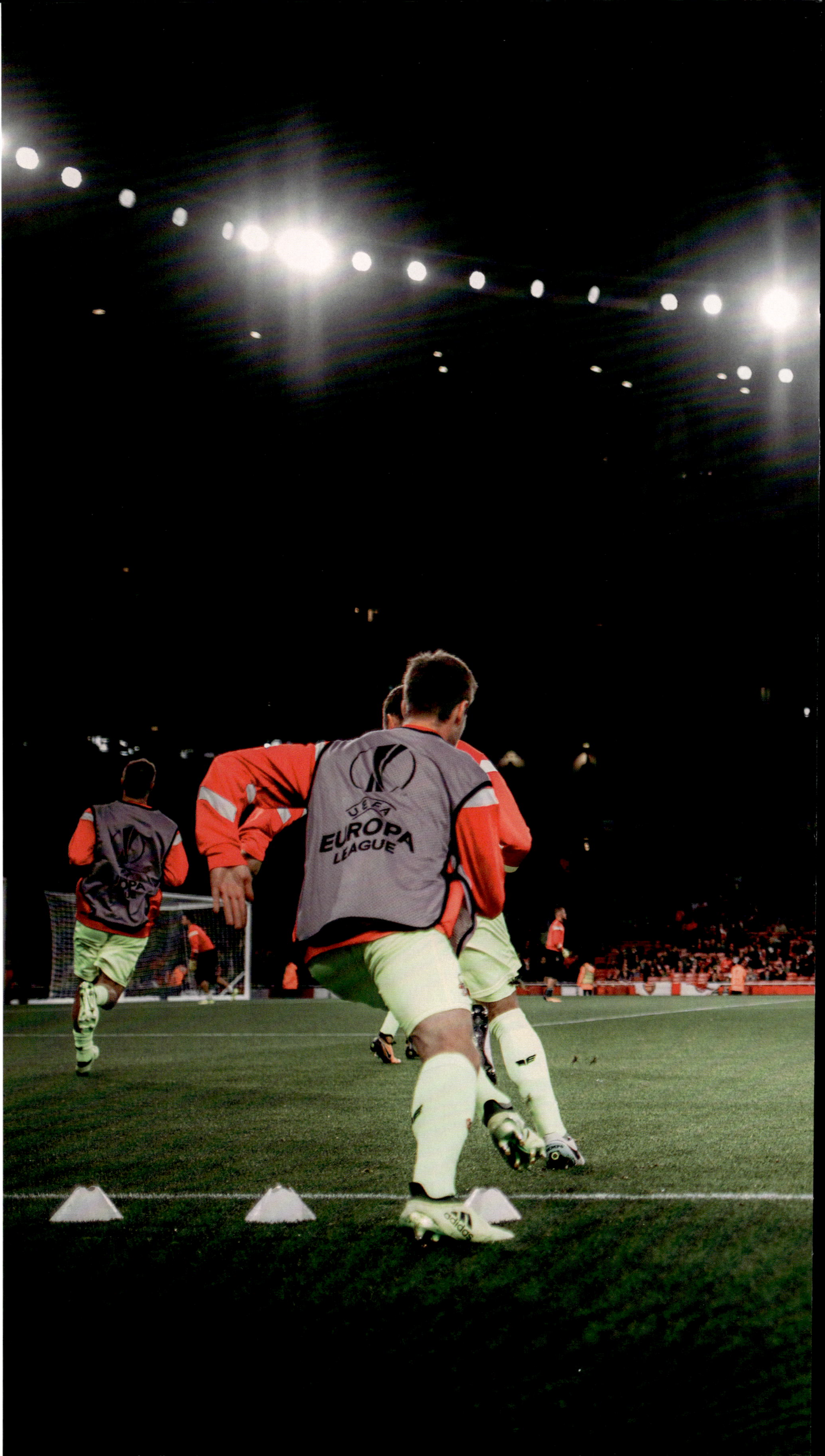
UEFA
EUROPA
LEAGUE

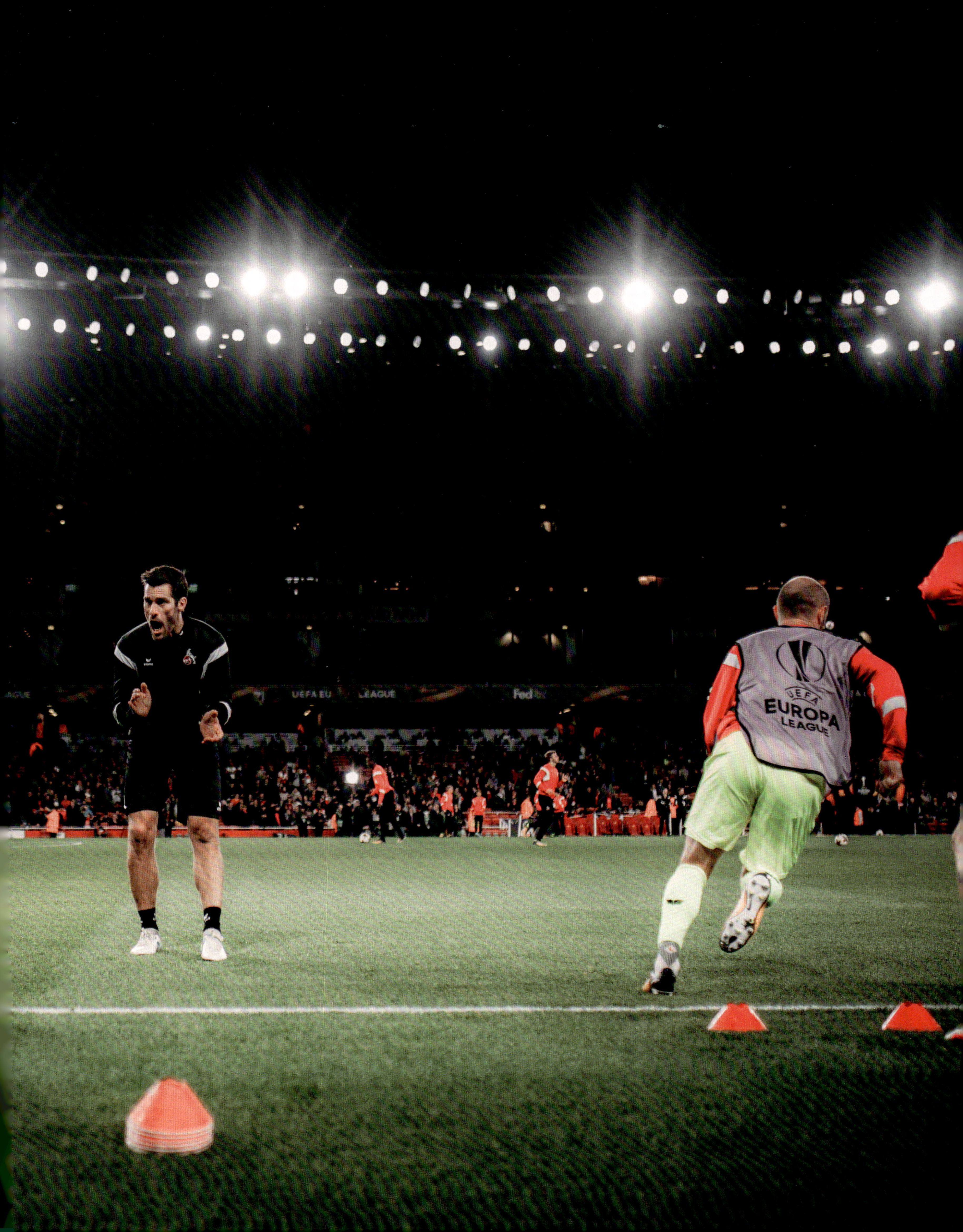
UEFA
EUROPA
LEAGUE

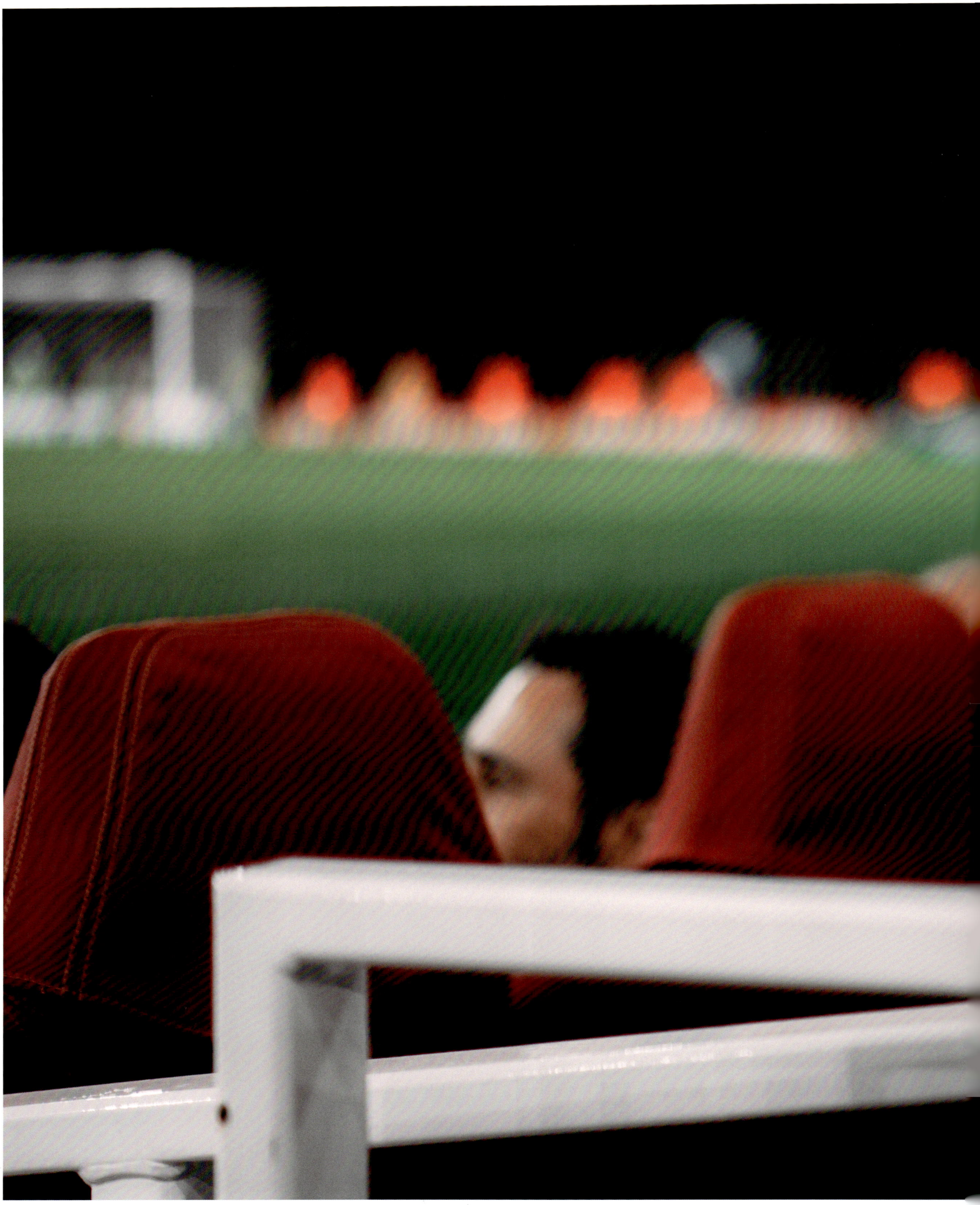

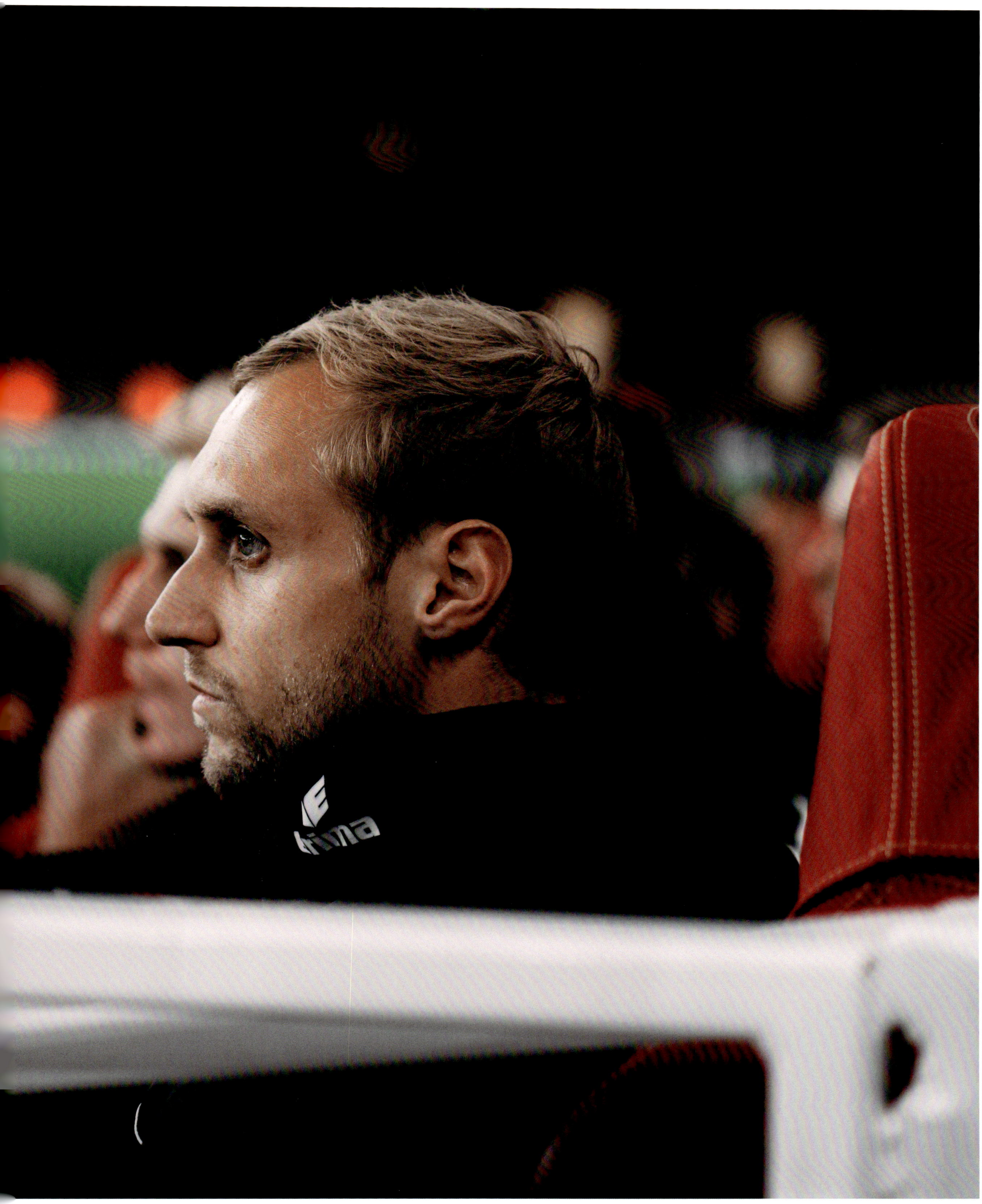
erima

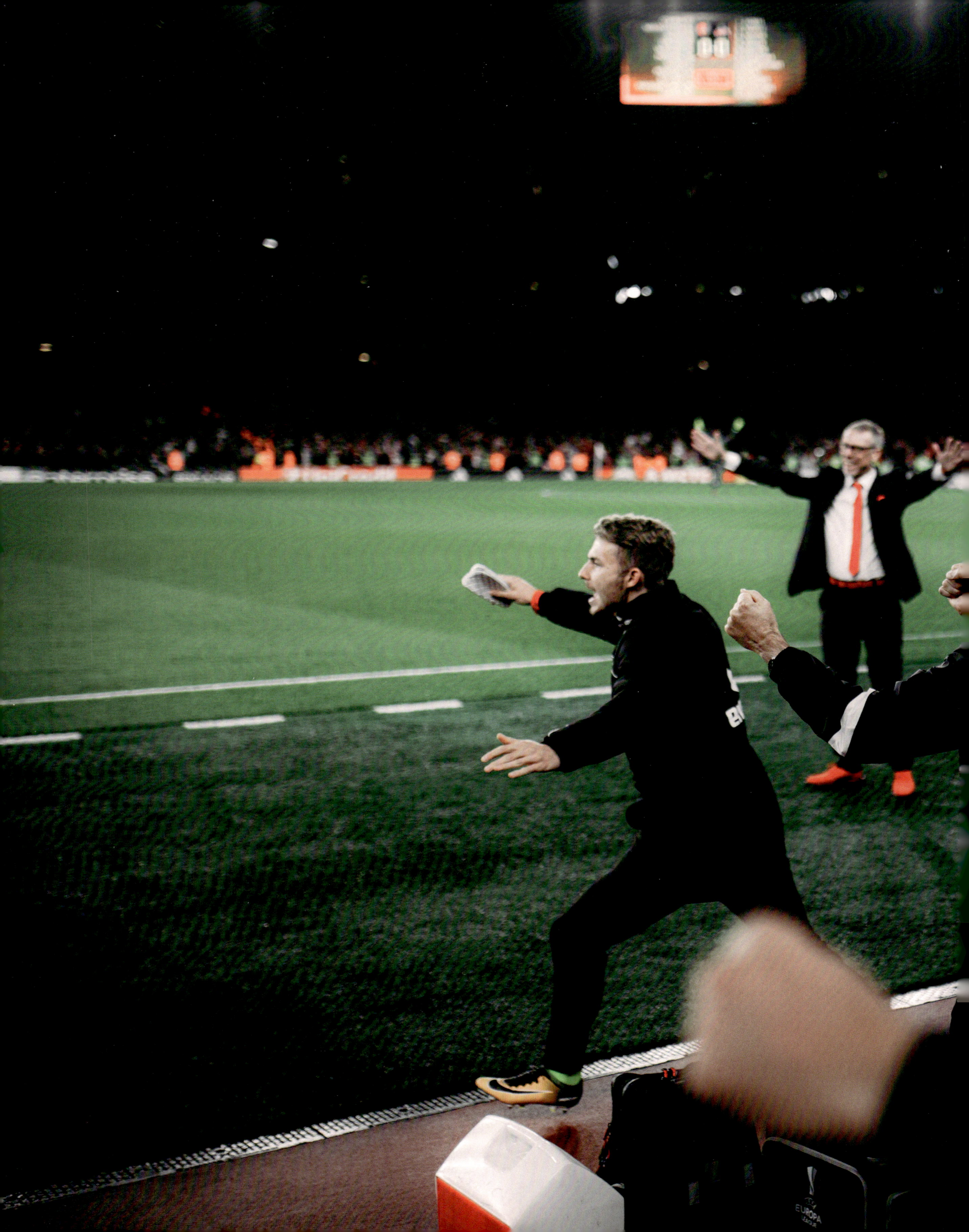
EUROPA

14.09.2017 | 21:14 OZ 0:1 TORSCHÜTZE: JHON CÓRDOBA

75

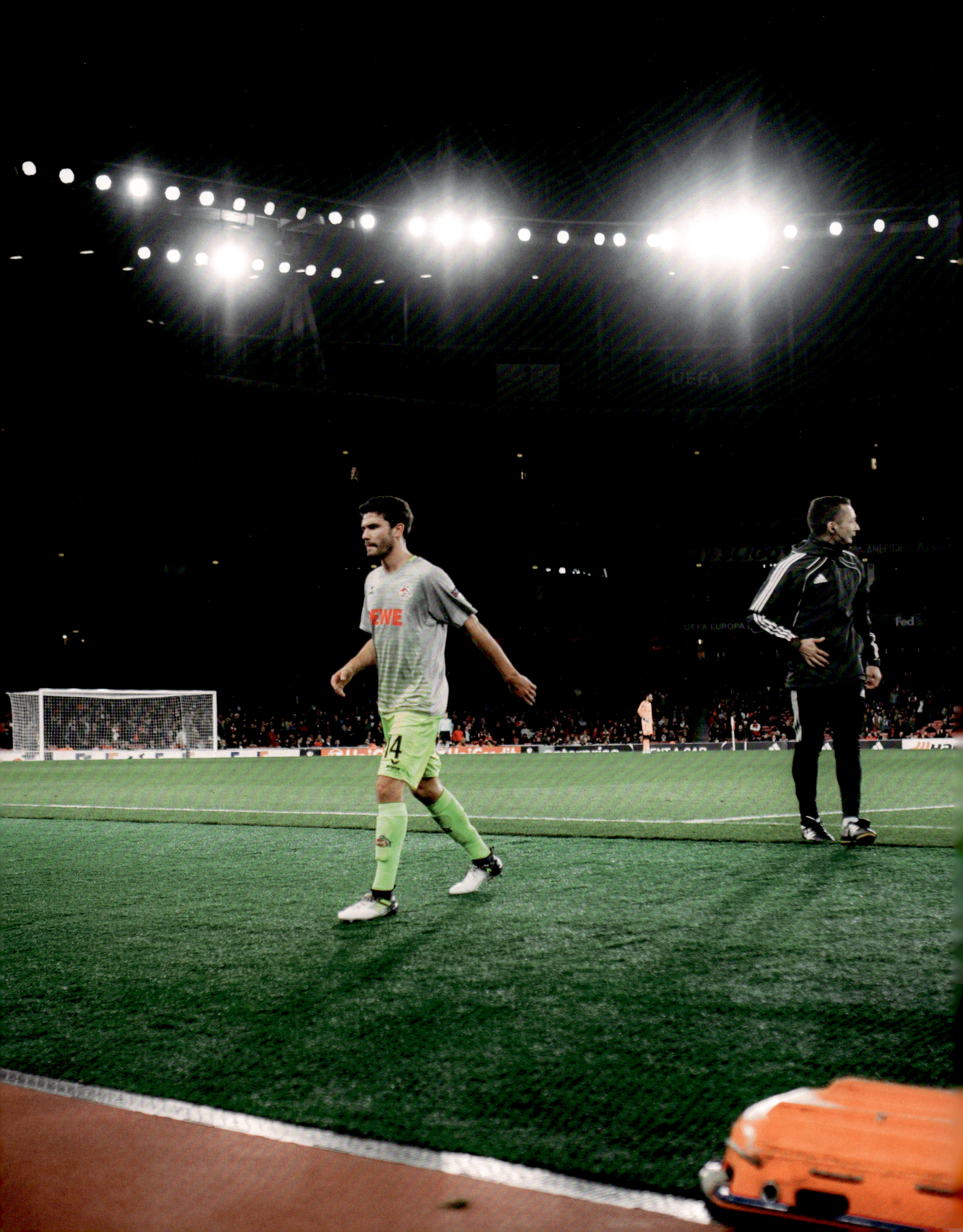
UEFA
UEFA EUROPA

77

14.09.2017 | 21:53 OZ HALBZEITSTAND 0:1, EMIRATES STADIUM, LONDON

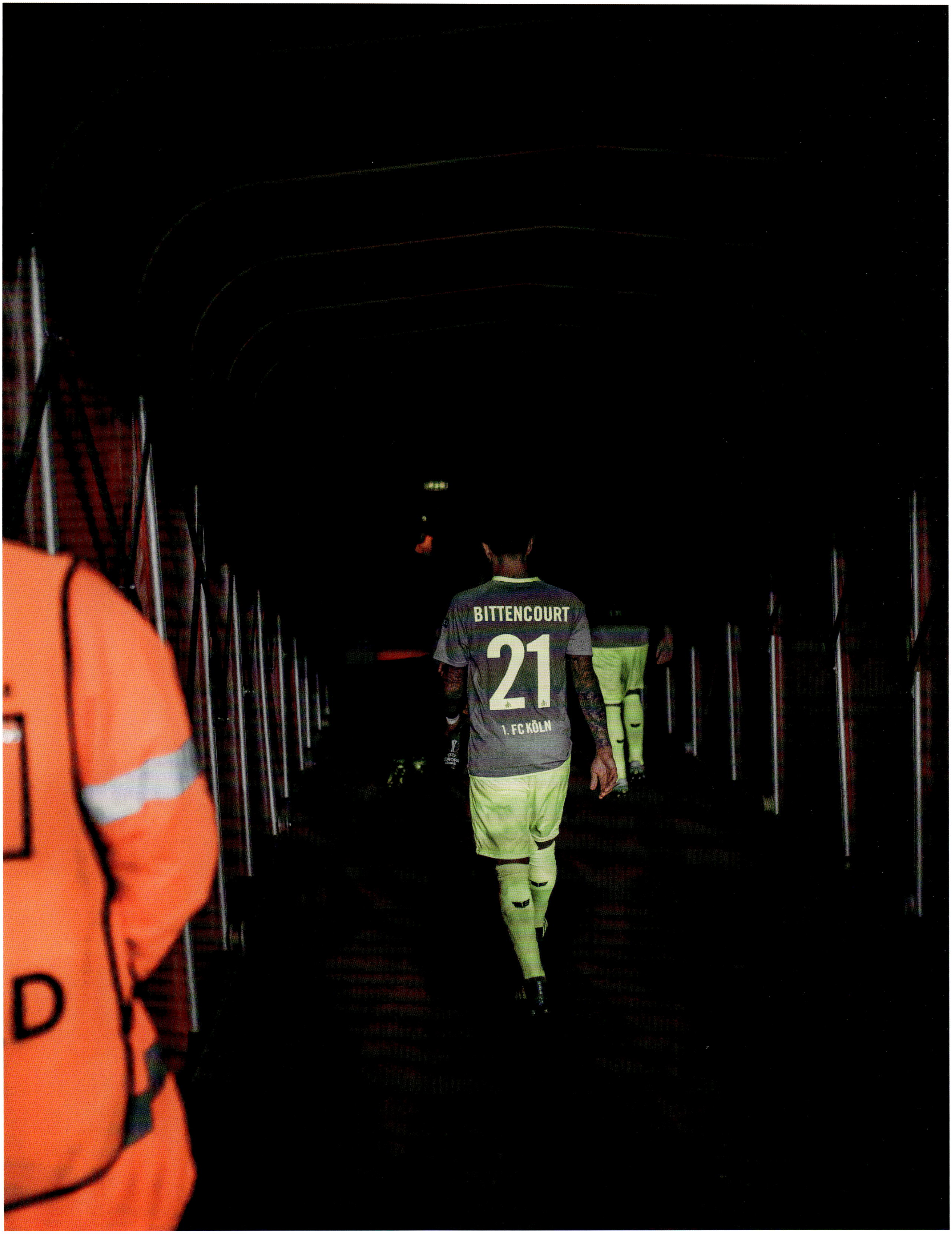
BITTENCOURT
21
1. FC KÖLN

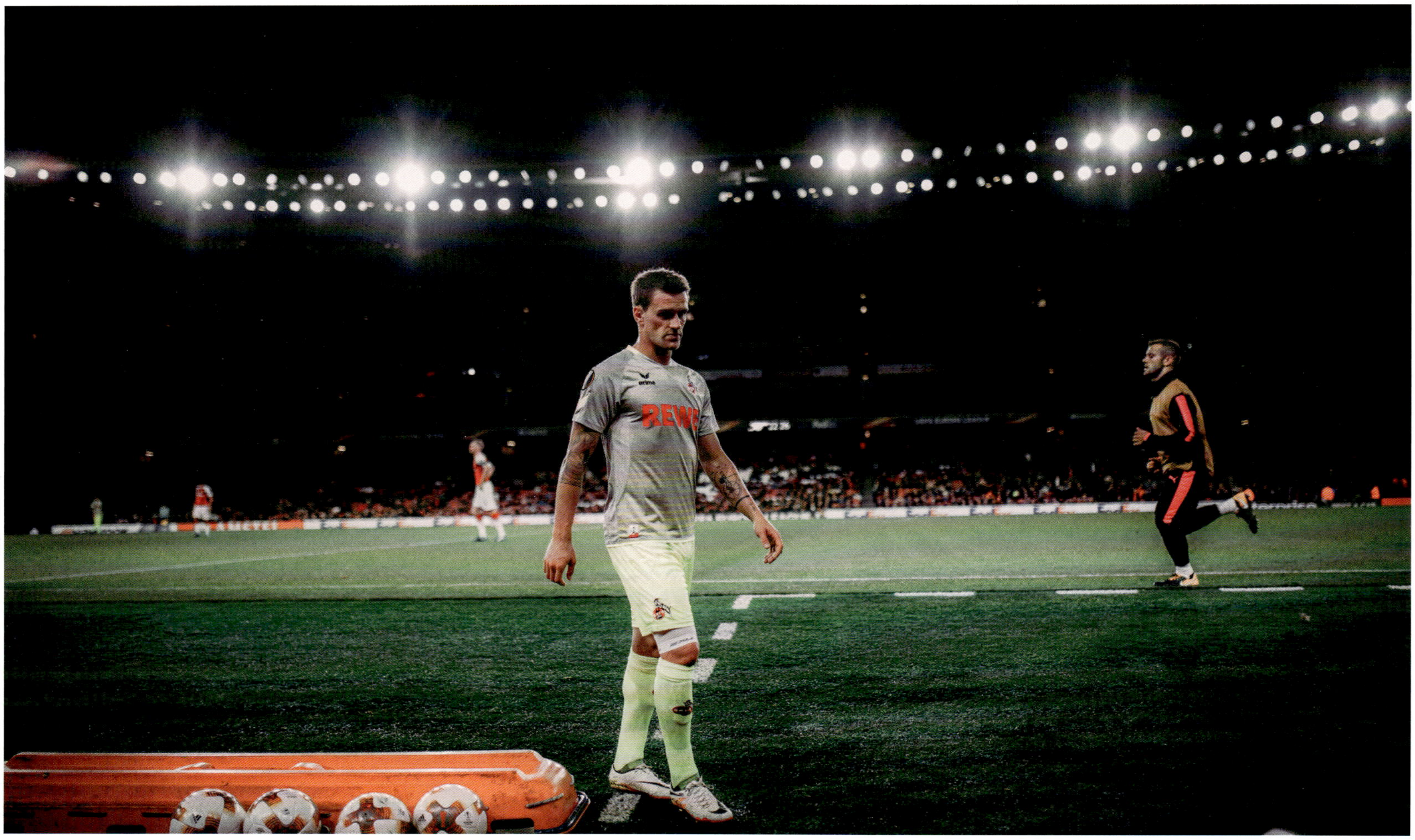

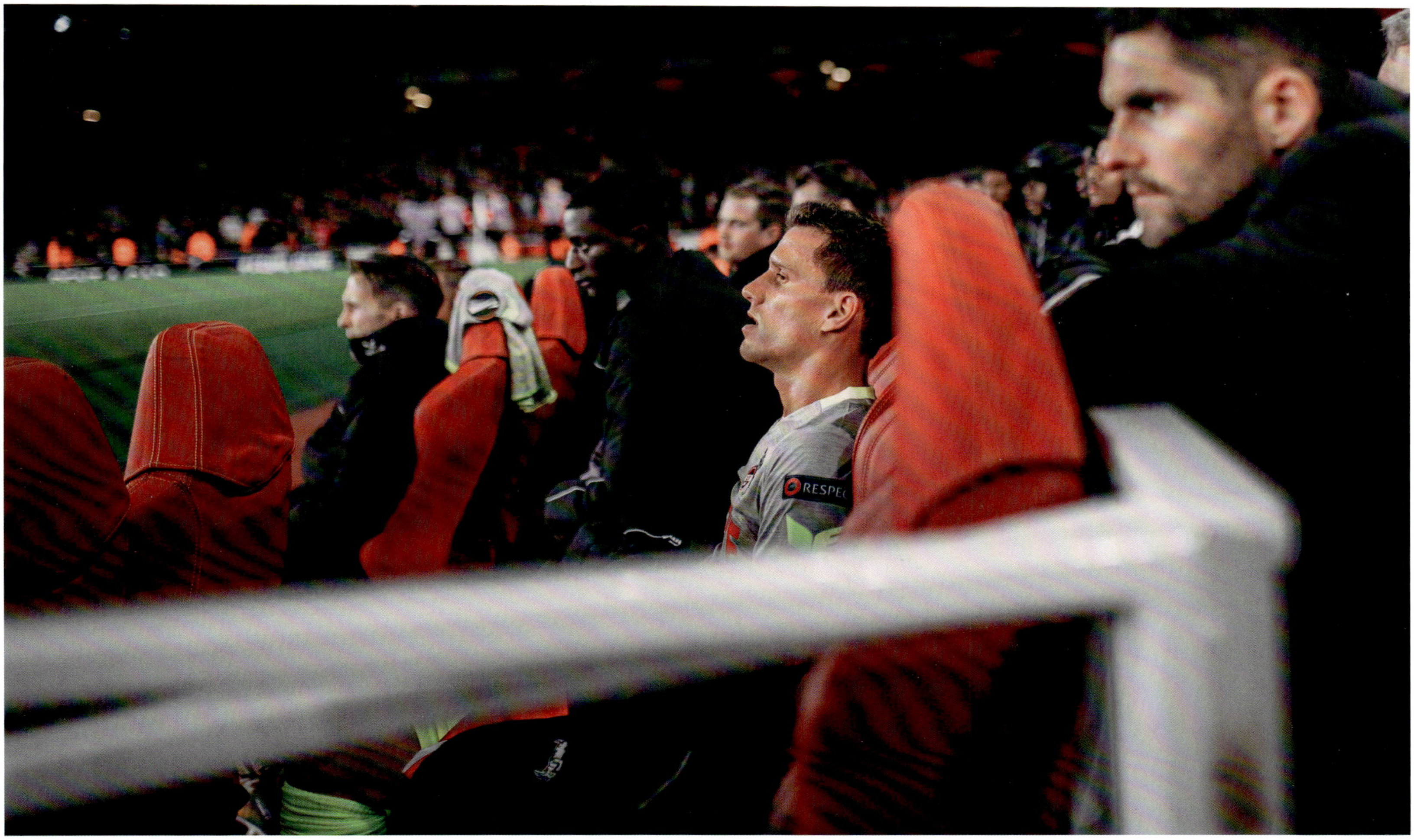

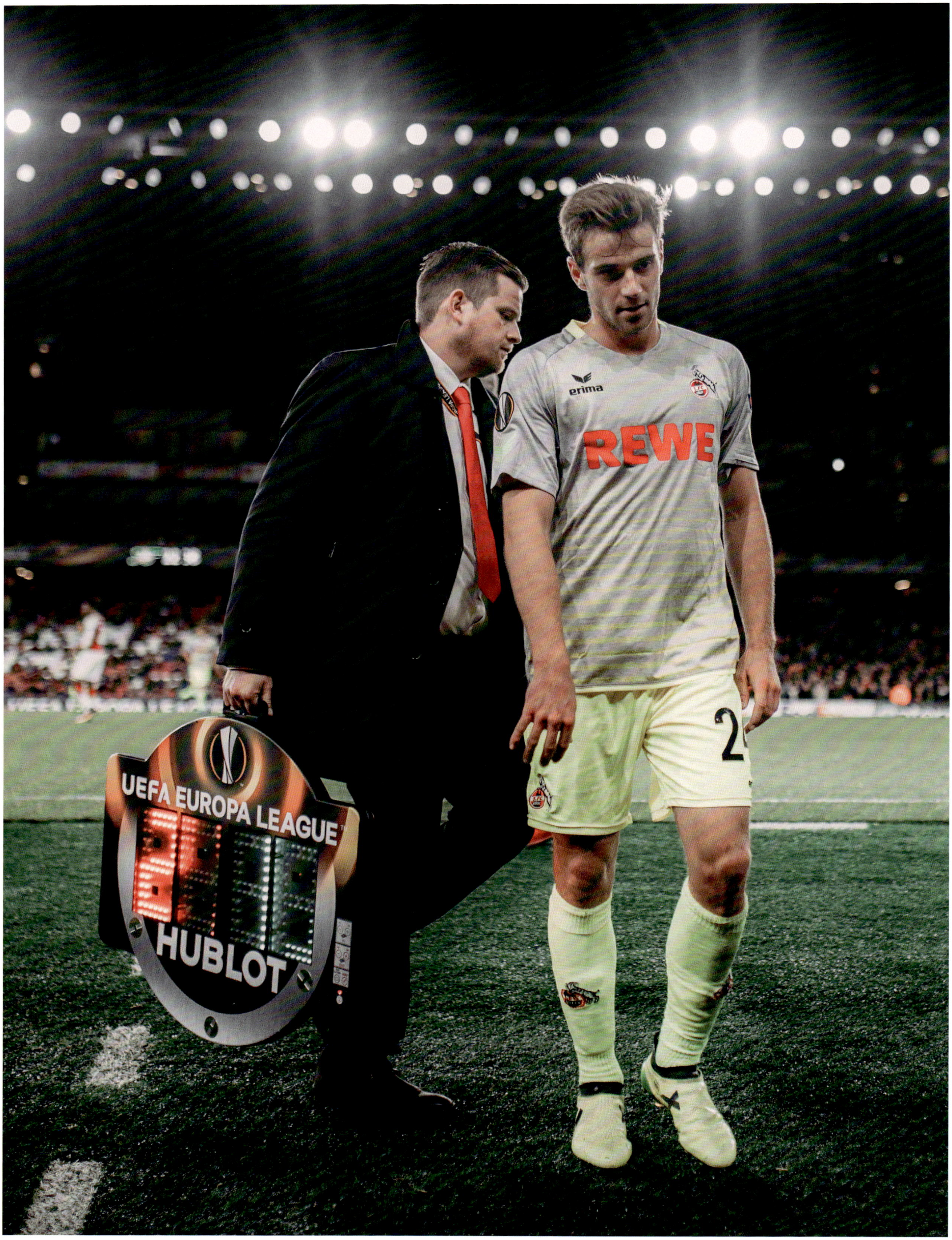
erima
REWE
UEFA EUROPA LEAGUE
HUBLOT

83

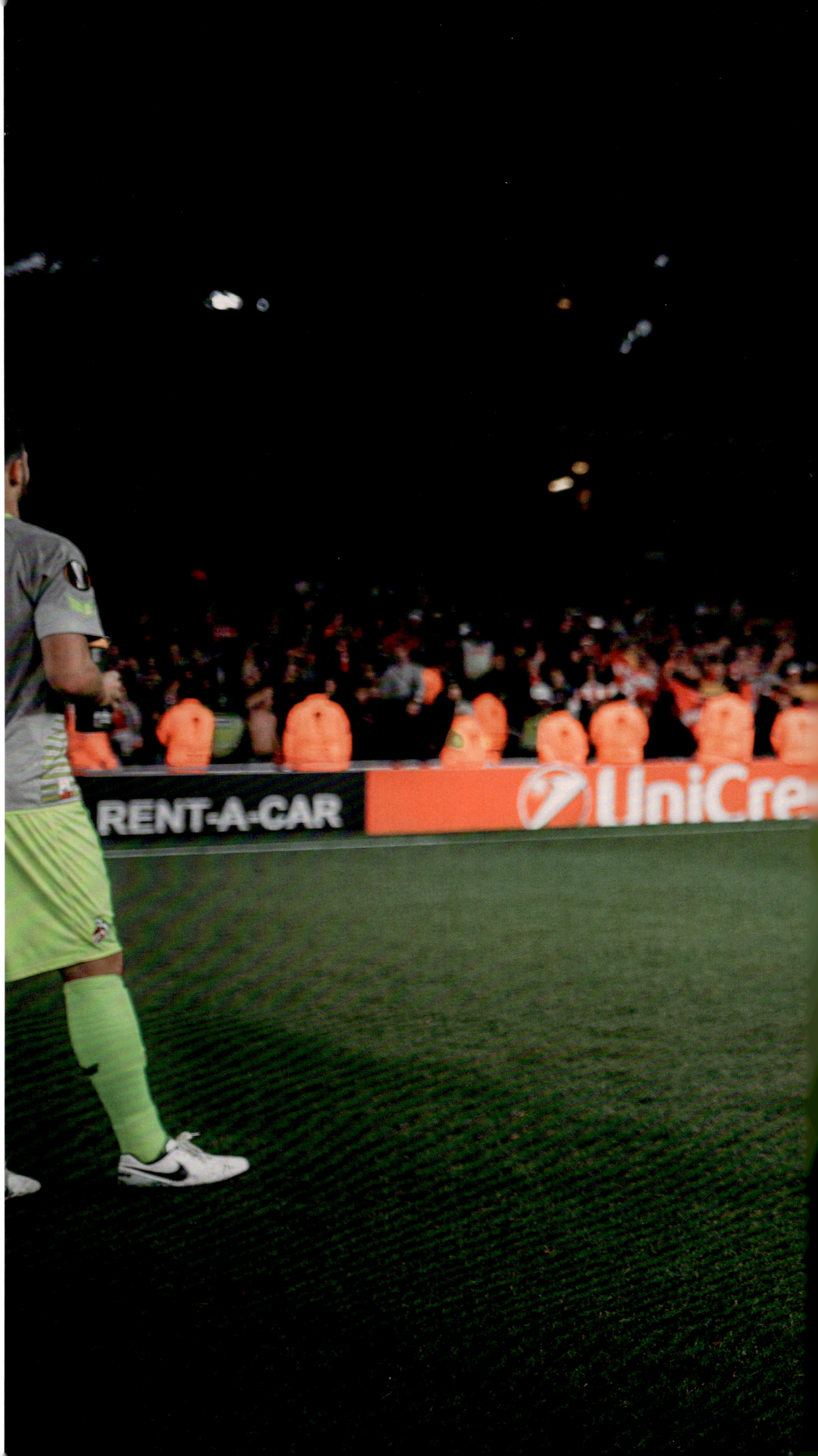
RENT-A-CAR
UniCre

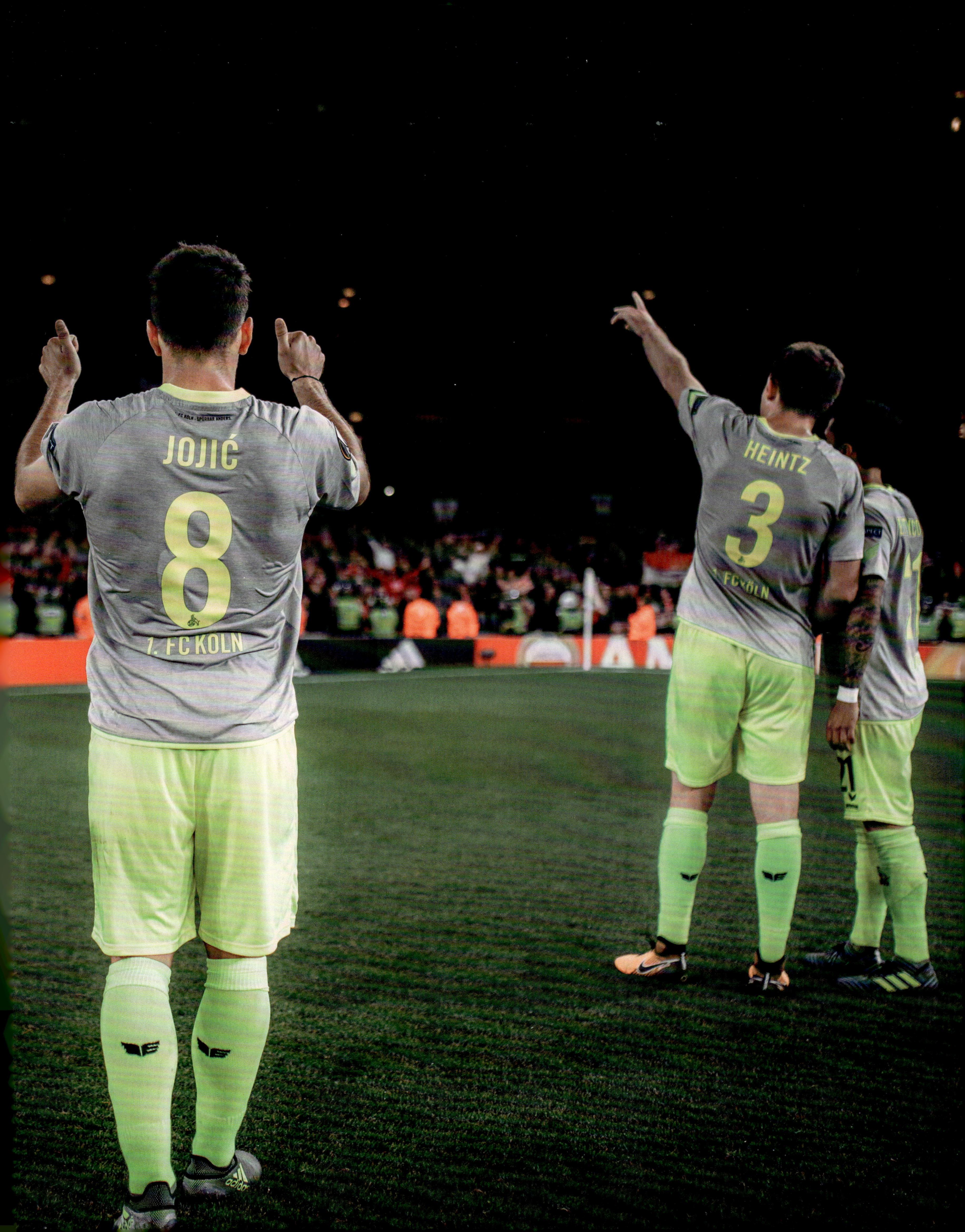
JOJIĆ
8
HEINTZ
3

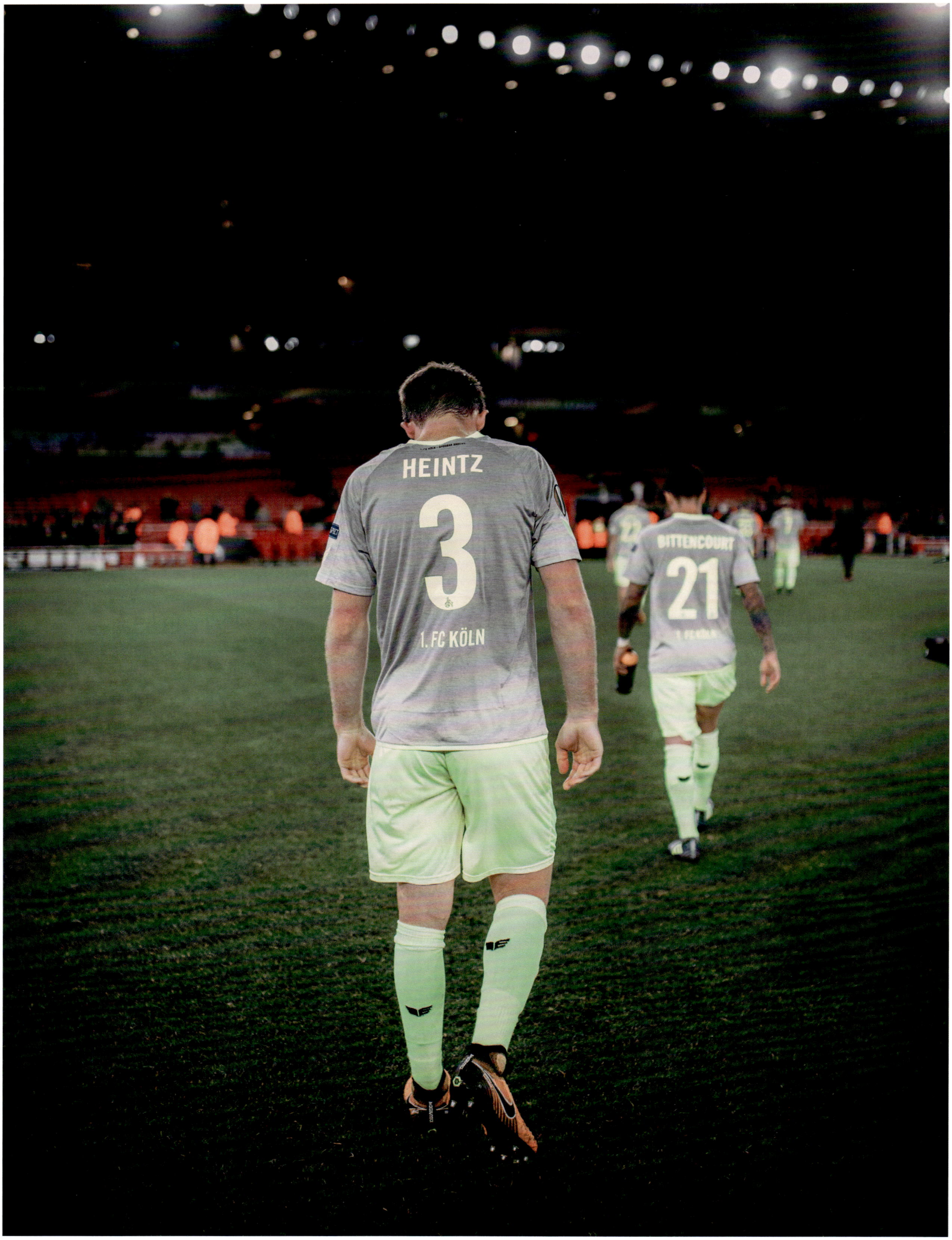
HEINTZ
3
1. FC KÖLN
BITTENCOURT
21

14.09.2017 | 22:56 OZ ENDERGEBNIS 3:1, EMIRATES STADIUM, LONDON

UEFA EUROPA LEAGUE
UEFA EUROPA LEAGUE
FedEx
FedEx
FedEx
EAGUE

28.SEPTEMBER 2017 | 21:05 OZ | RHEINENERGIESTADION | KÖLN

ROTER STERN BELGRAD

27.09.2017 | 15:43 OZ ABSCHLUSSTRAINING, FRANZ-KREMER STADION, KÖLN

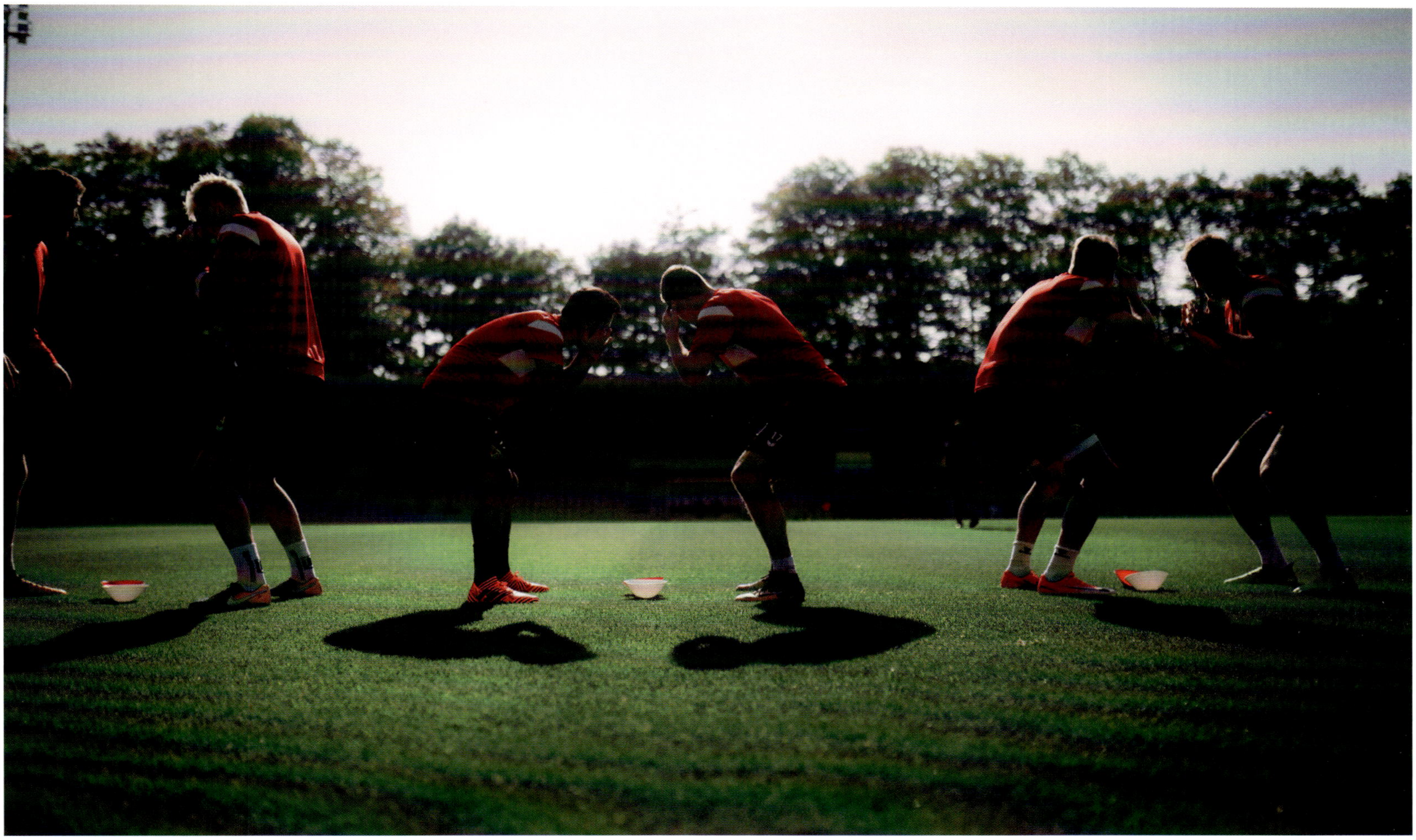

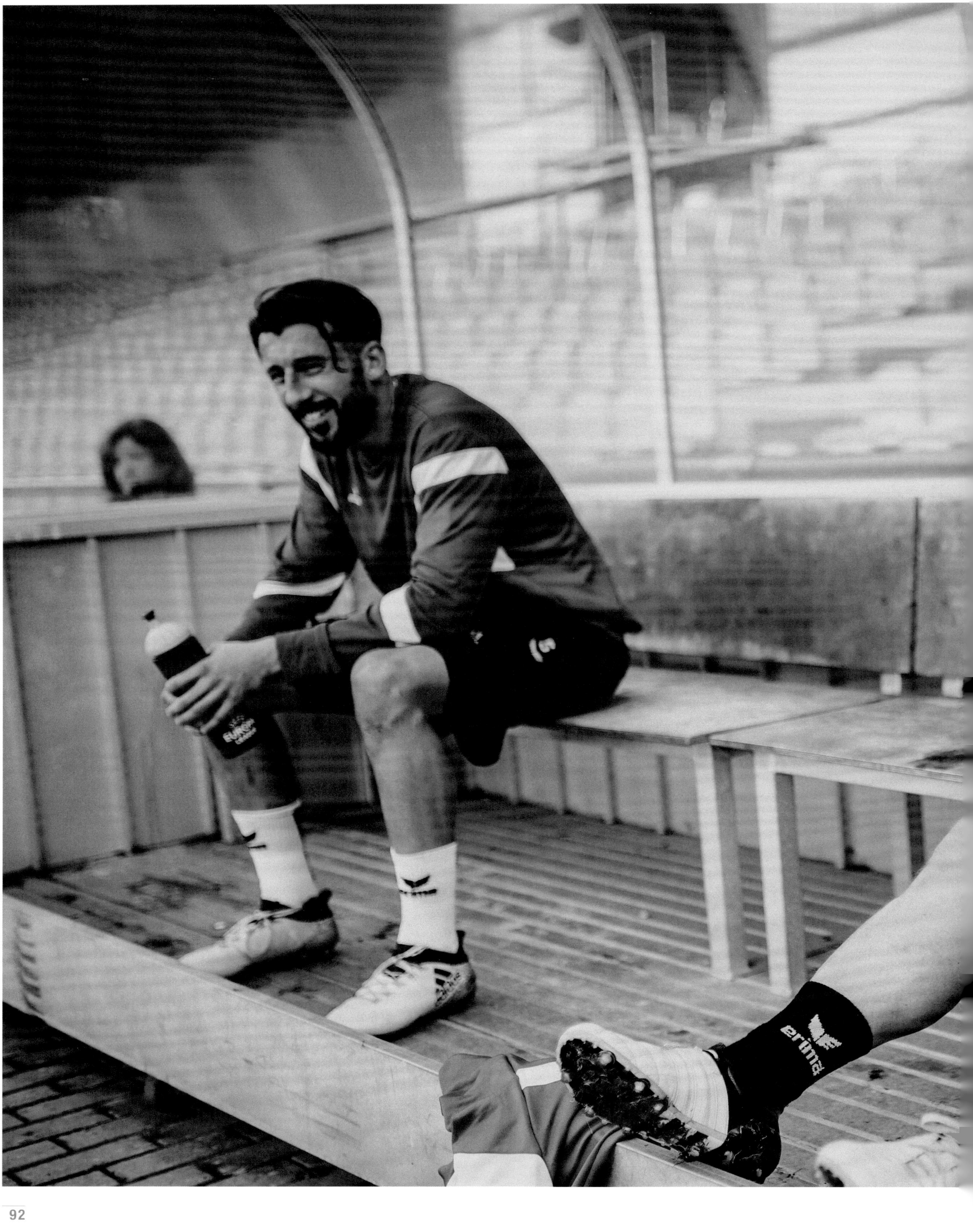
erima

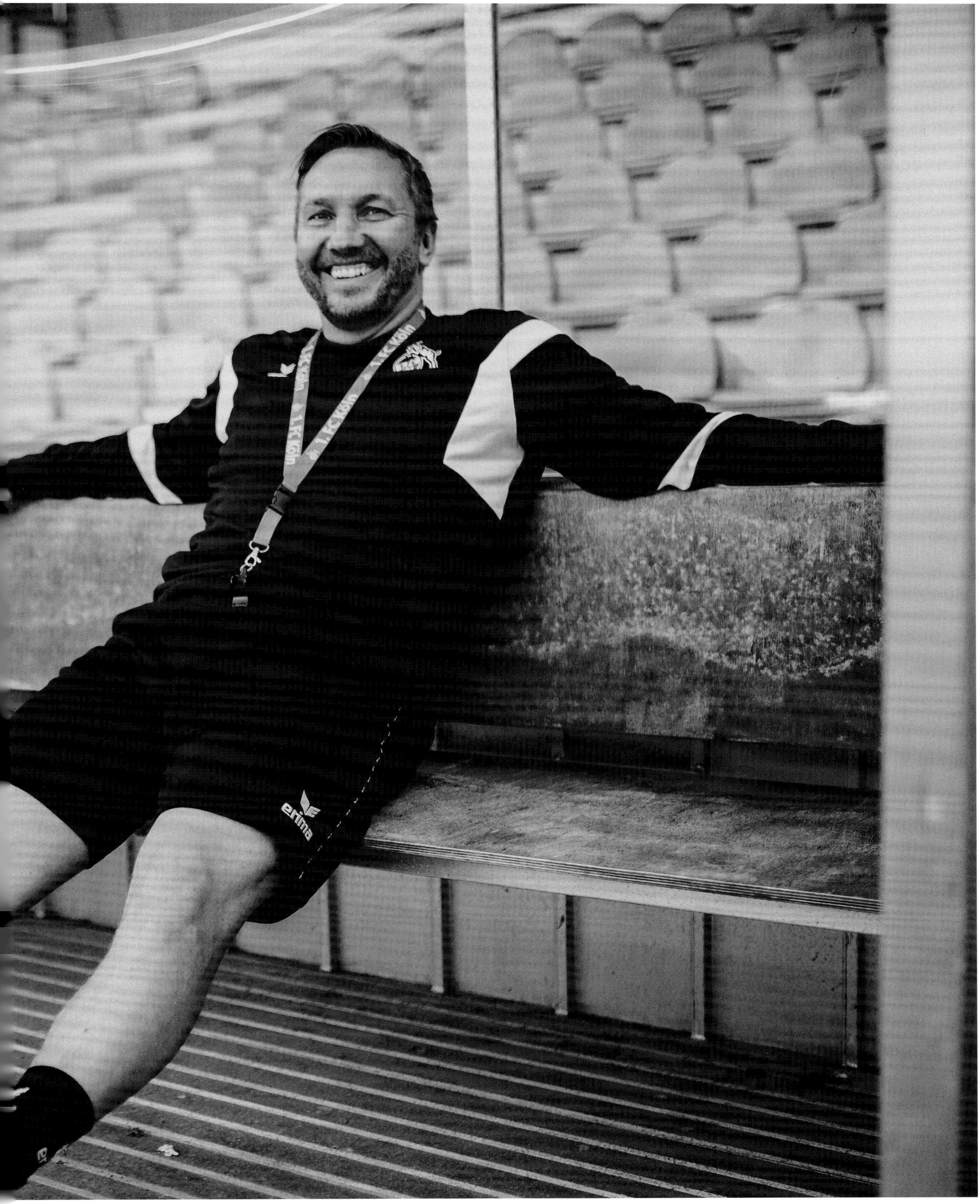
1. FC Köln
erima

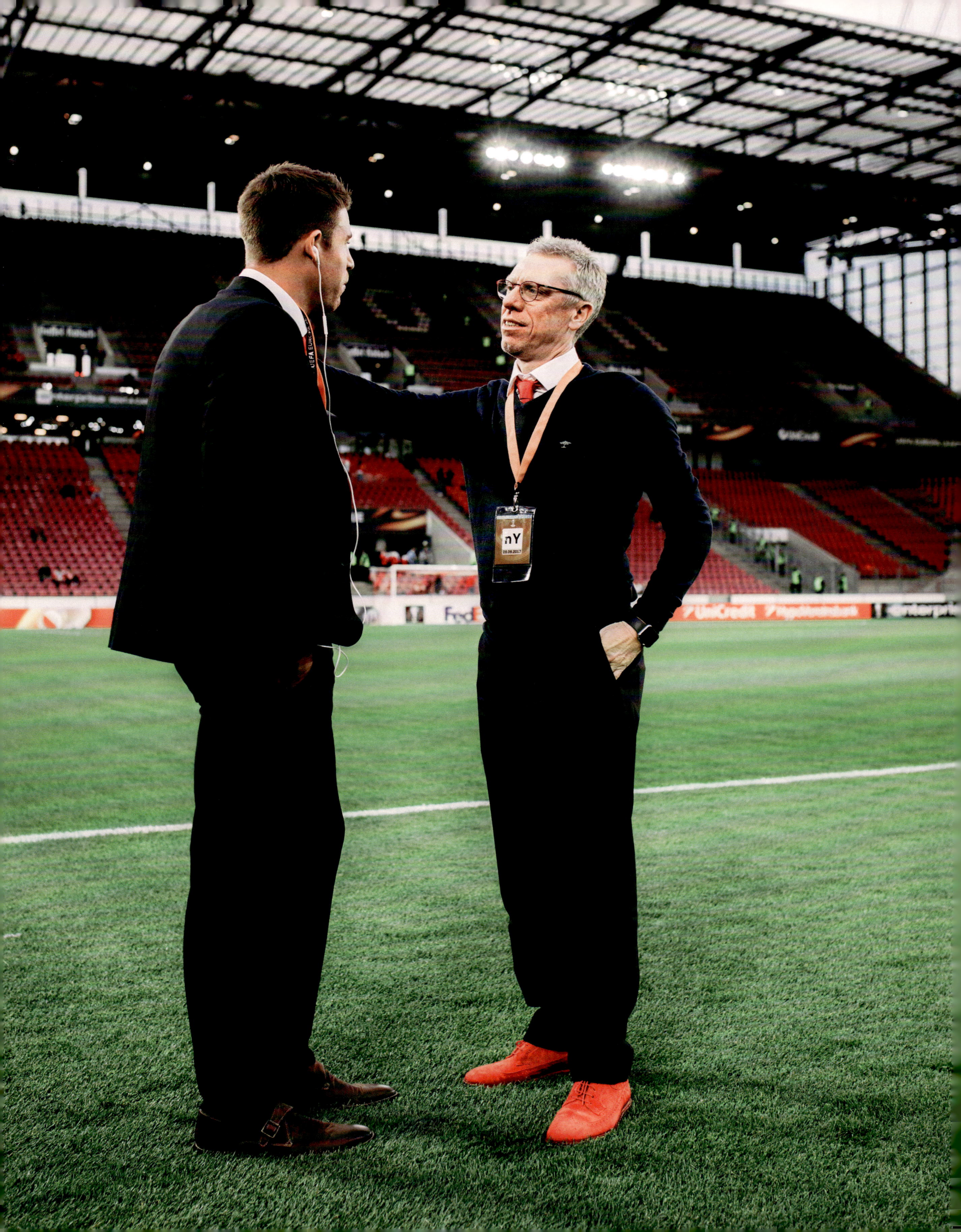
nY
28.09.2017
UniCredit

28.09.2017 | 17:24 OZ ANKUNFT, RHEINENERGIESTADION, KÖLN

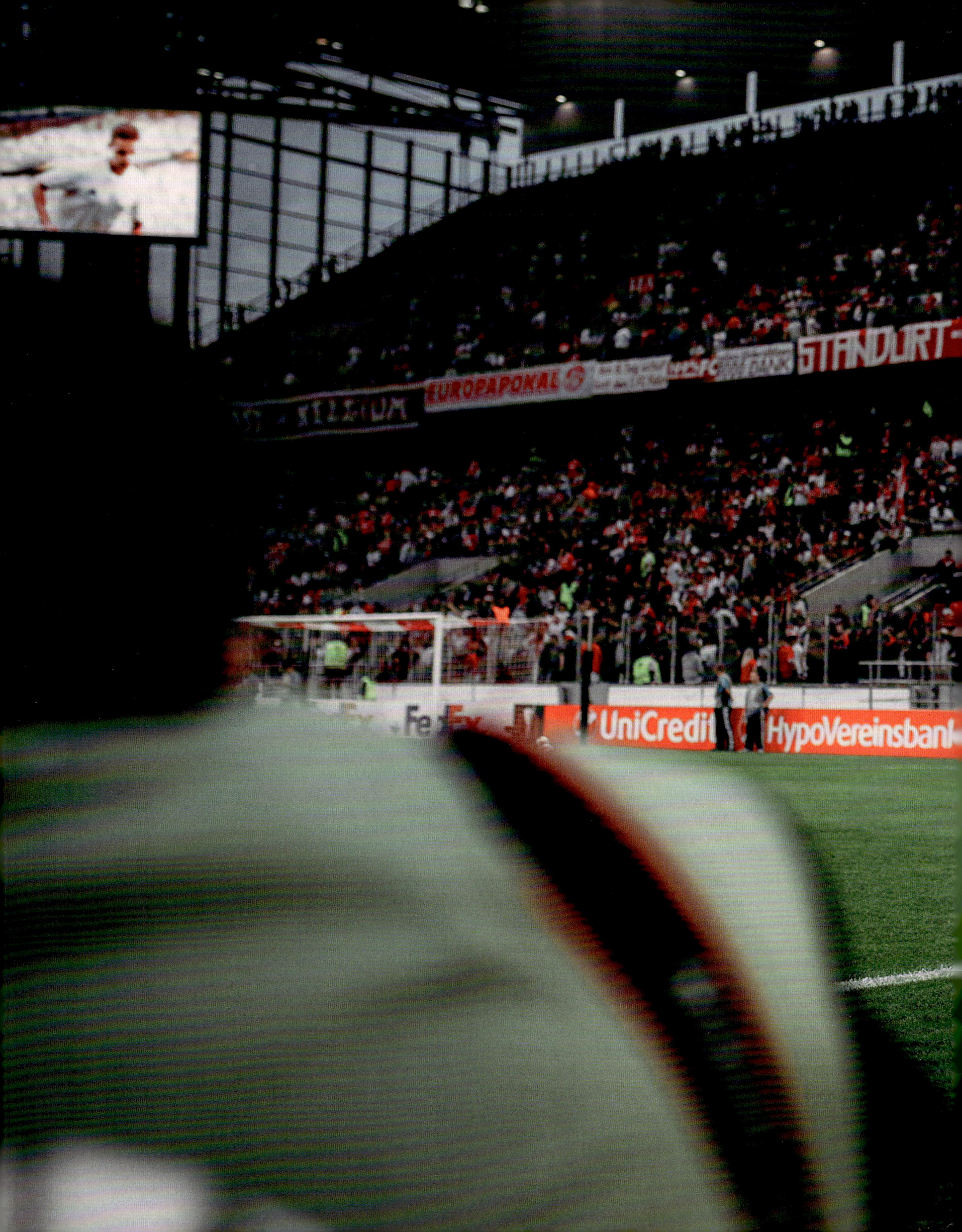
EUROPAPOKAL
STANDORT
UniCredit

GERSDORF·UNVERHANDELBAR!
LINDLAR
US KÖLLE
DMC
AJJ
RENT-A-CAR

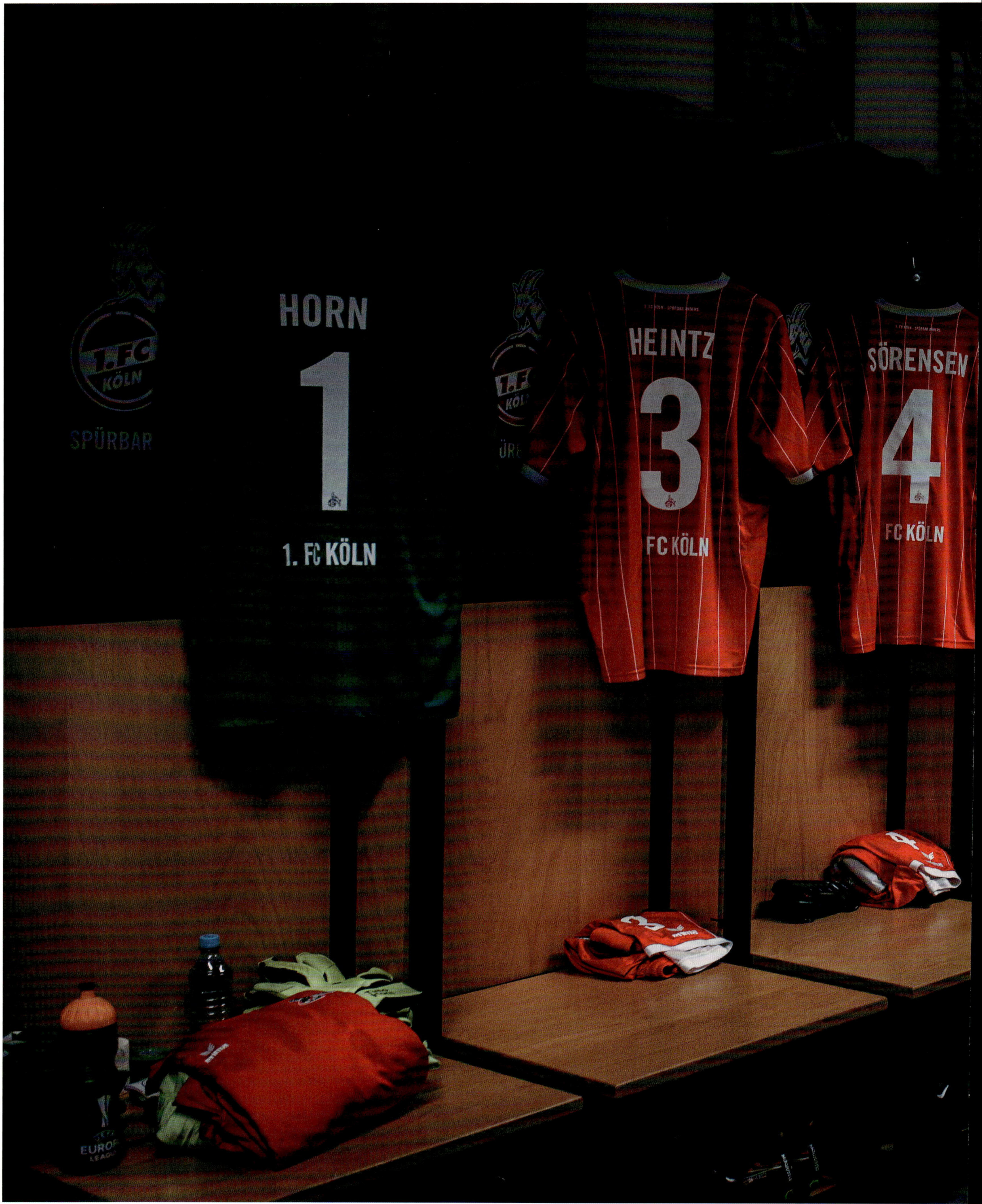
HORN
1
1. FC KÖLN
HEINTZ
3
FC KÖLN
SÖRENSEN
4
FC KÖLN
SPÜRBAR

MAROH
5
1. FC KÖLN
HÖGER
6
1. FC KÖLN
JOJIĆ
8
ÖZCAN
20
OSAKO
13
Coca-Cola

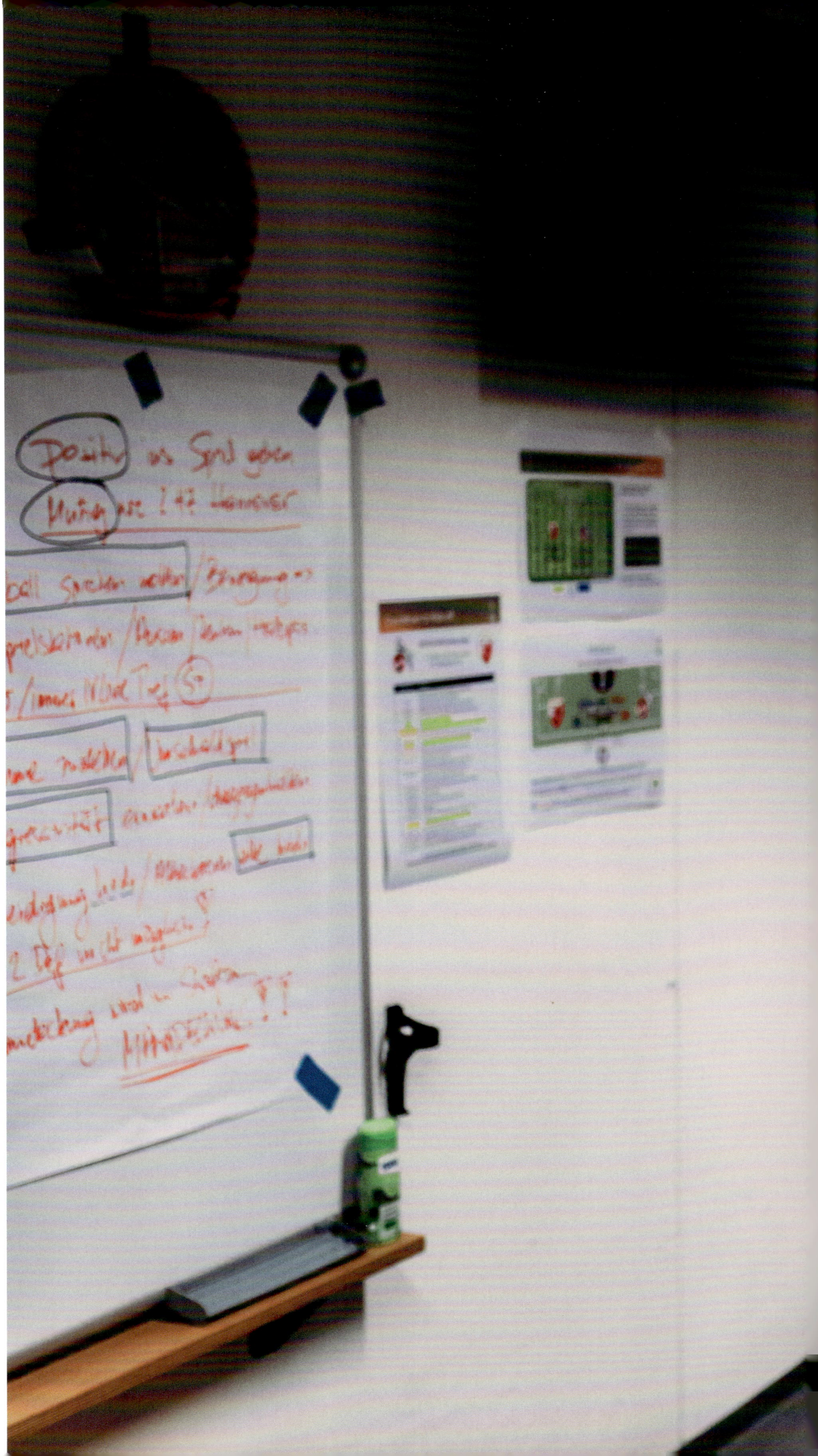

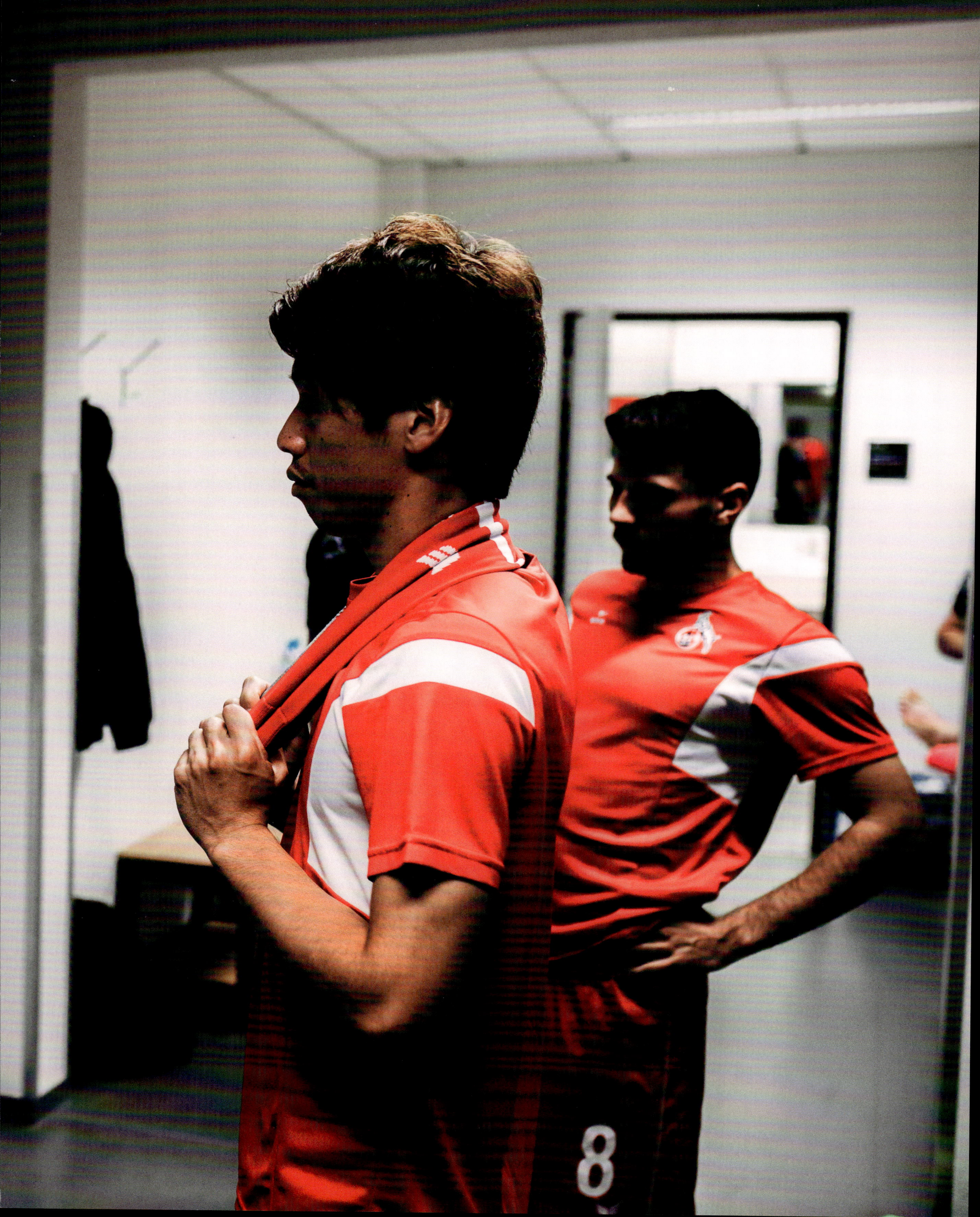
8

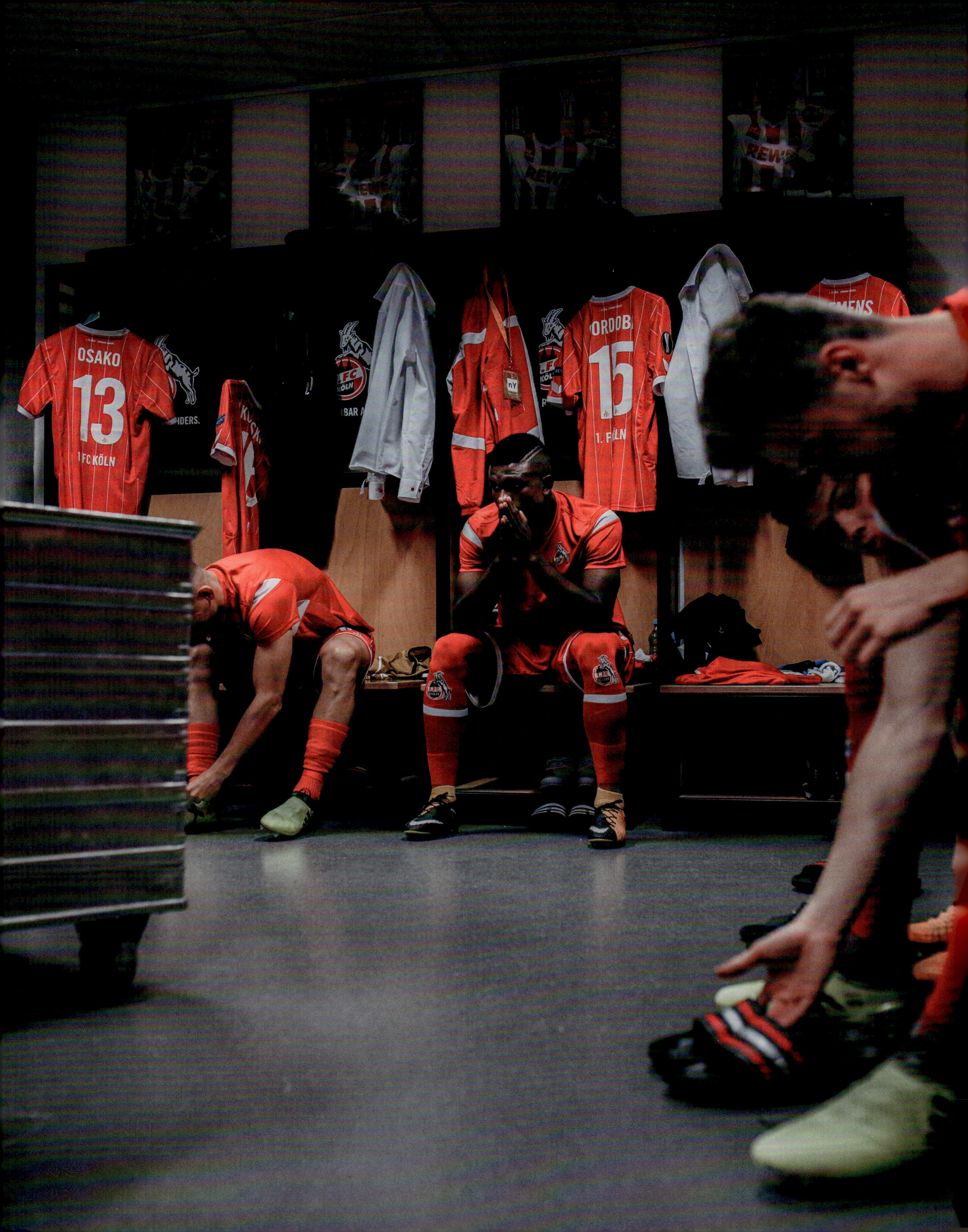
OSAKO
13
1. FC KÖLN
15

28.09.2017 | 17:57 OZ KABINE, RHEINENERGIESTADION, KÖLN

104

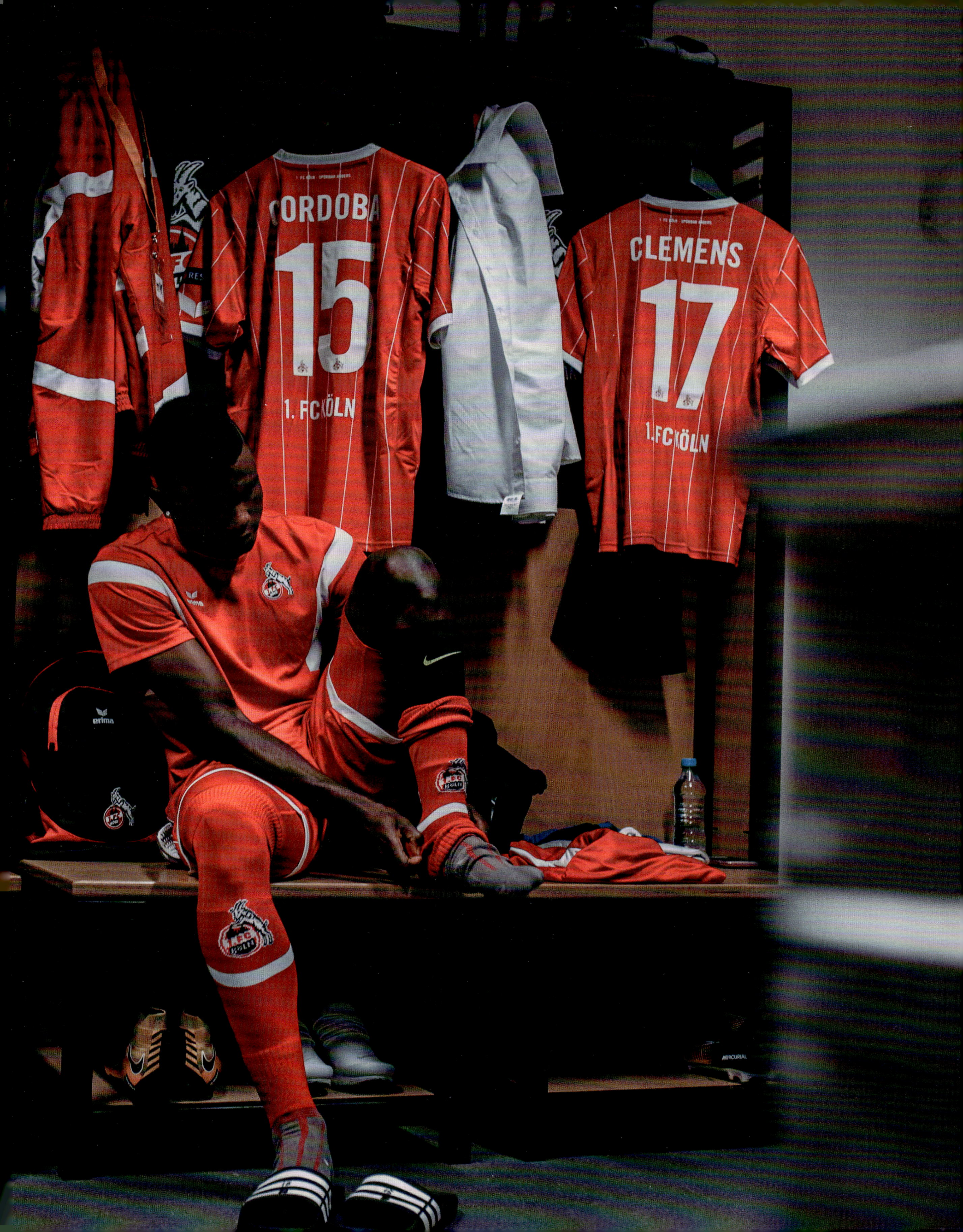
CORDOBA
15
1. FC KÖLN
CLEMENS
17
1.FC KÖLN
erima

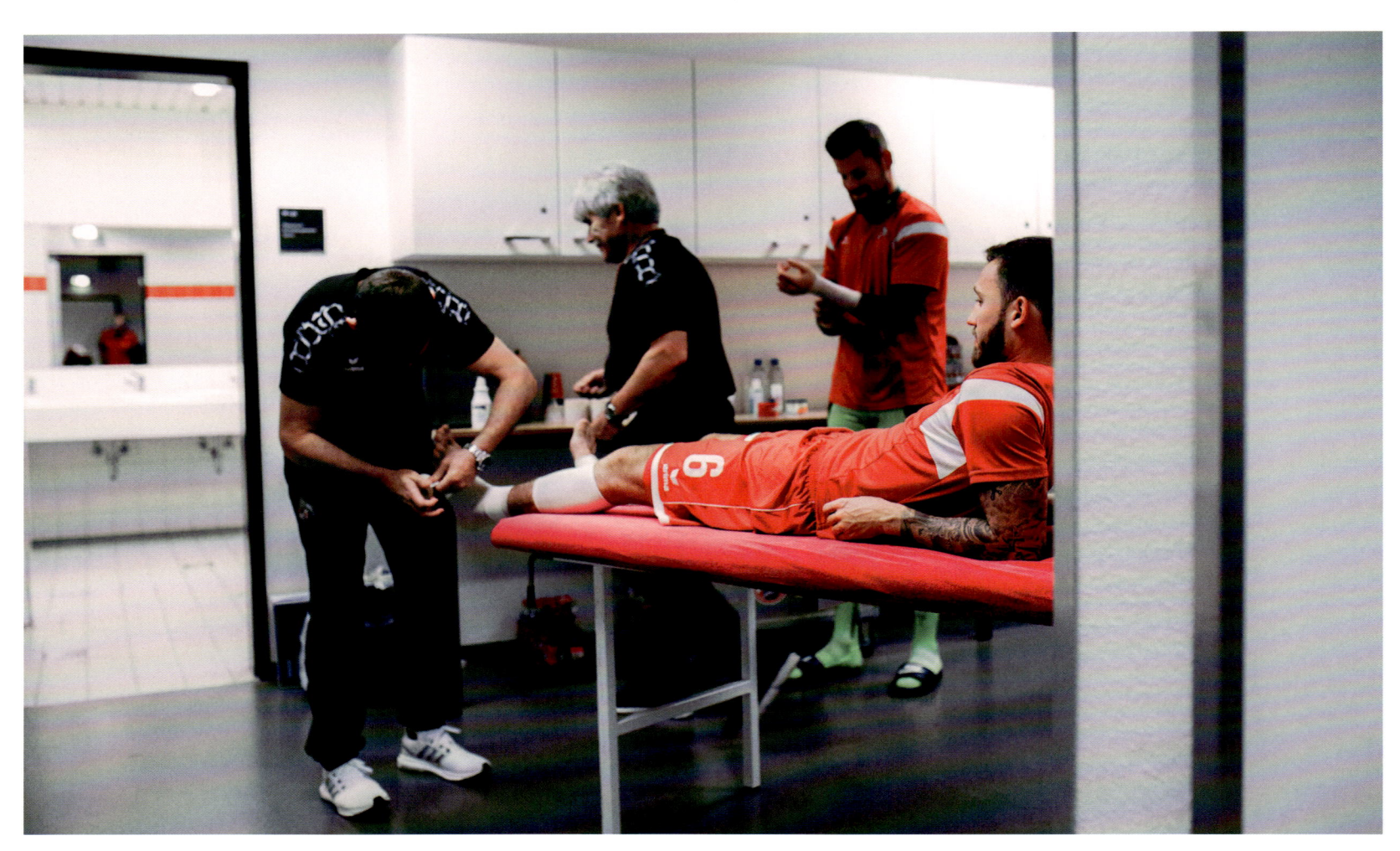

28.09.2017 | 18:12 OZ KABINE, RHEINENERGIESTADION, KÖLN

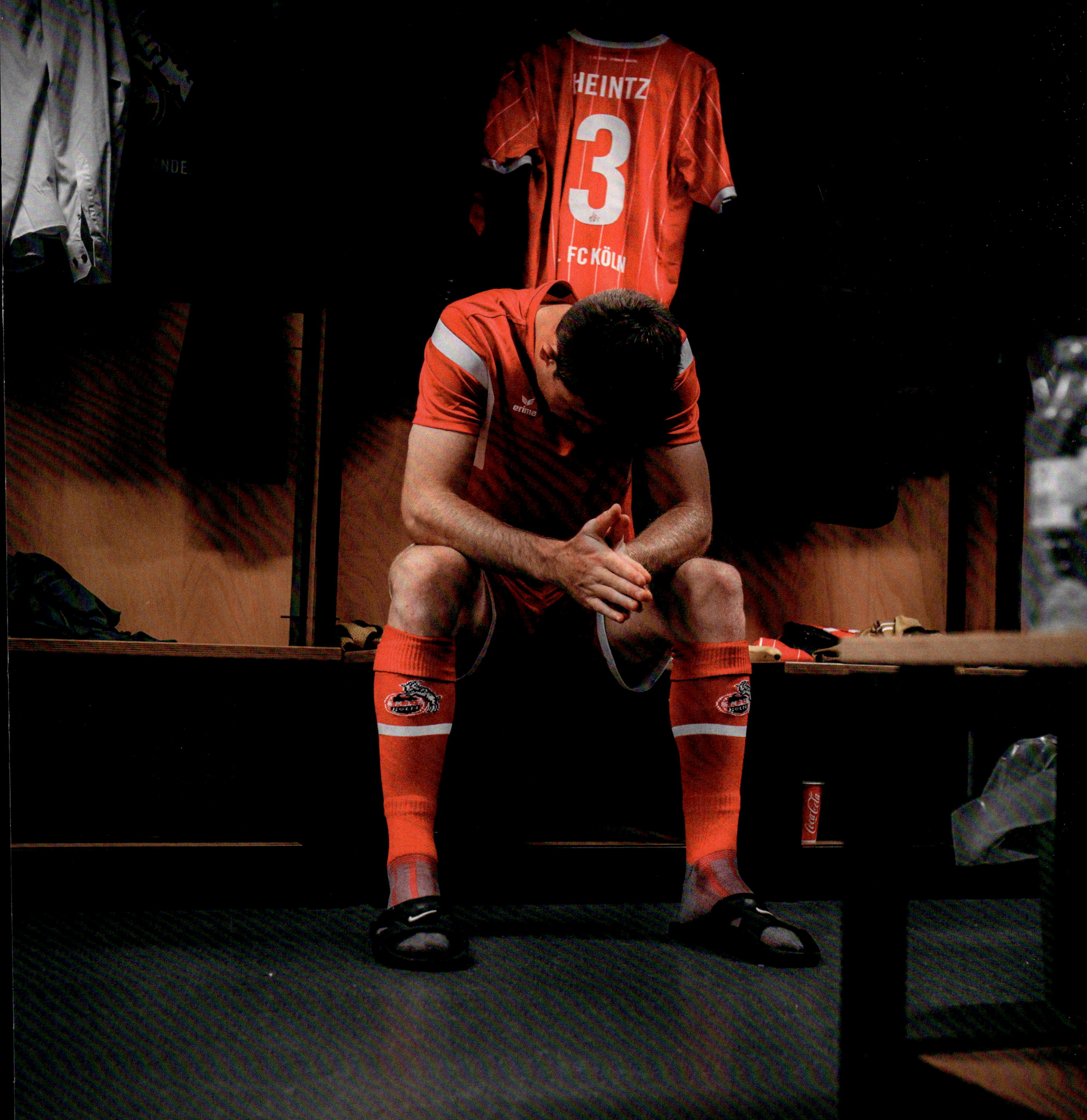
HEINTZ
3
FC KÖLN
erima

108

28.09.2017 | 18:28 OZ AUFWÄRMEN, RHEINENERGIESTADION, KÖLN

UEFA EUROPA LEAGUE
adidas
adidas
adidas
AMSTEL
FedEx
FedEx
FedEx

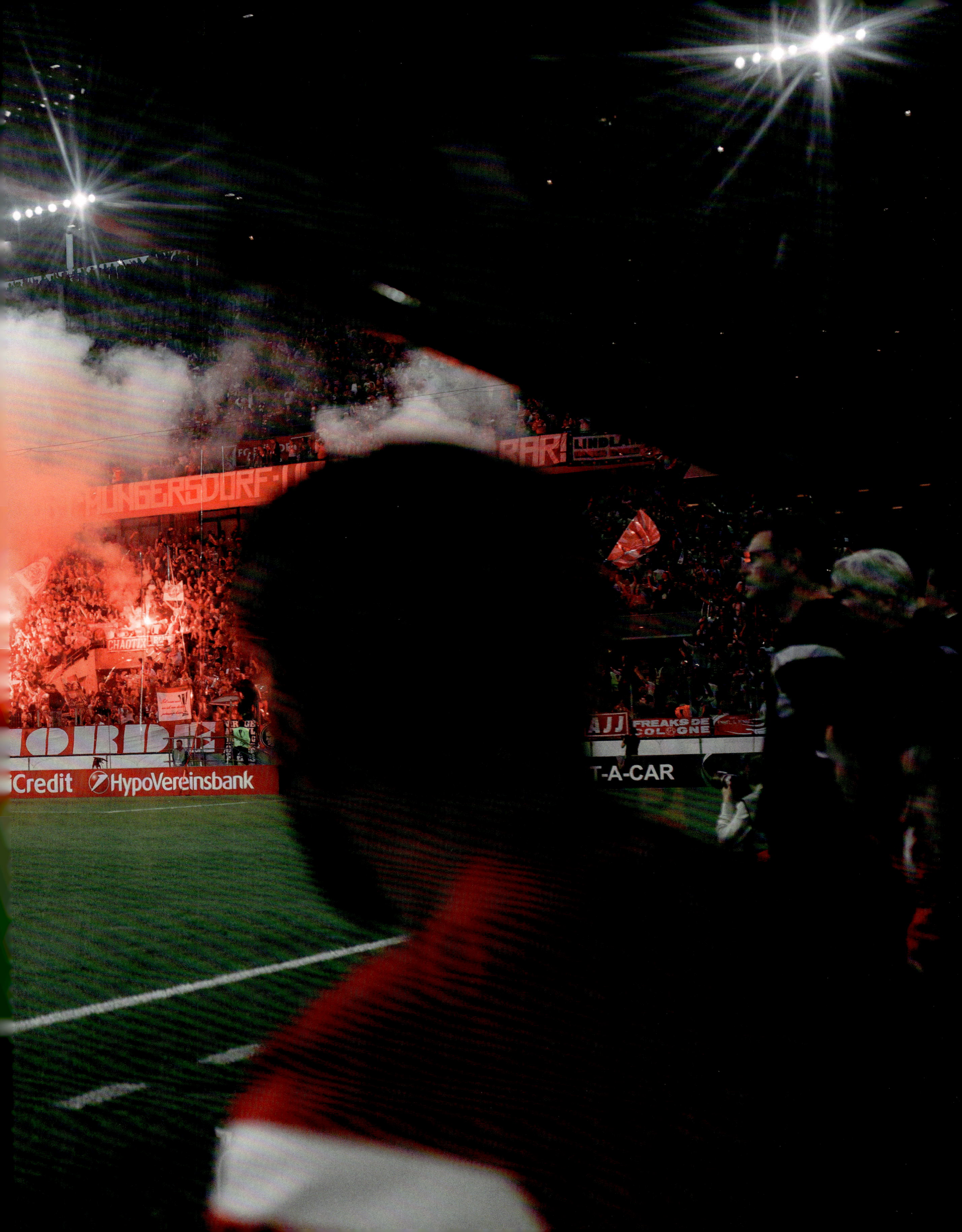
HypoVereinsbank
FREAKS DE COLOGNE
CHAOTIX

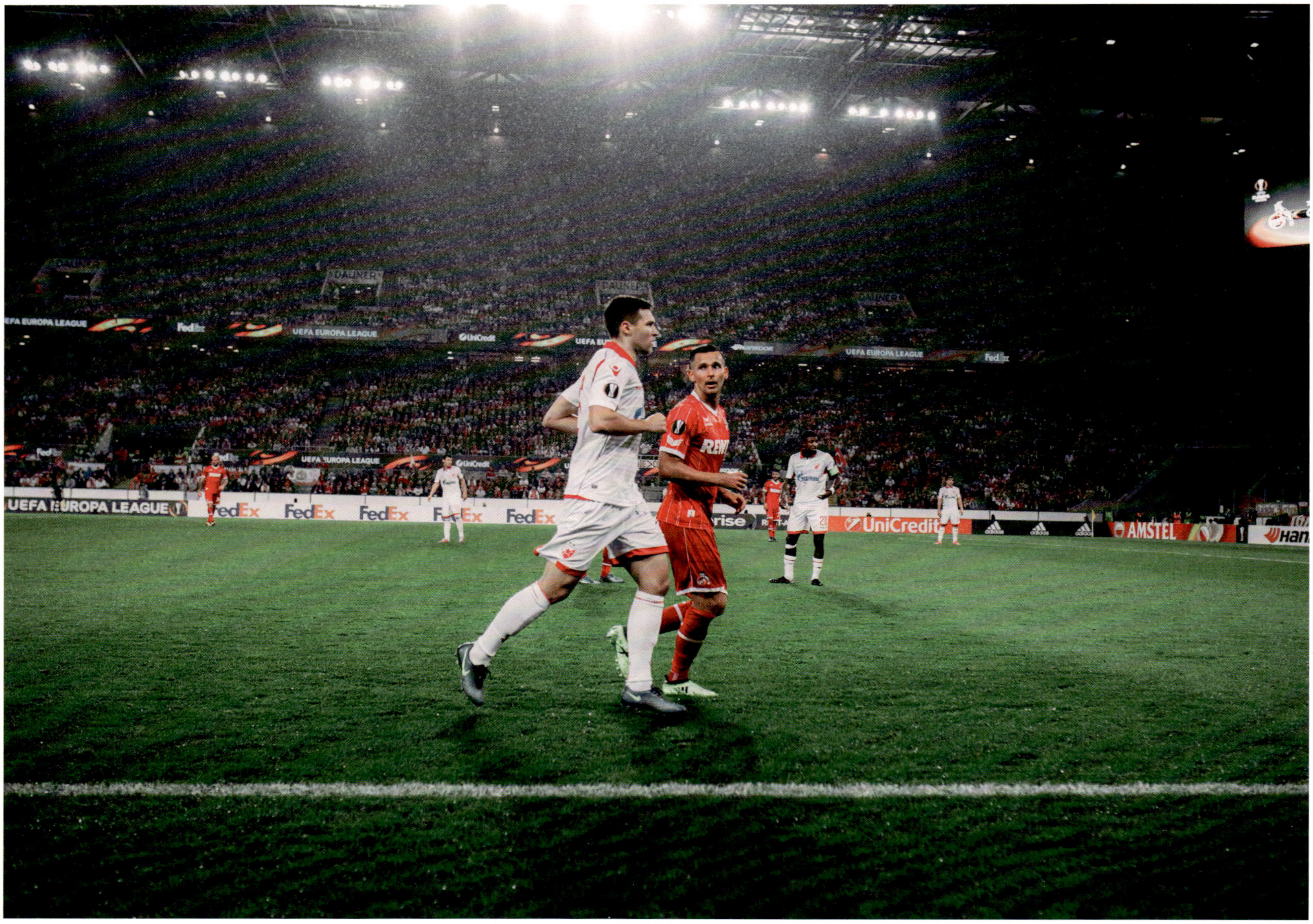
UEFA EUROPA LEAGUE
FedEx
UniCredit
AMSTEL

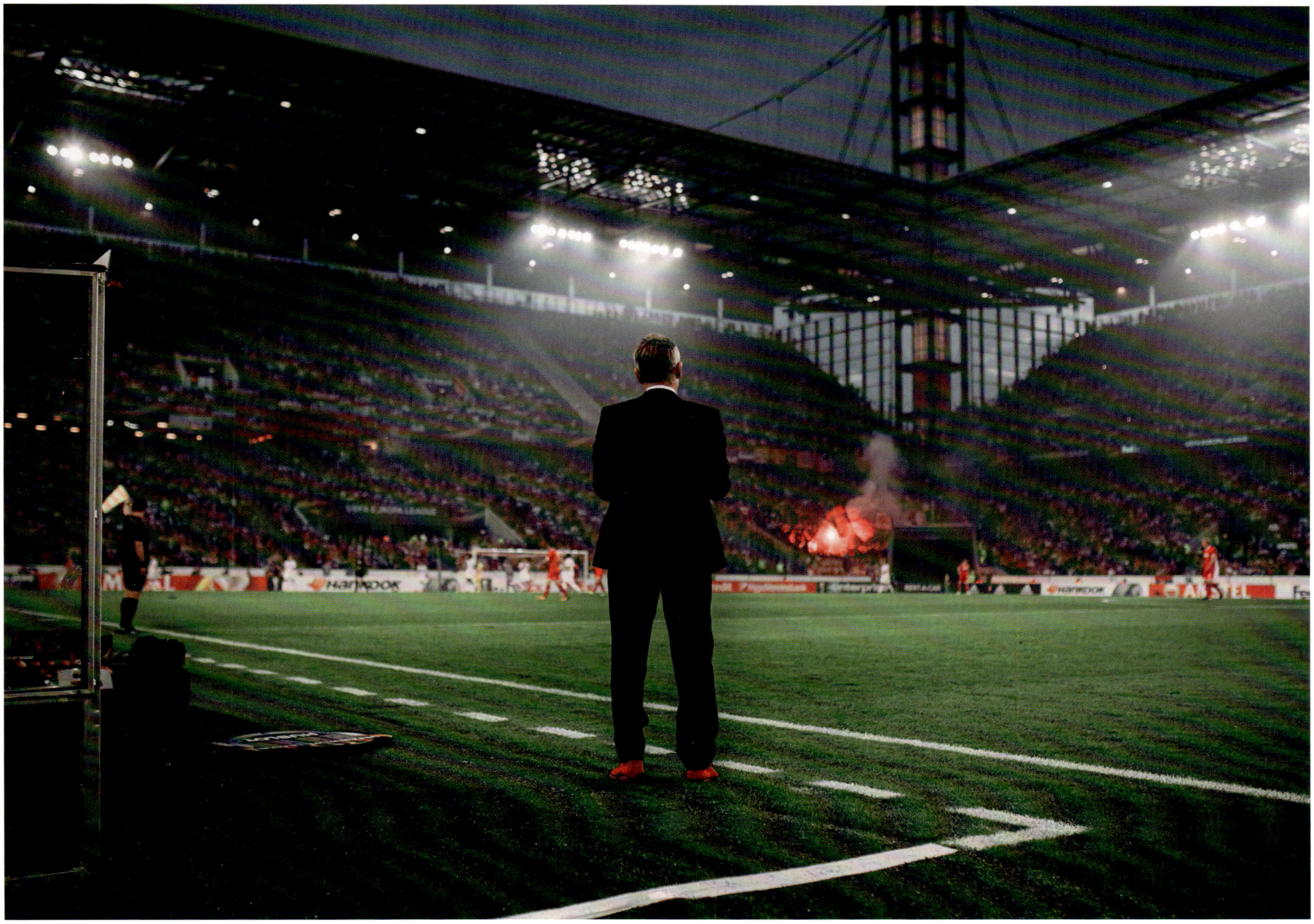
Hankook

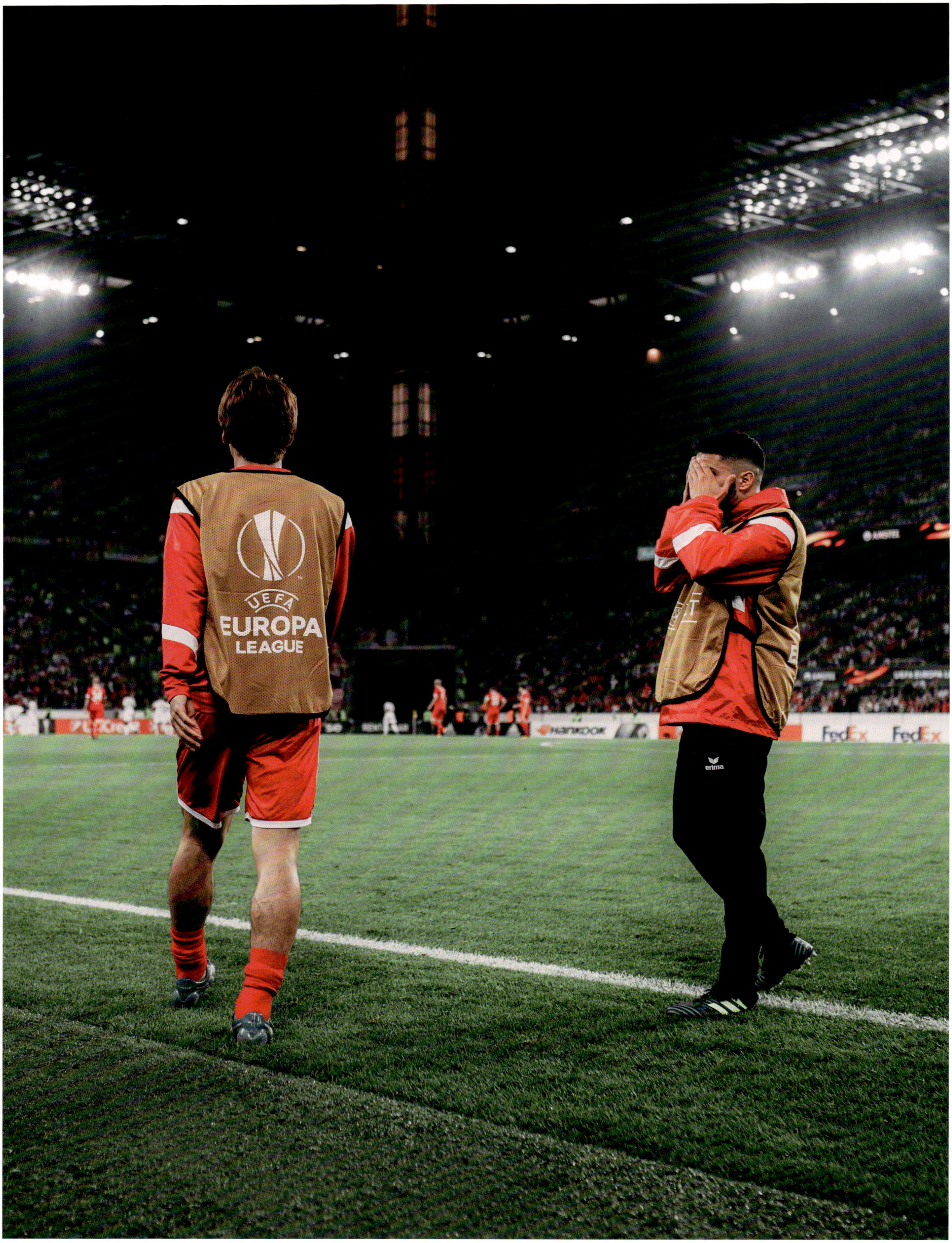
UEFA
EUROPA
LEAGUE
FedEx
FedEx

115

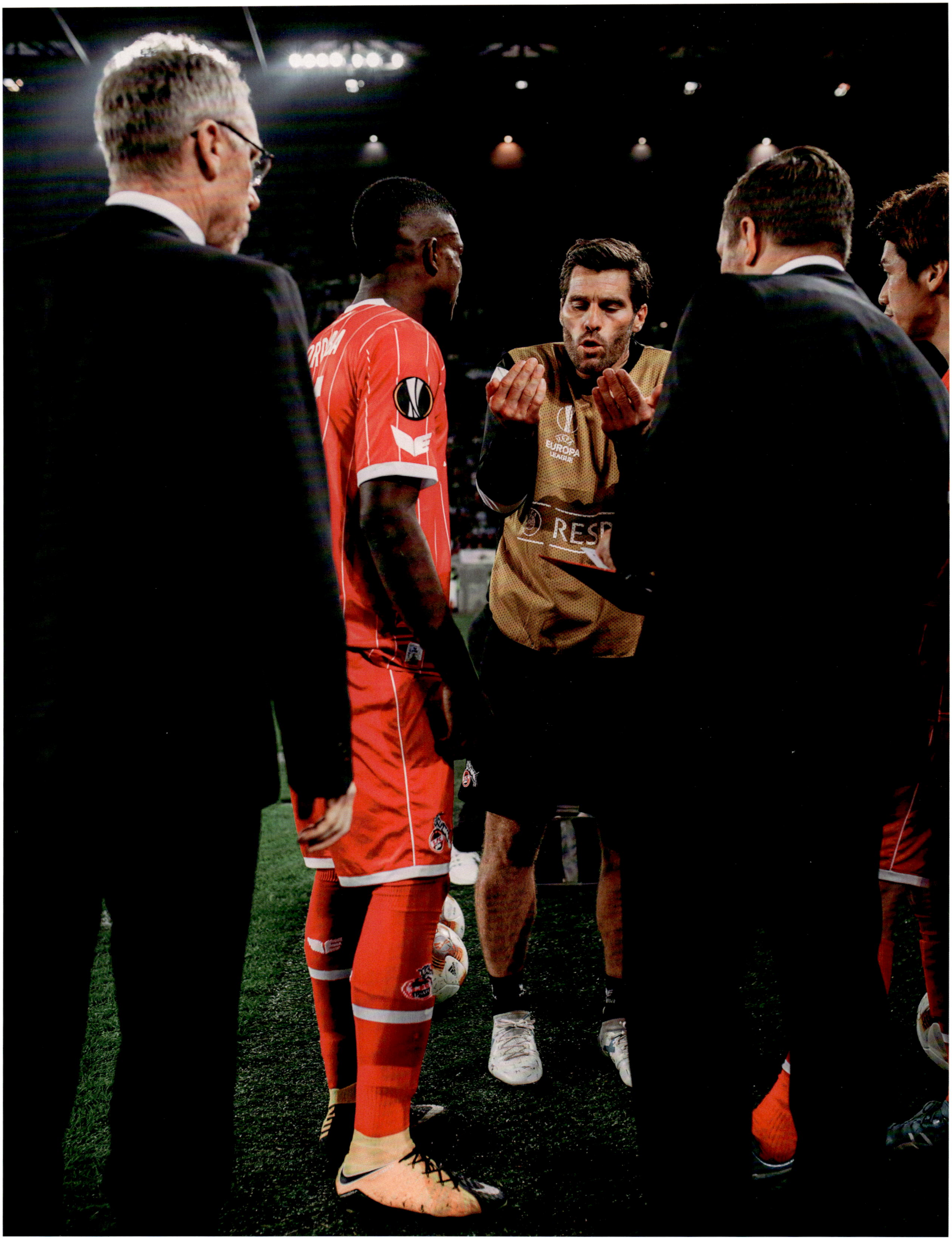
EUROPA
LEAGUE

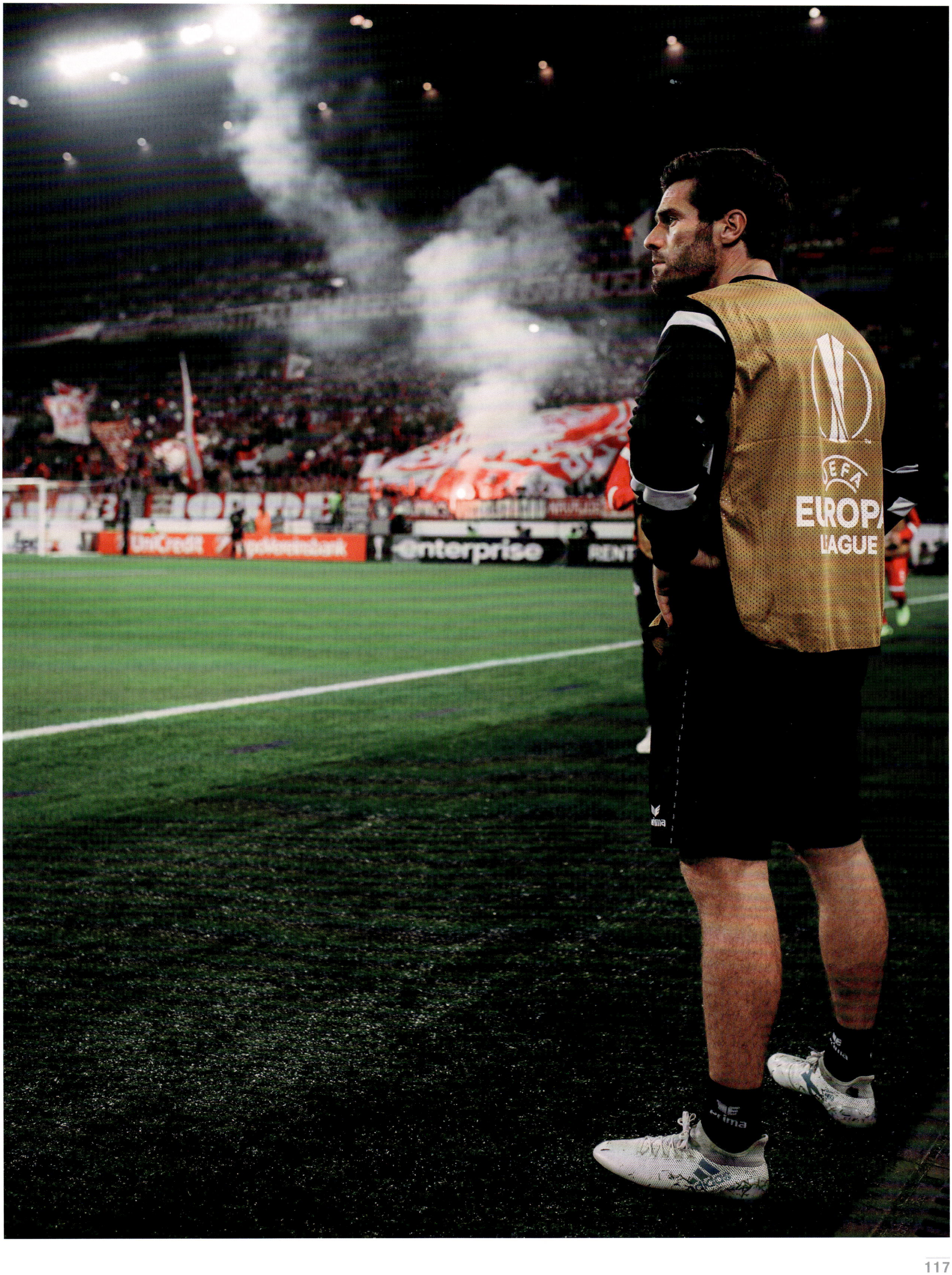
UniCredit
enterprise

28.09.2017 | 20:02 OZ HALBZEITSTAND 0:1, RHEINENERGIESTADION, KÖLN

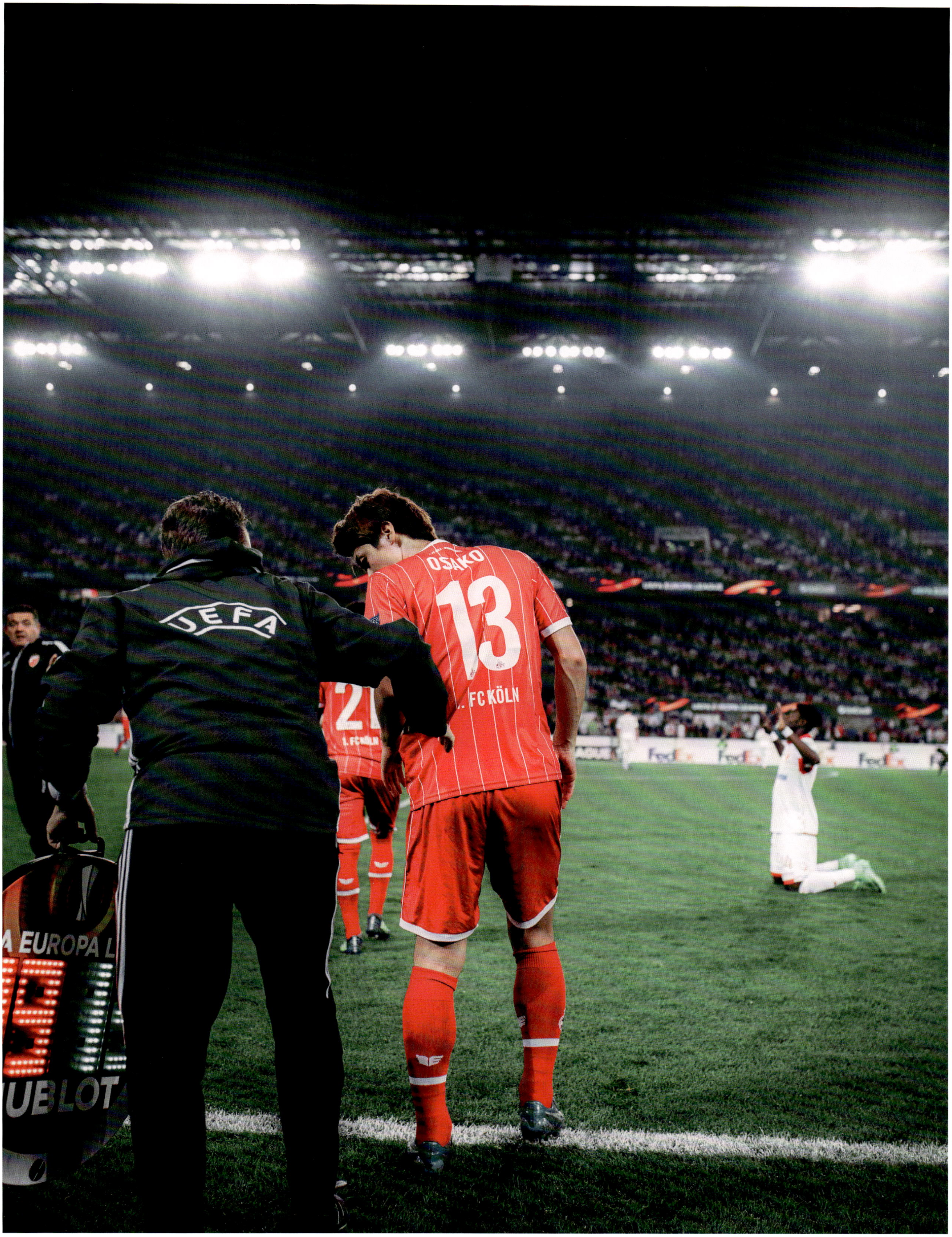
OSAKO
13
FC KÖLN
UEFA

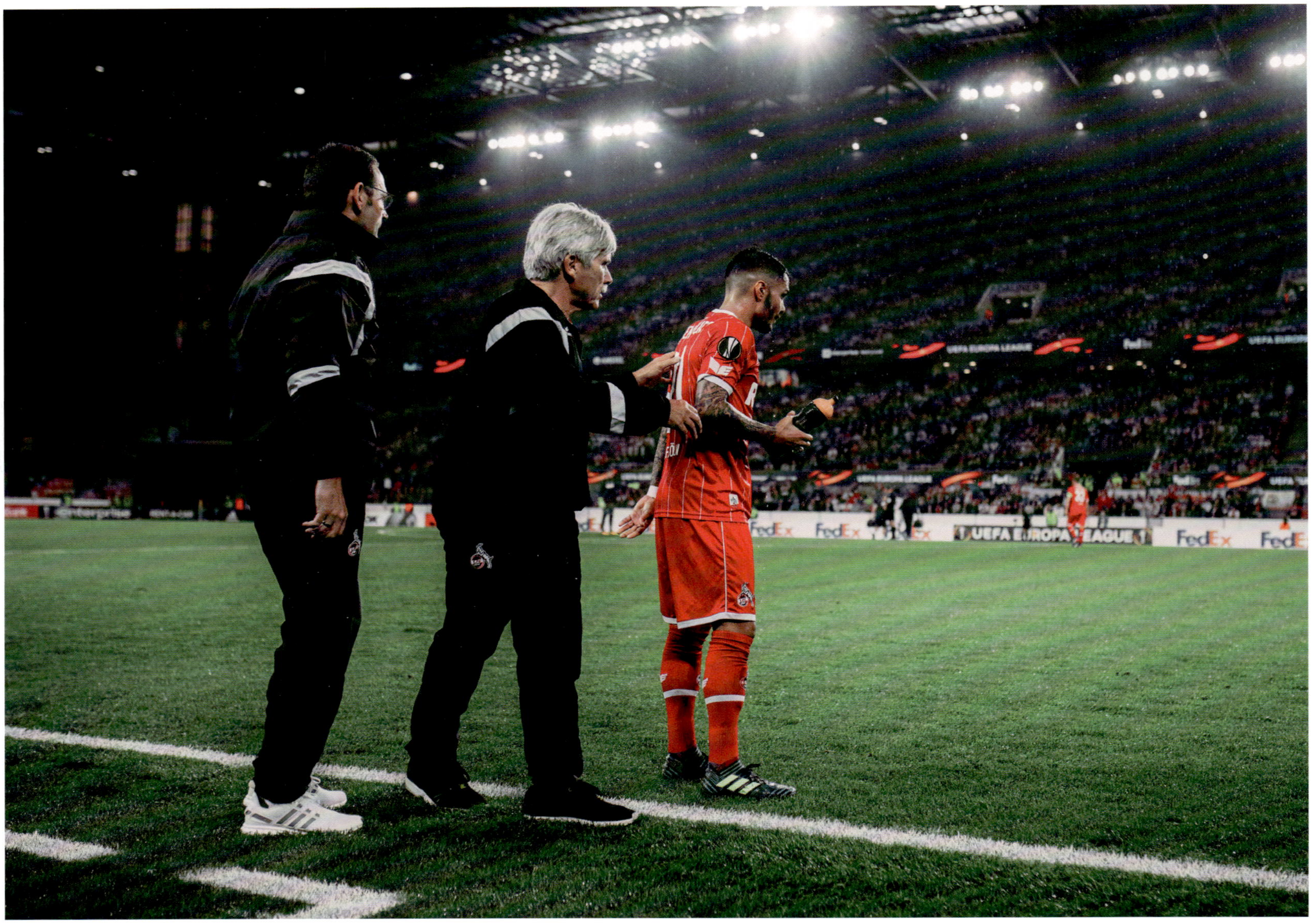
UEFA EUROPA LEAGUE
FedEx

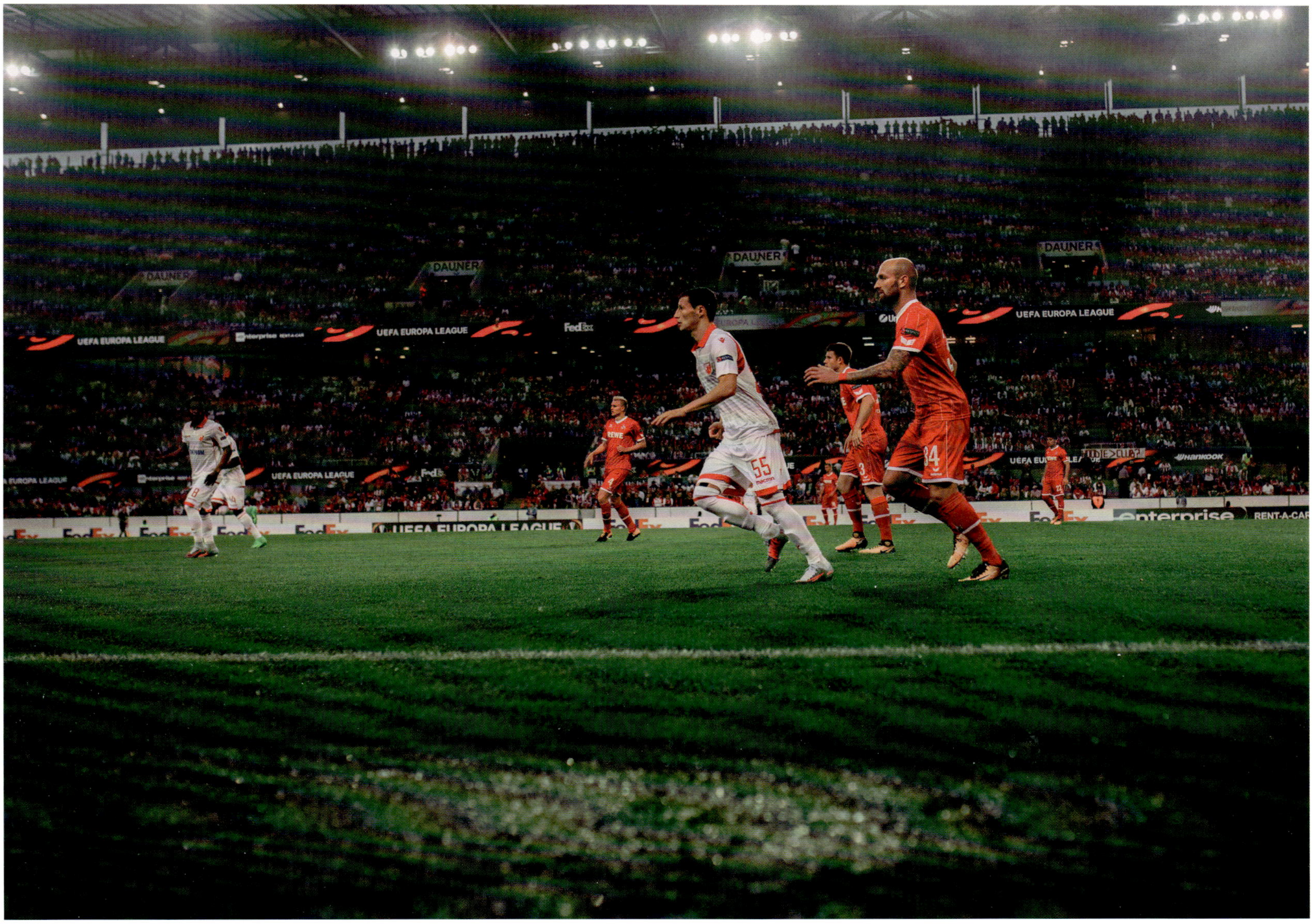
DAUNER
UEFA EUROPA LEAGUE
FedEx
enterprise
RENT-A-CAR
55

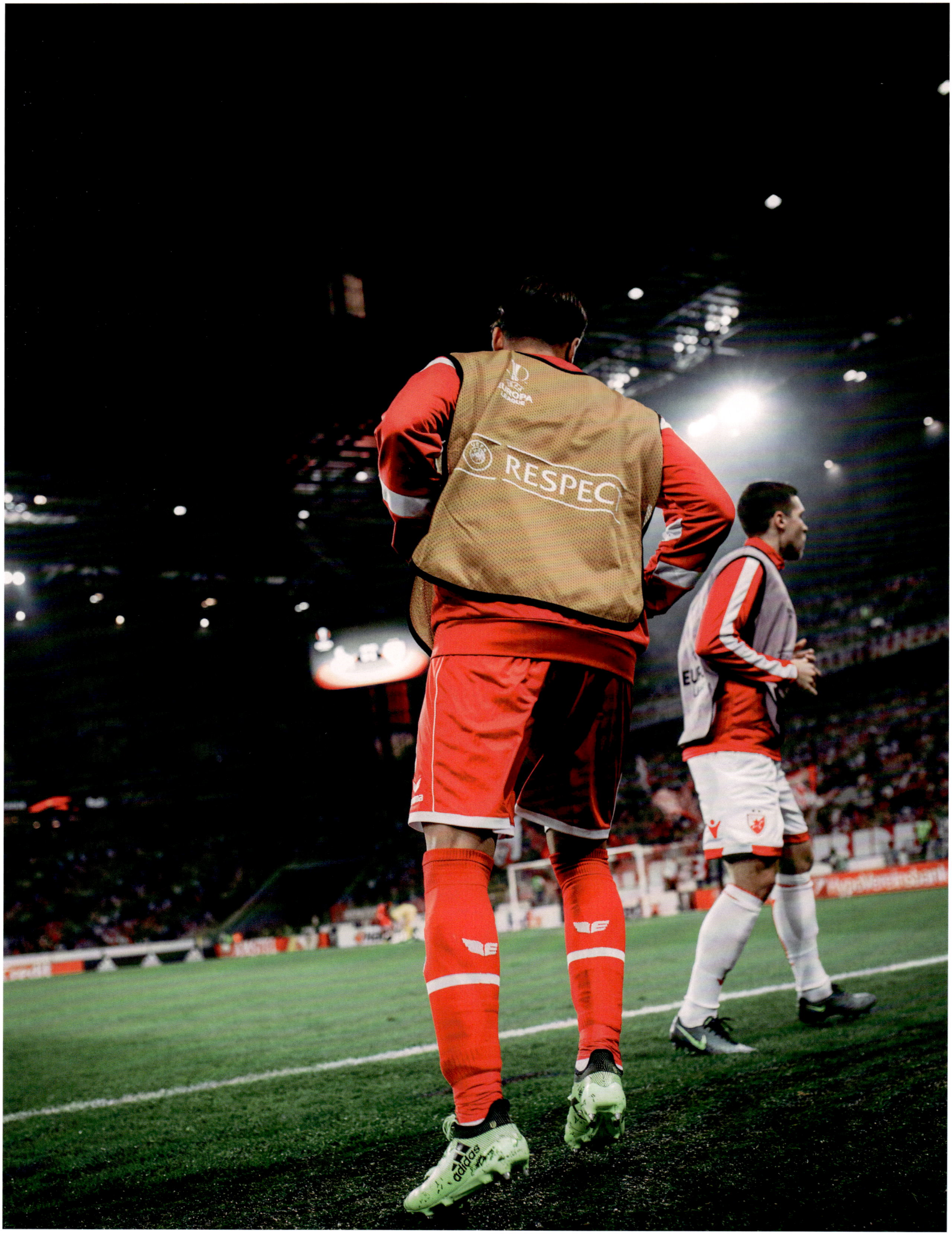
RESPEC

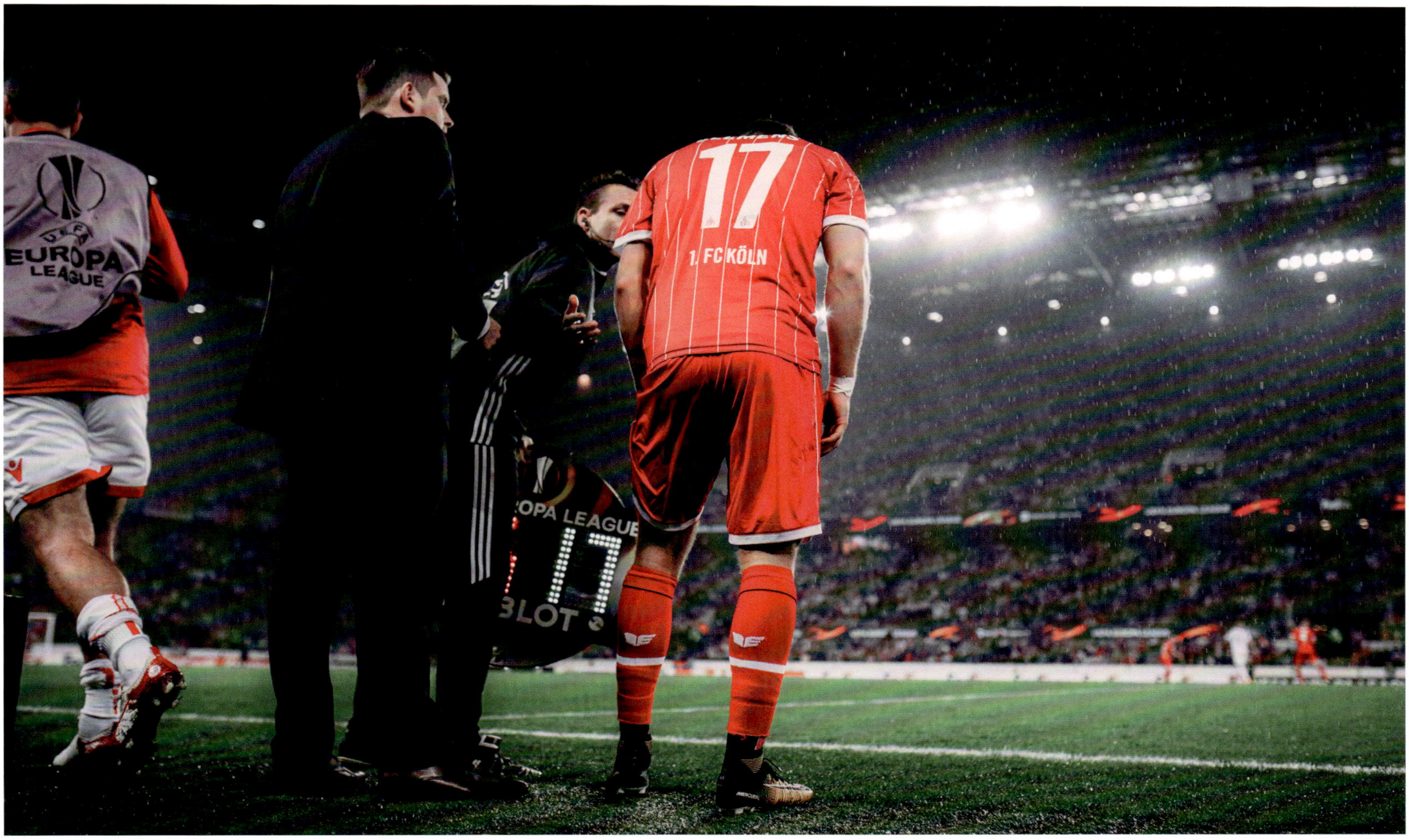
EUROPA LEAGUE
17
1. FC KÖLN

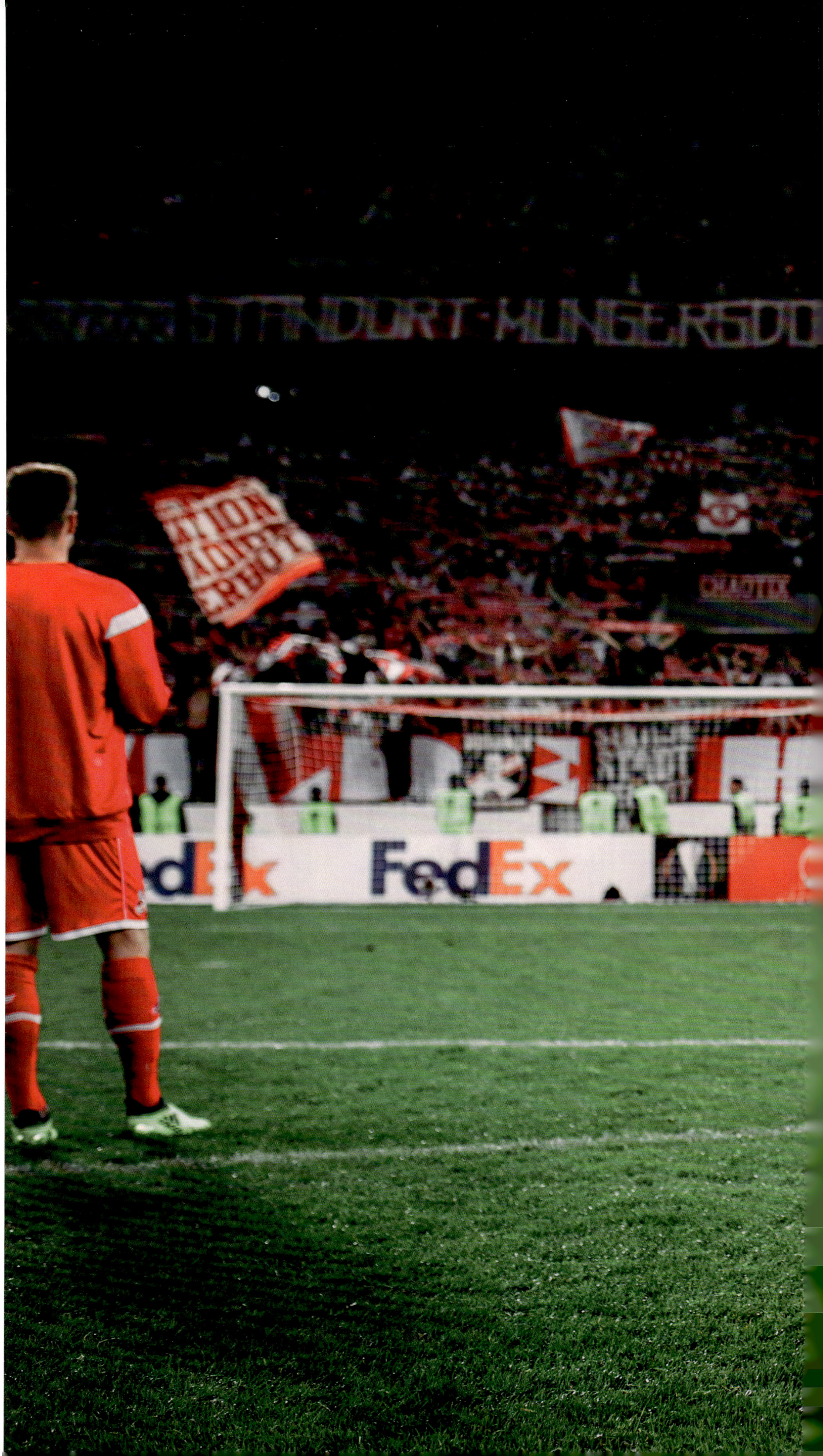
FedEx

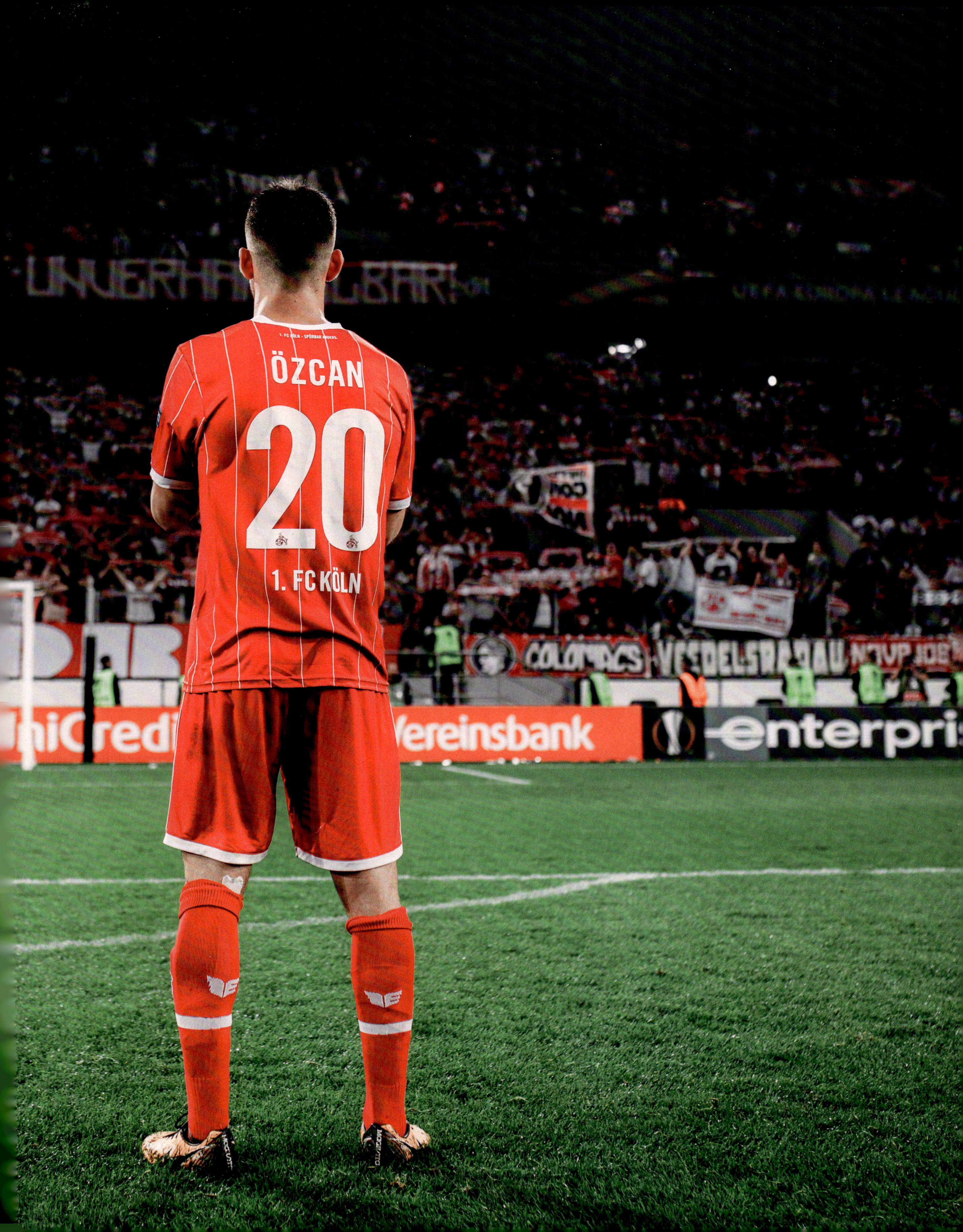
ÖZCAN
20
1. FC KÖLN
Vereinsbank

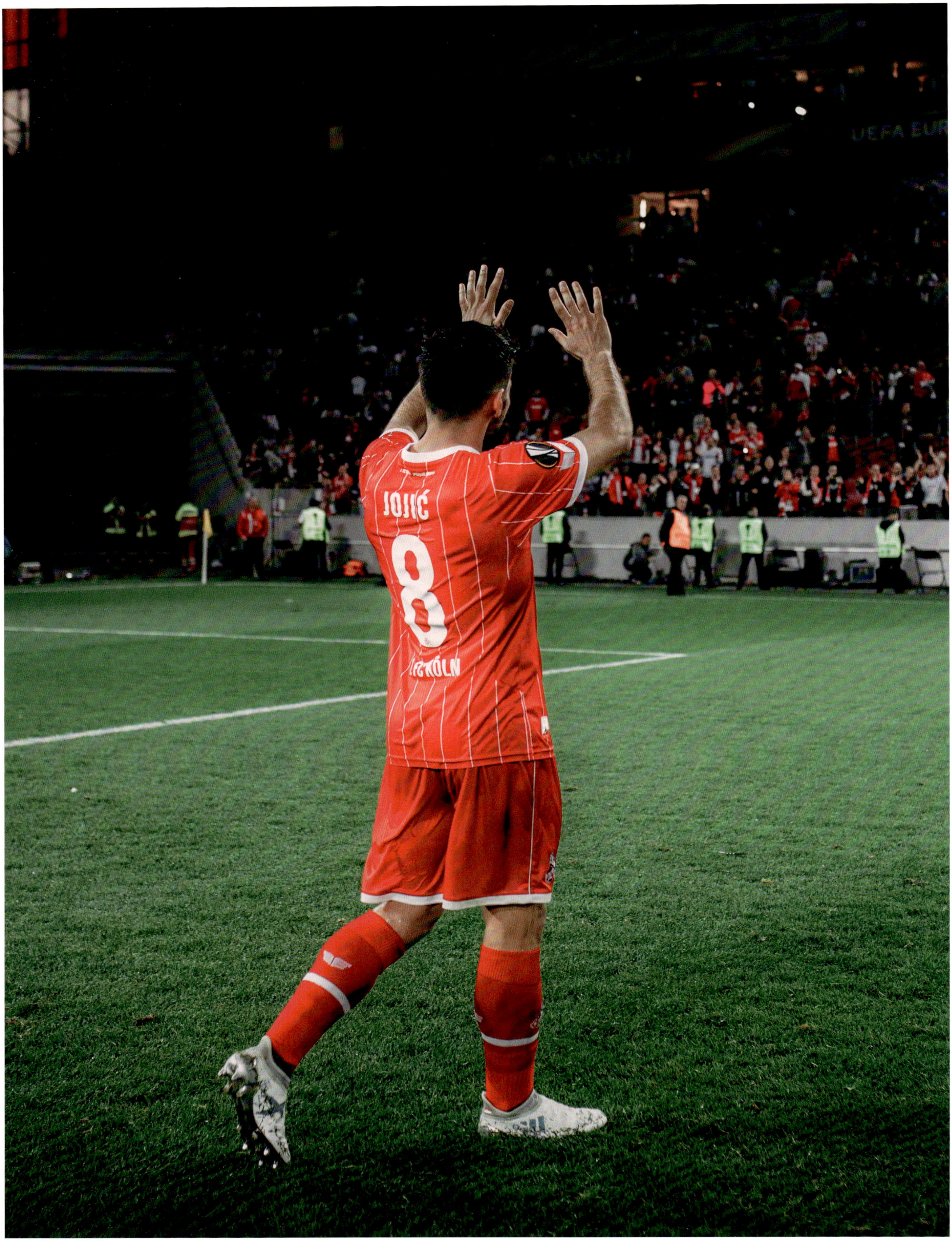
JOJIĆ
8

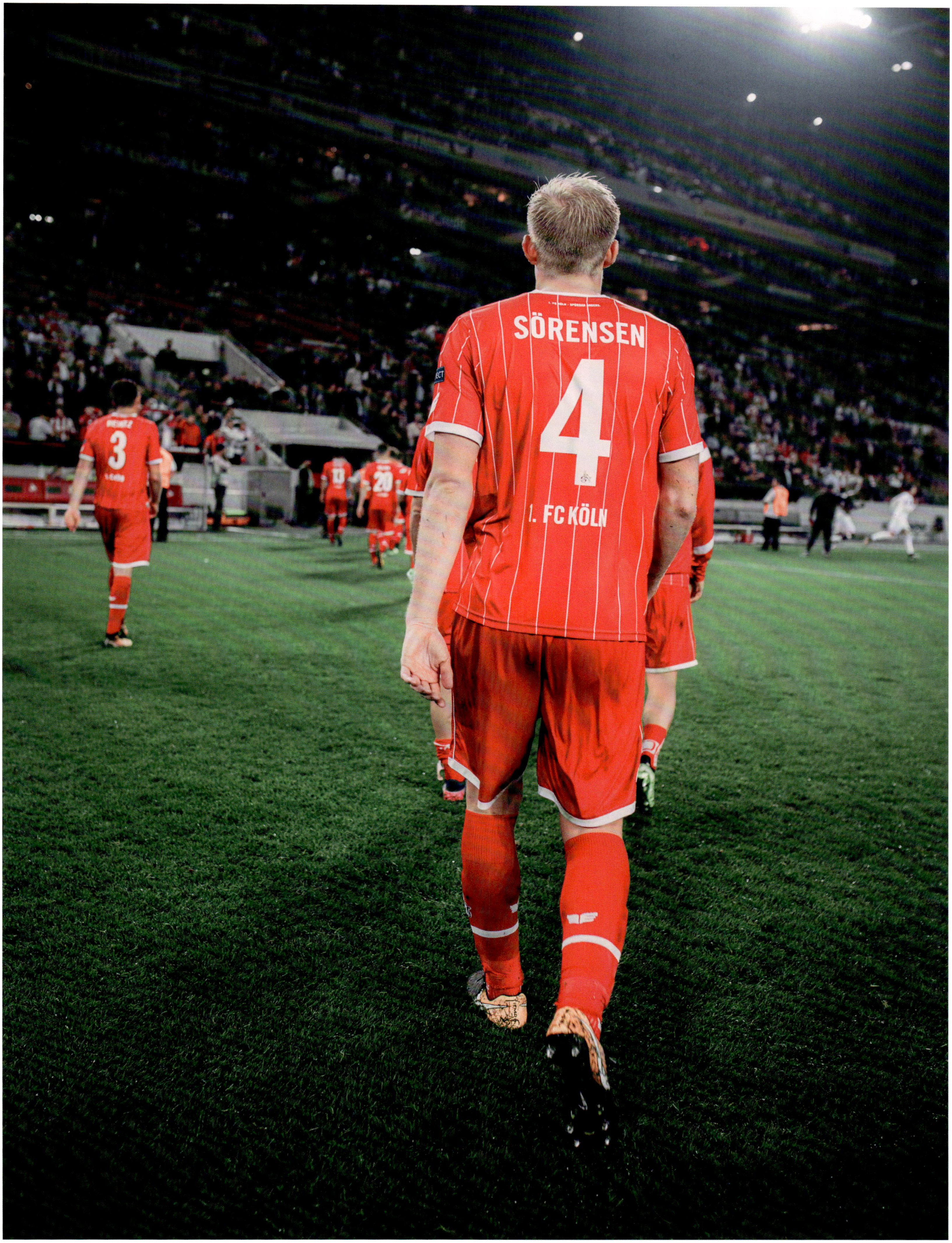
SÖRENSEN
4
1. FC KÖLN
3
20

128

28.09.2017 | 20:58 OZ ENDSTAND 0:1, RHEINENERGIESTADION, KÖLN

19.OKTOBER 2017 | 20:00 OZ | BARYSSAU ARENA | BORISOV

BATE BORISOV

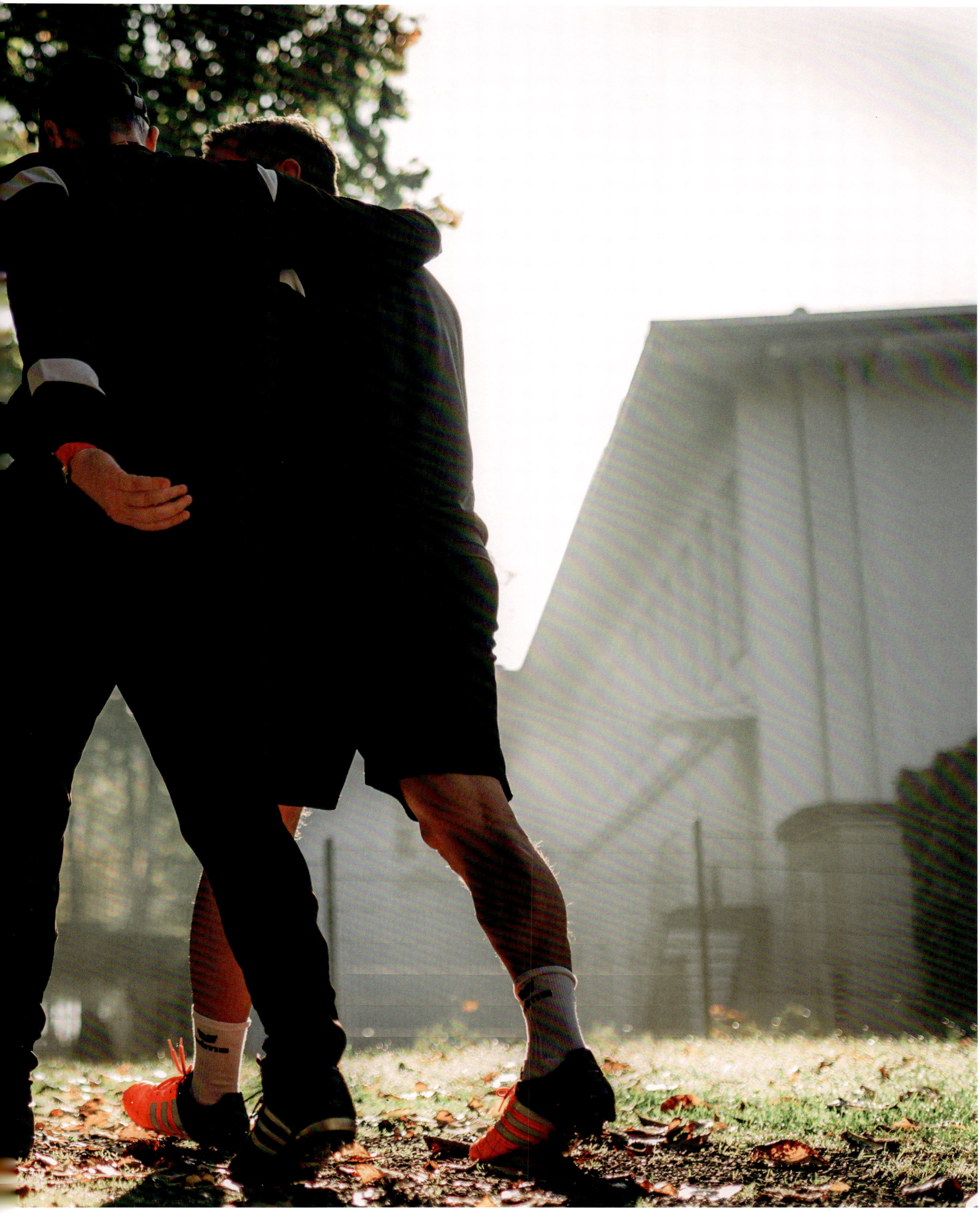

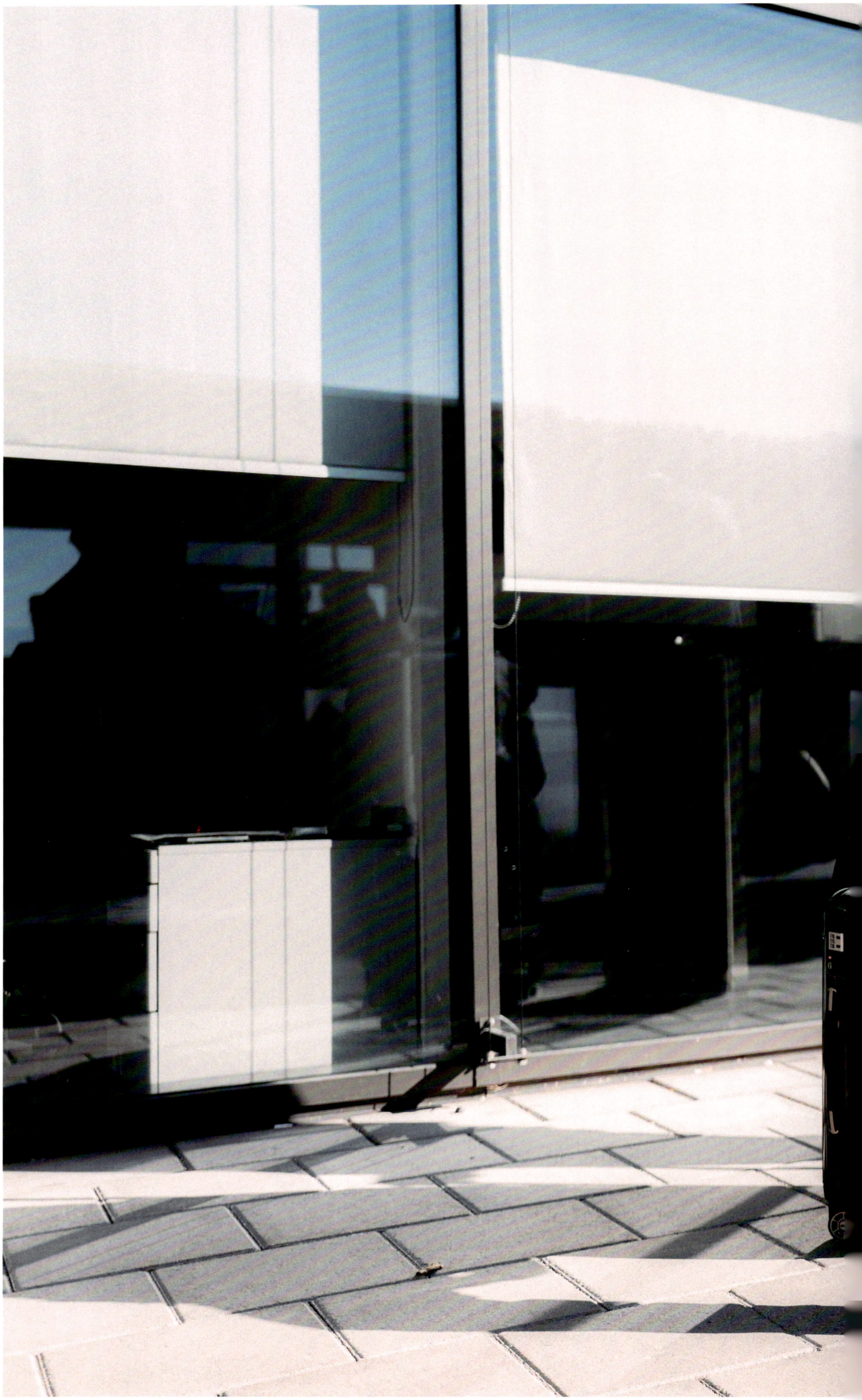

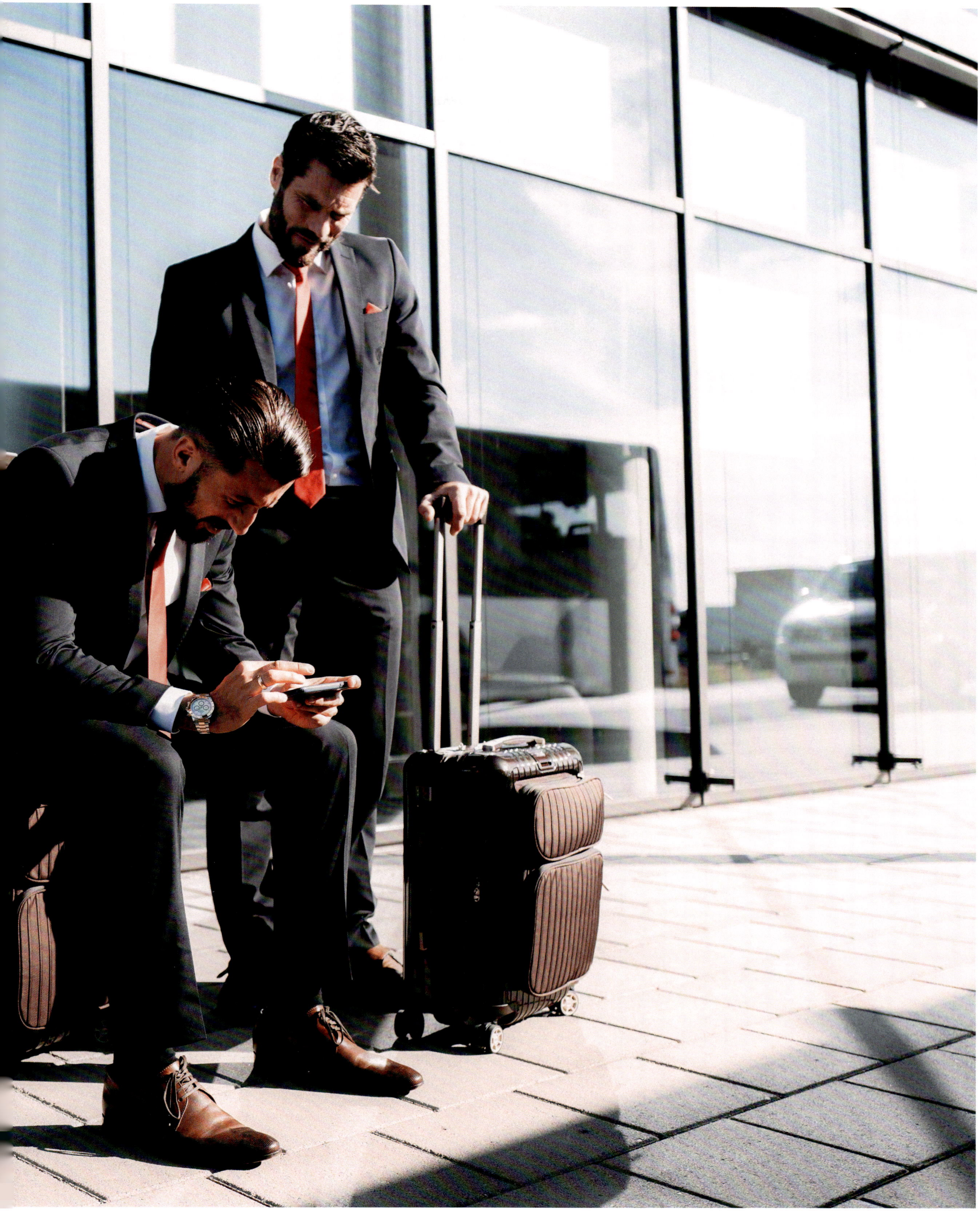

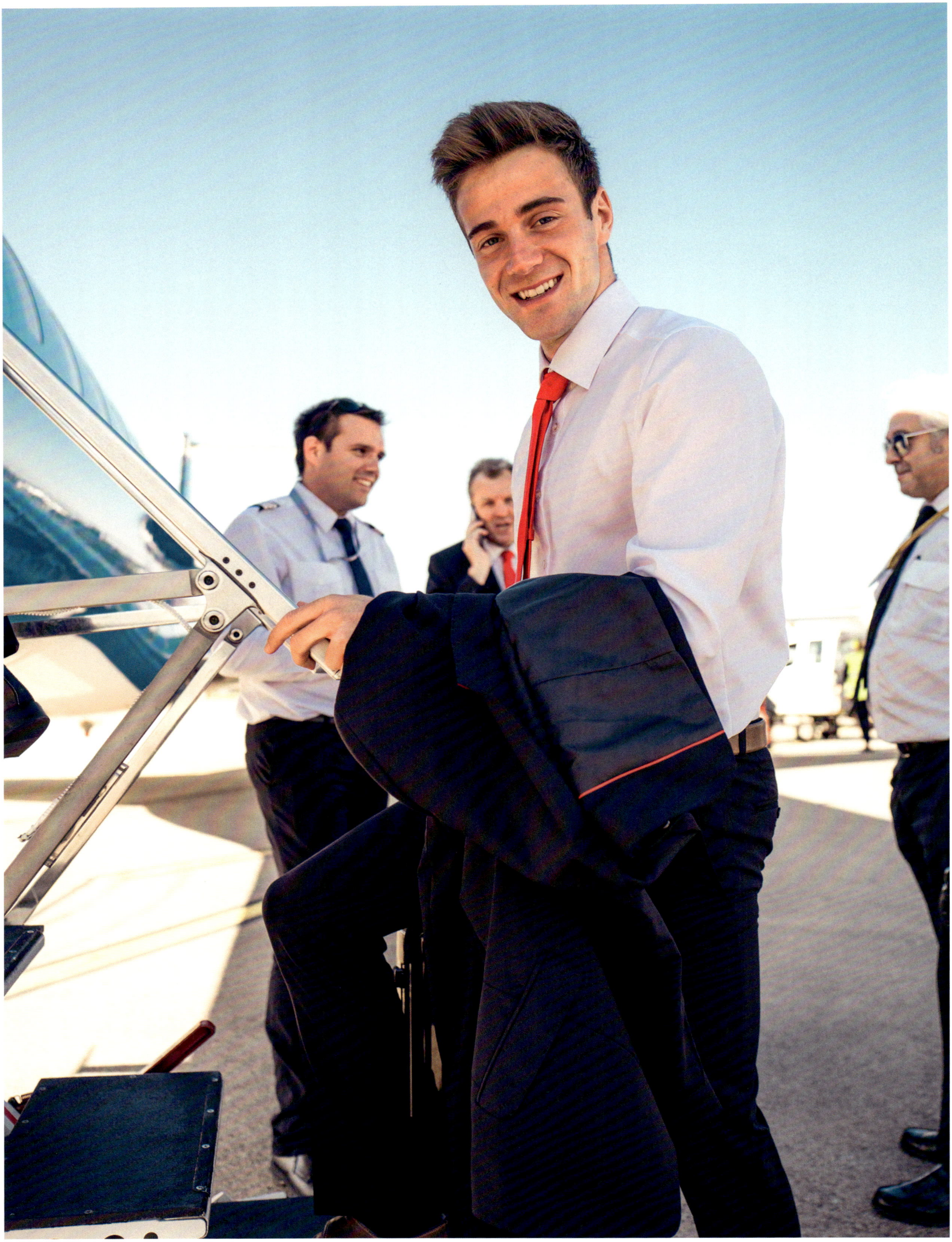

18.10.2017 | 13:12 OZ ABFLUG NACH MINSK, KÖLN / BONN AIRPORT

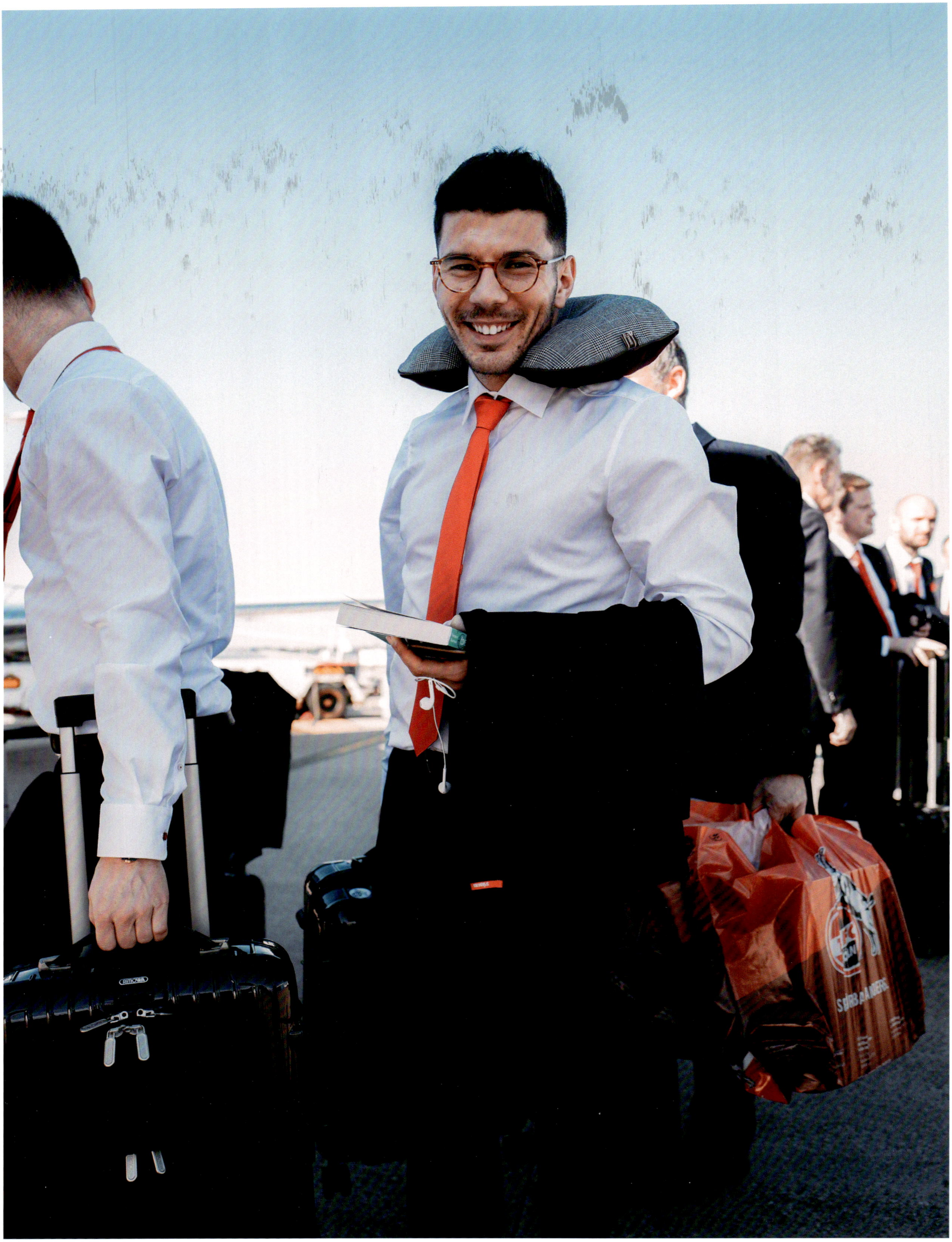

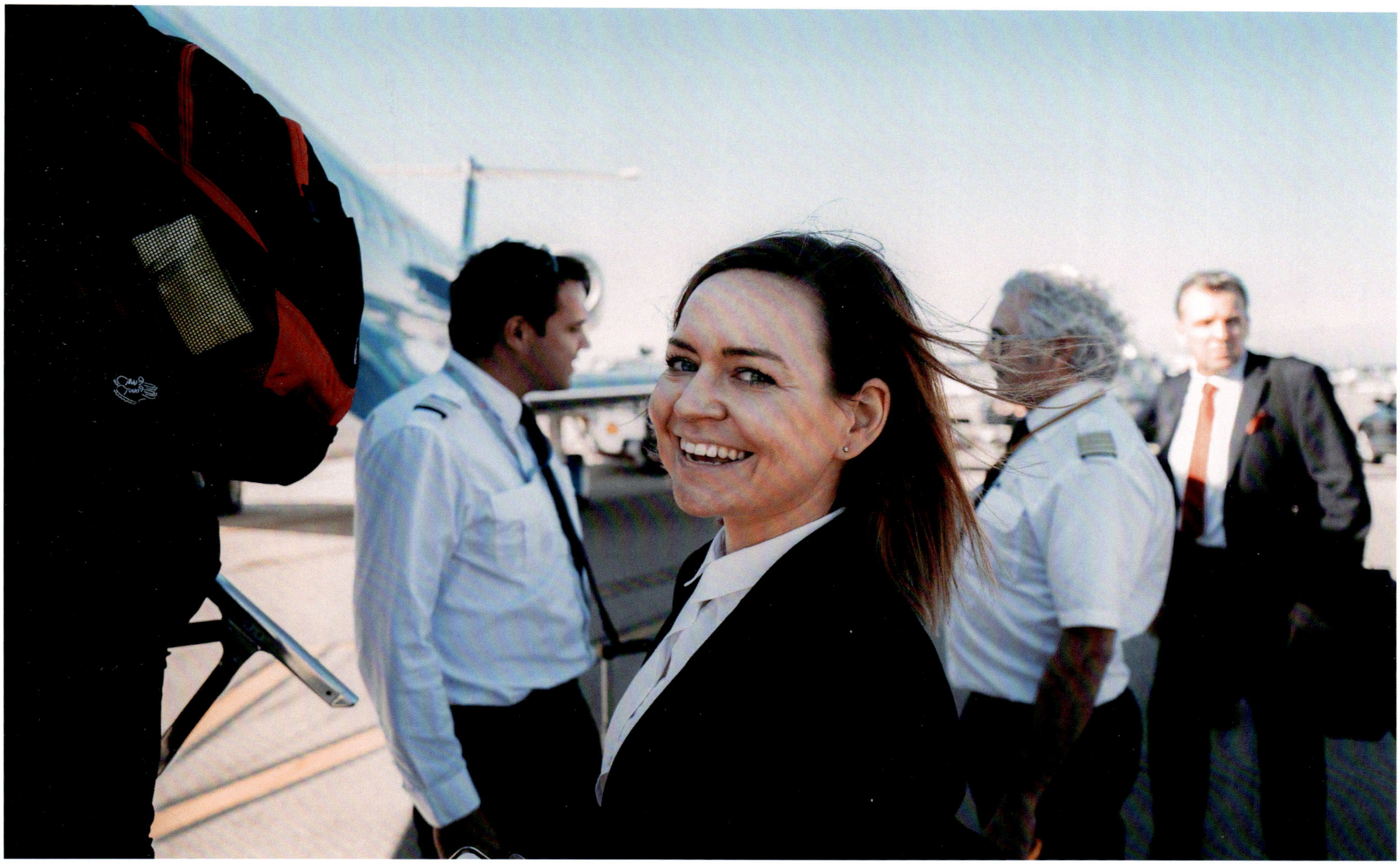

18.10.2017 | 17:59 OZ ANKUNFT, MINSK NATIONAL AIRPORT

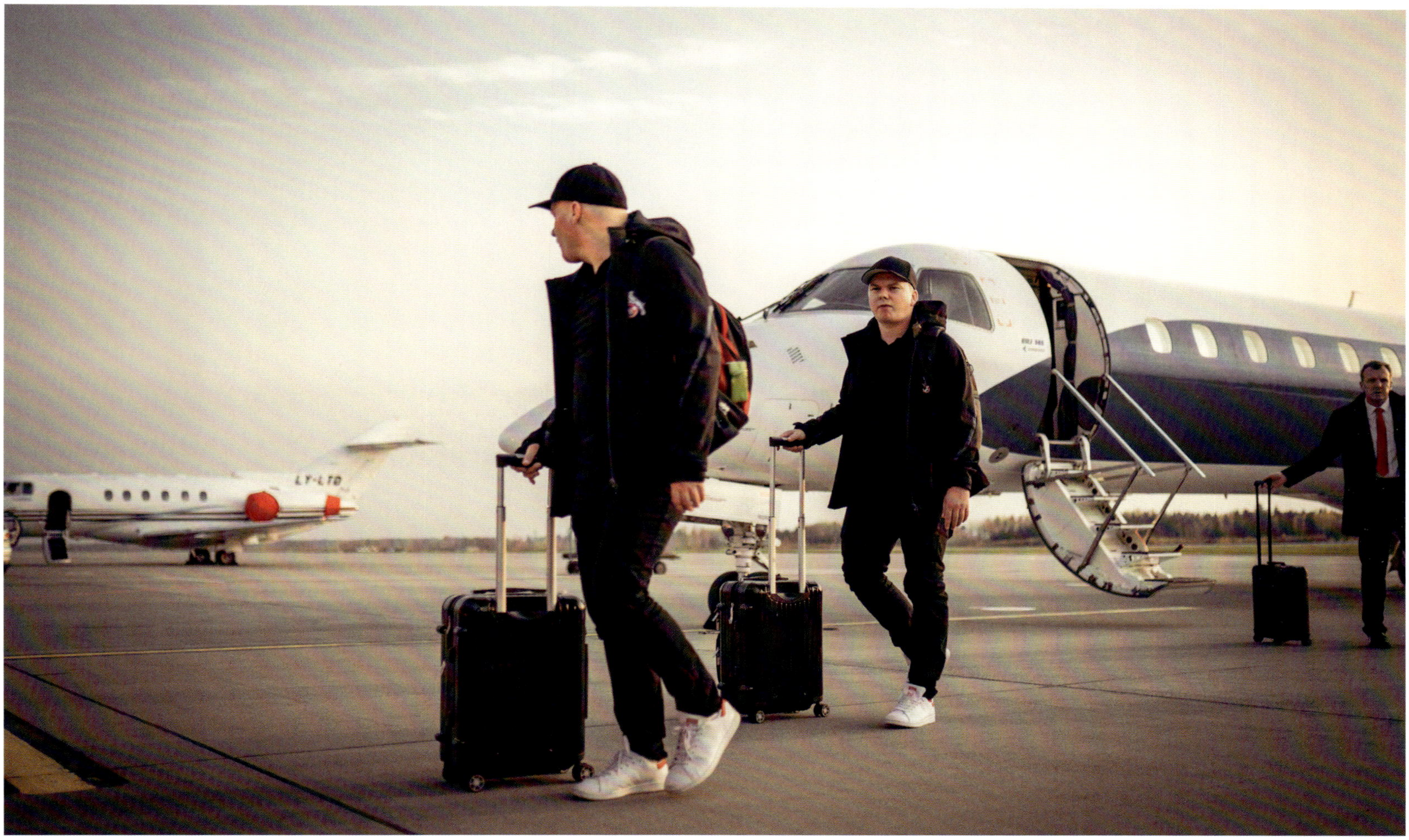
LY-LTD

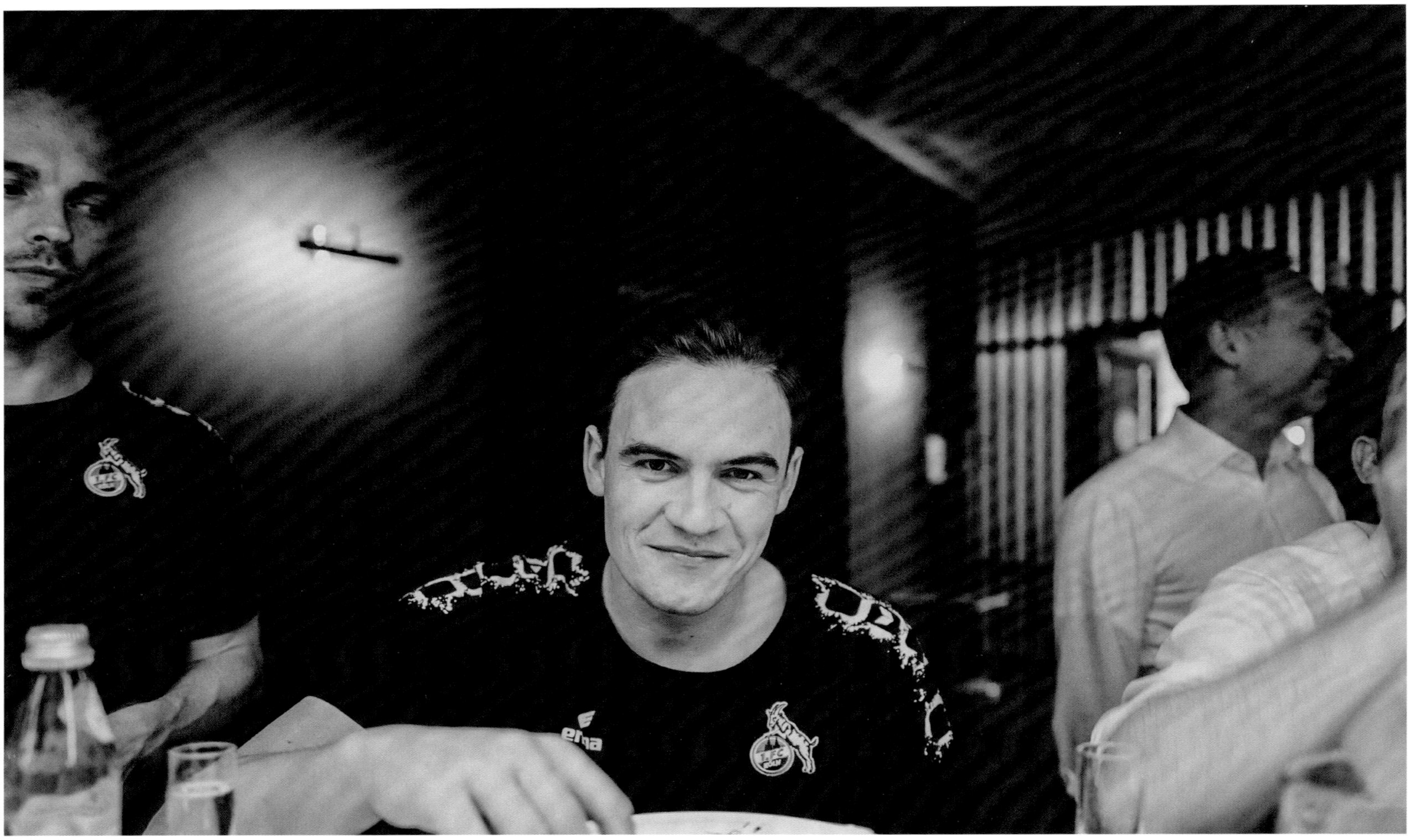

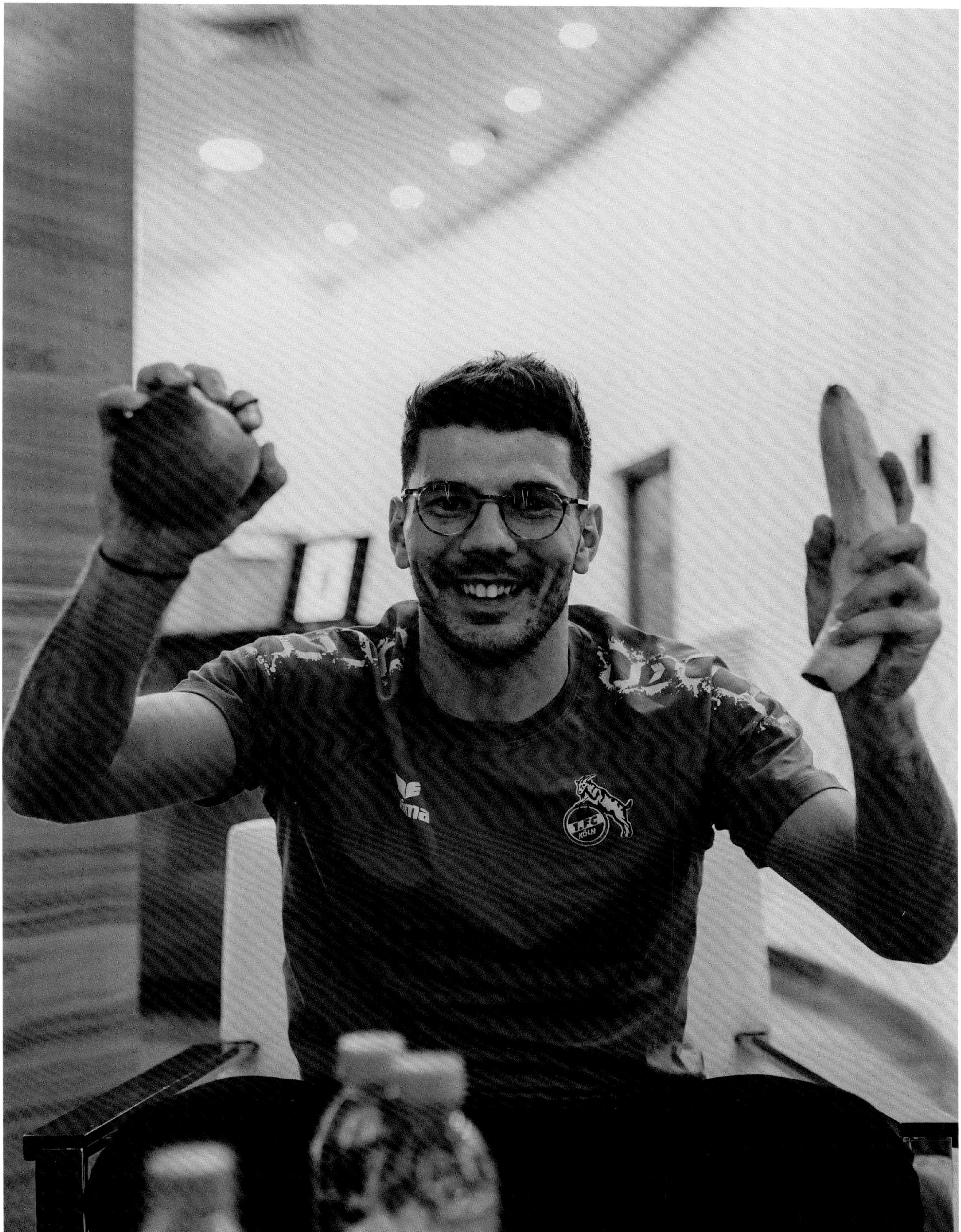

18.10.2017 | 22:28 OZ MARRIOTT HOTEL, MINSK

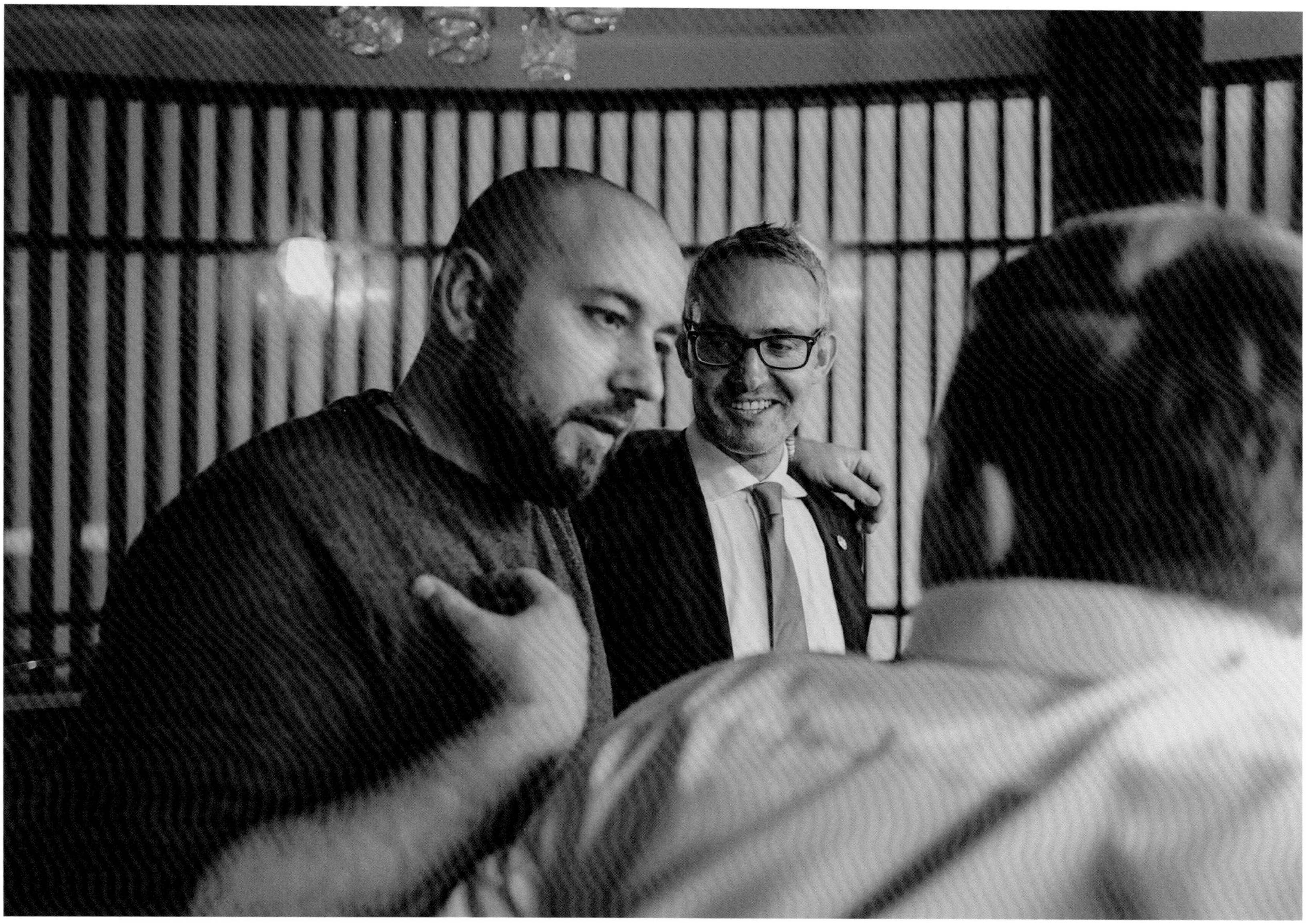

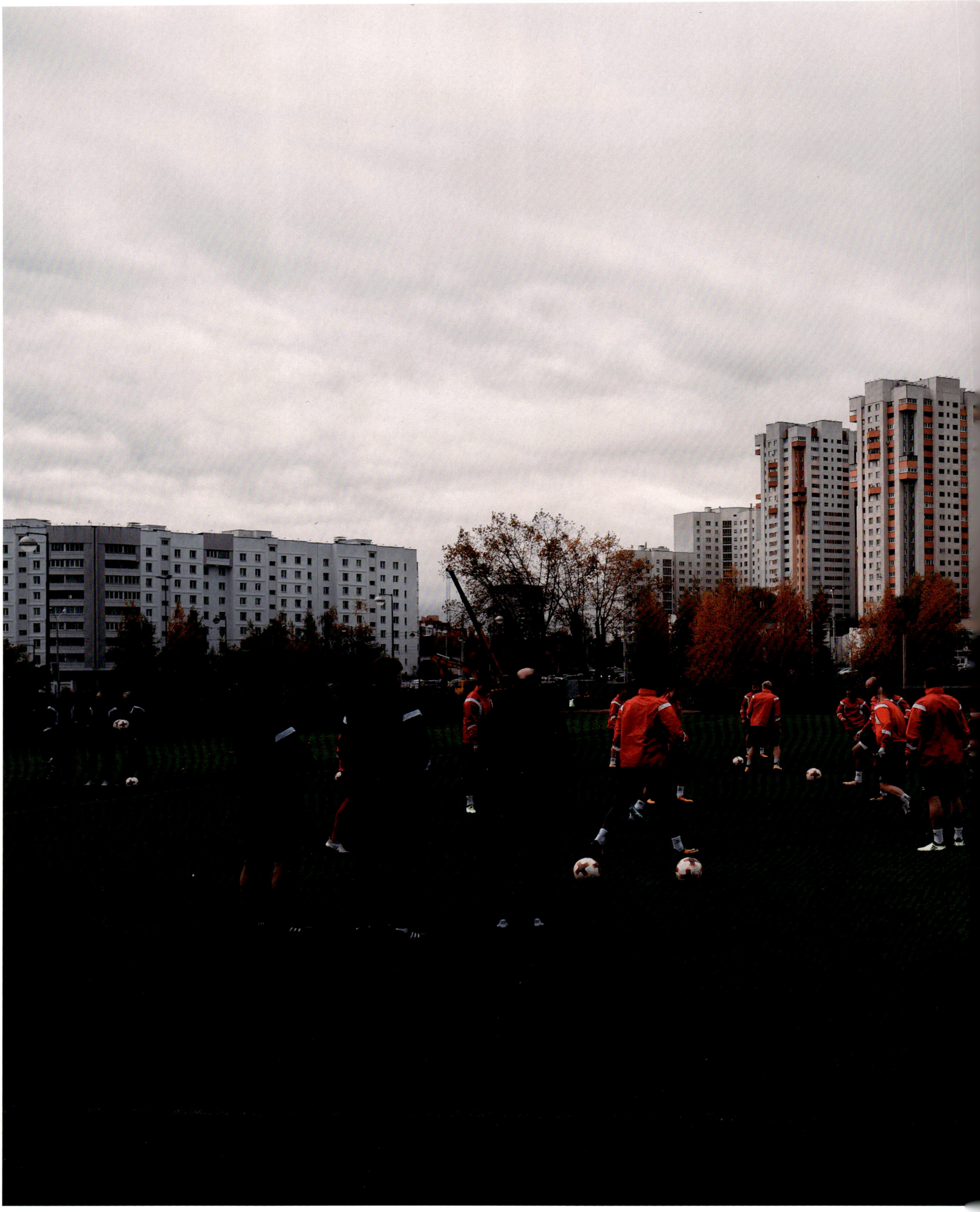

19.10.2017 | 10:50 OZ ANSCHWITZEN, TRAININGSPLATZ, MINSK

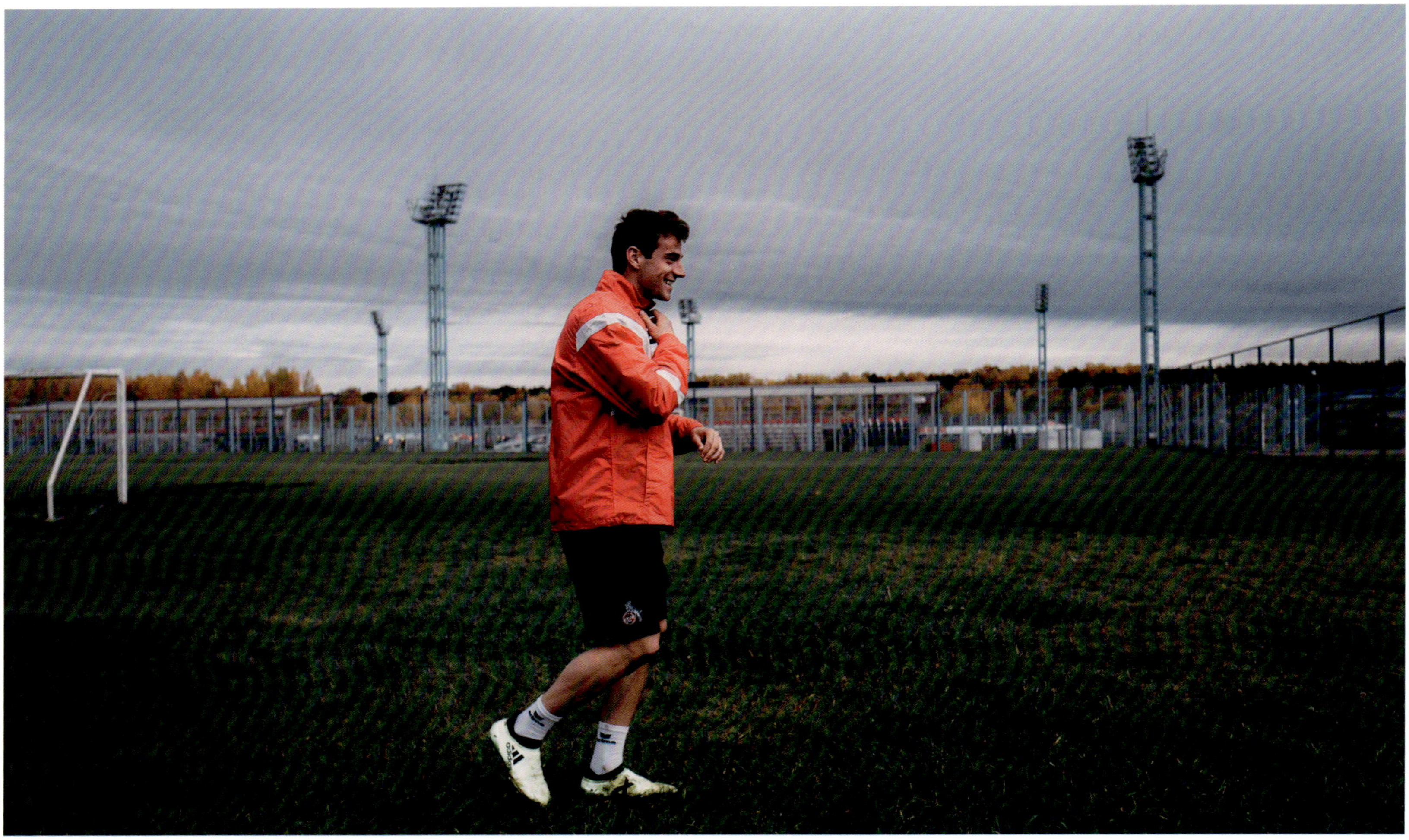

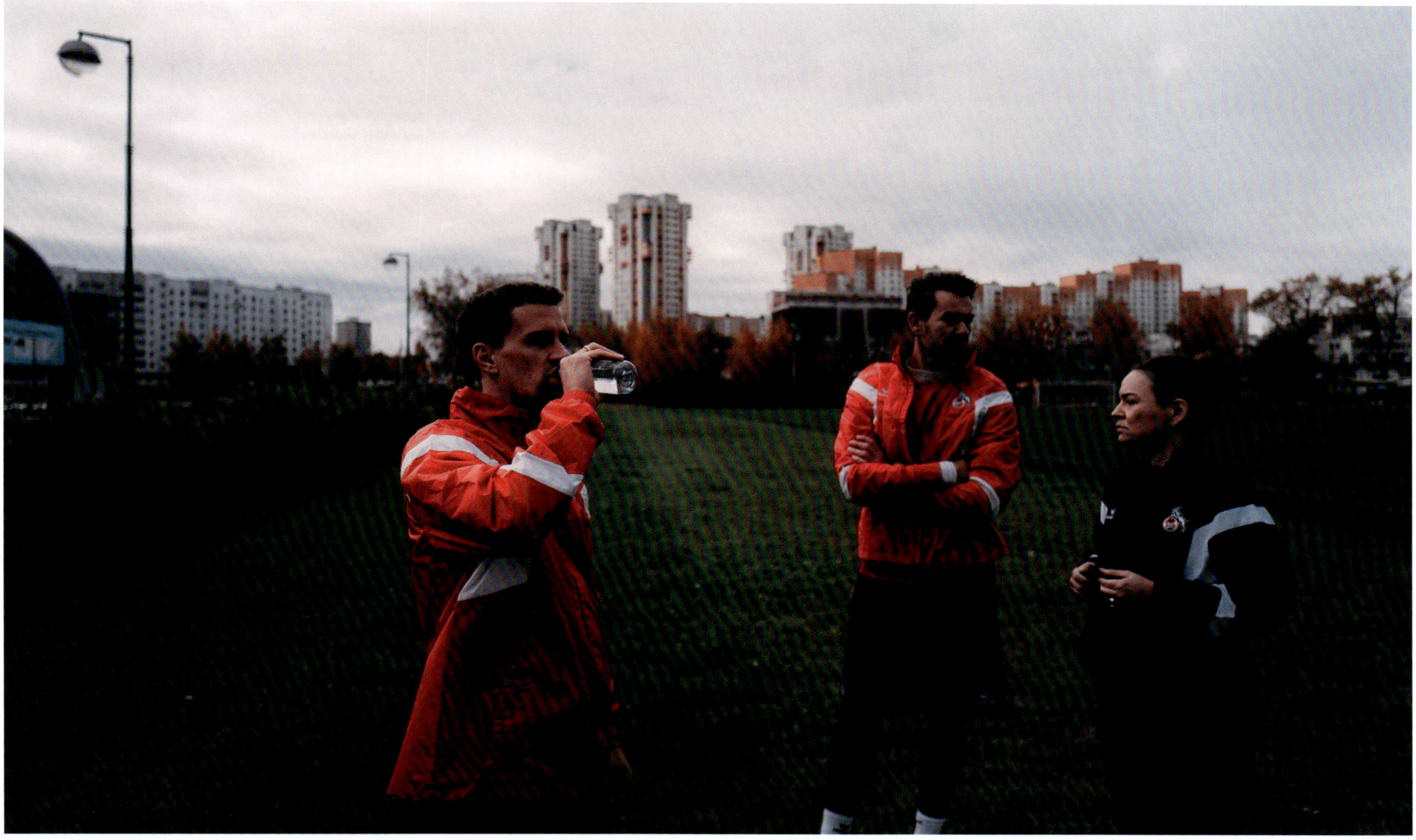

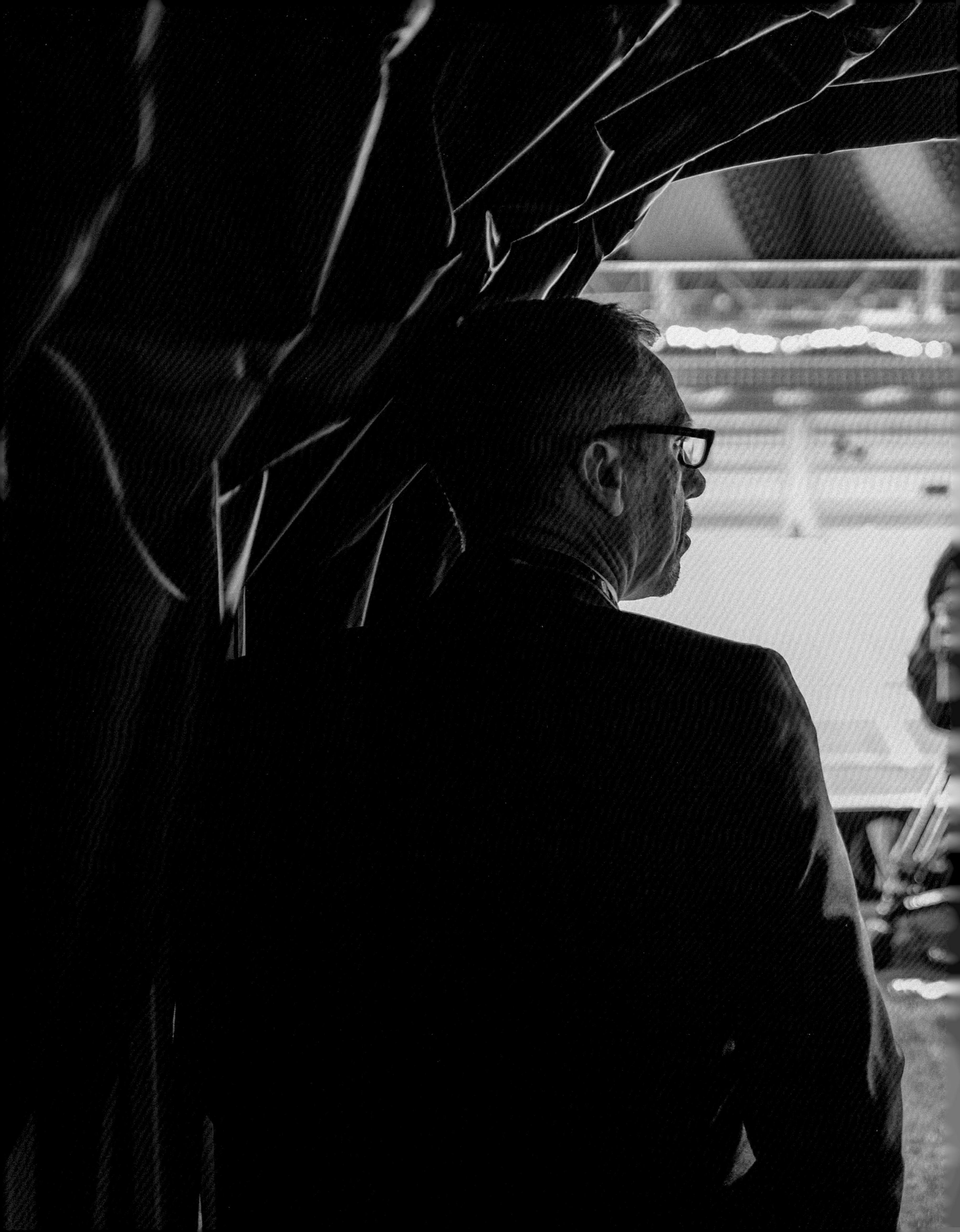

EUROPA LEAGUE

19.10.2017 | 18:21 OZ KABINE, BARYSSAU-ARENA, BORISOV

151

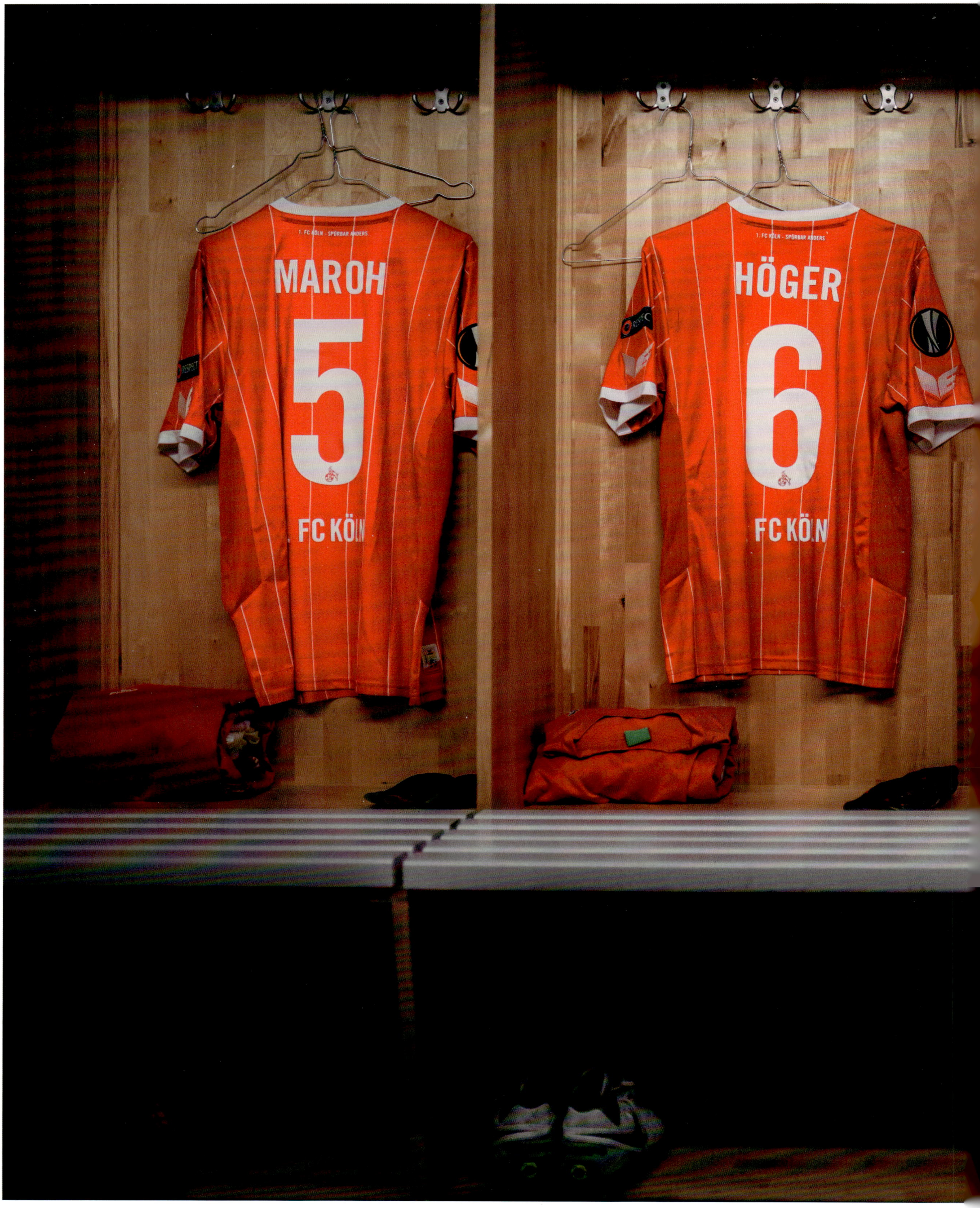
MAROH
5
FC KÖLN
HÖGER
6
FC KÖLN

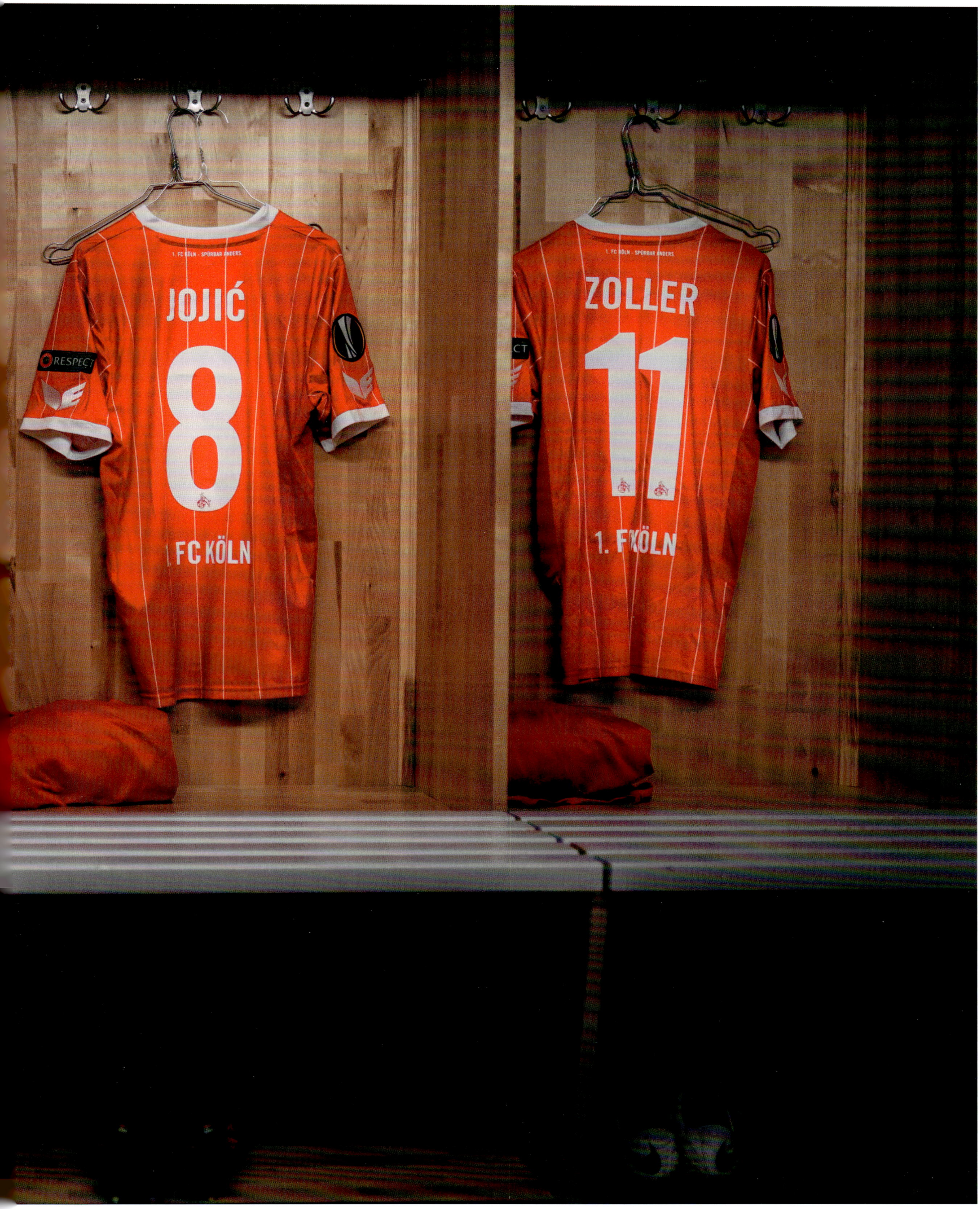
JOJIĆ
8
1. FC KÖLN
RESPECT
ZOLLER
11

19.10.2017 | 19:03 OZ KABINE, BARYSSAU-ARENA, BORISOV

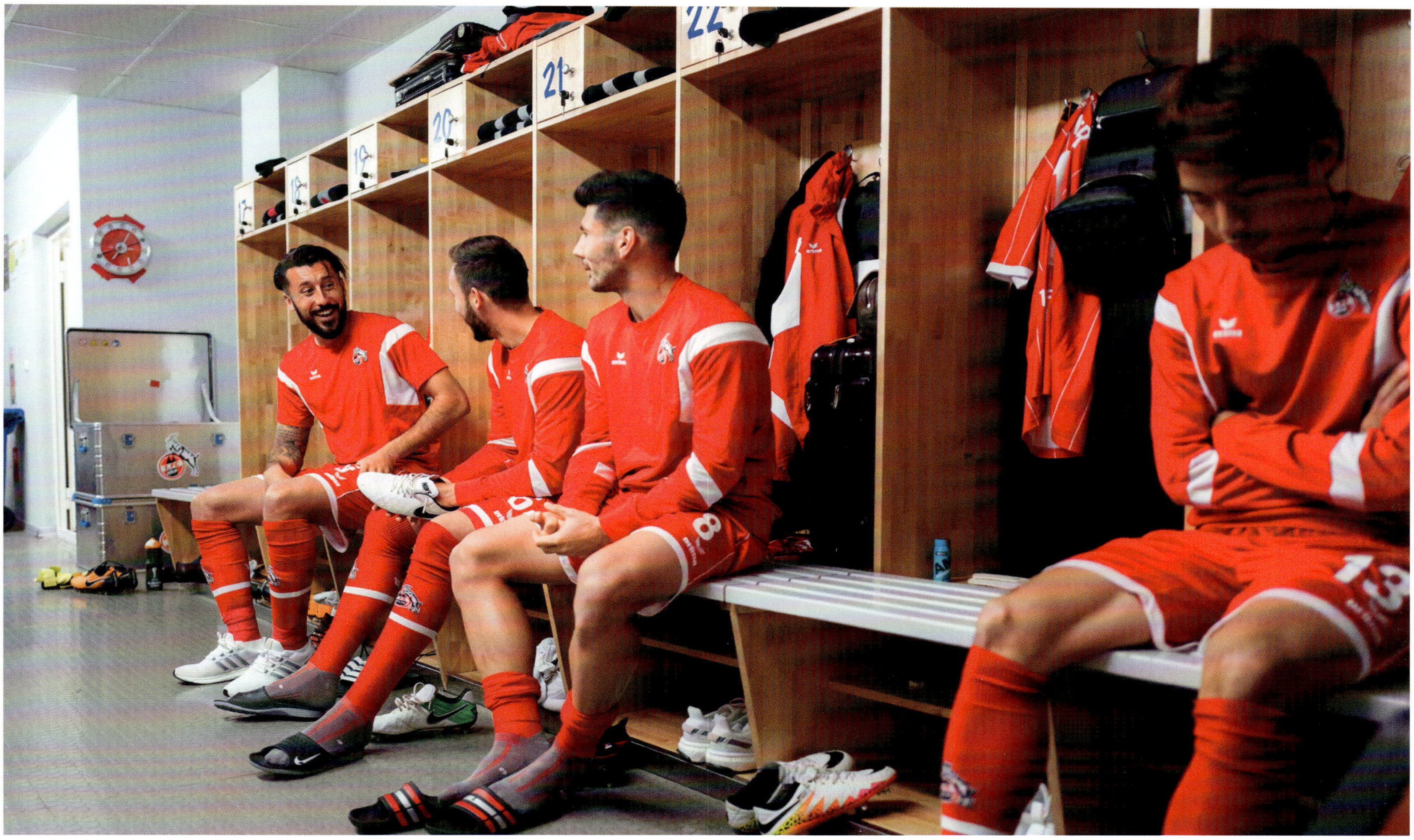
22
21
20
8

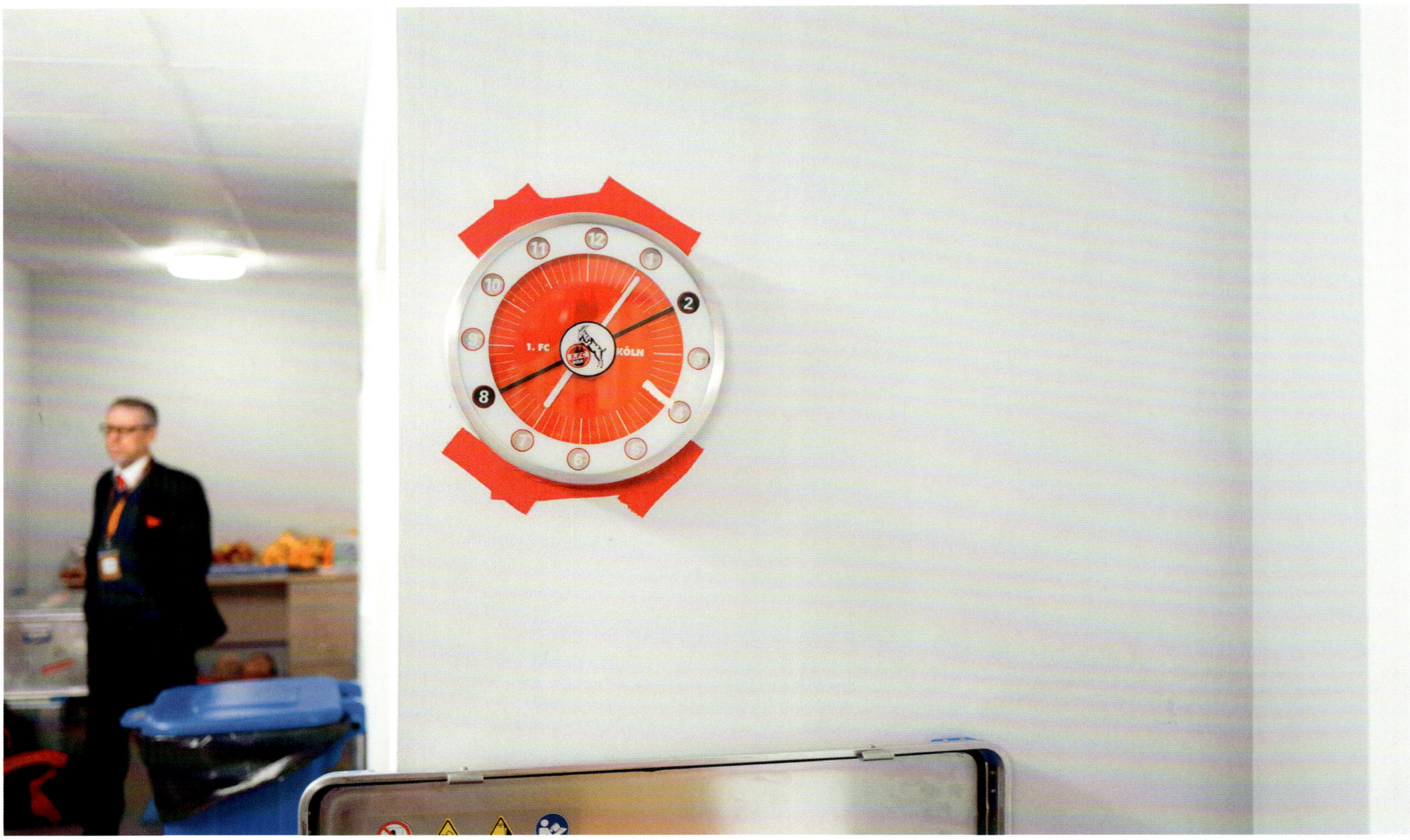
1. FC
KÖLN

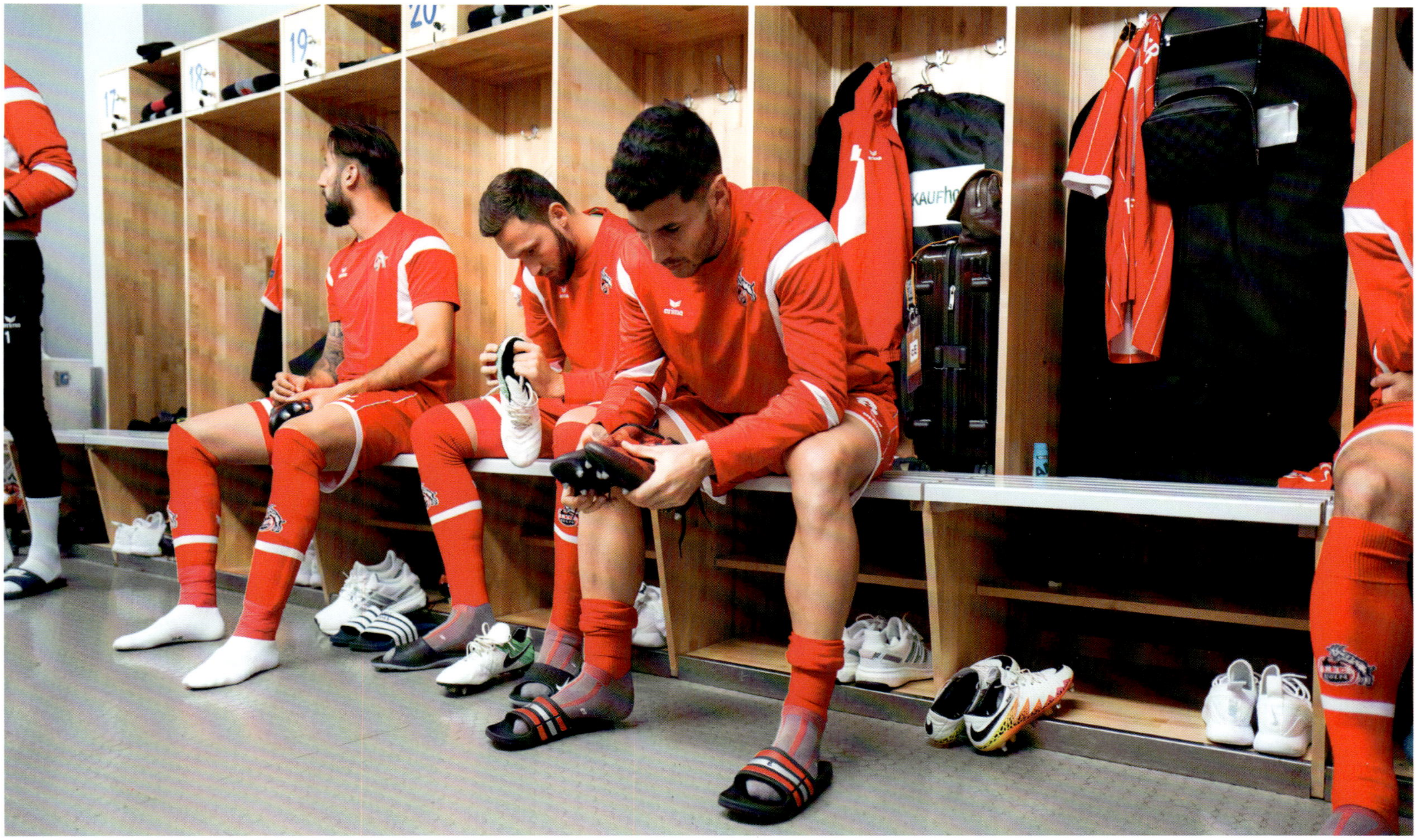
18
19
20

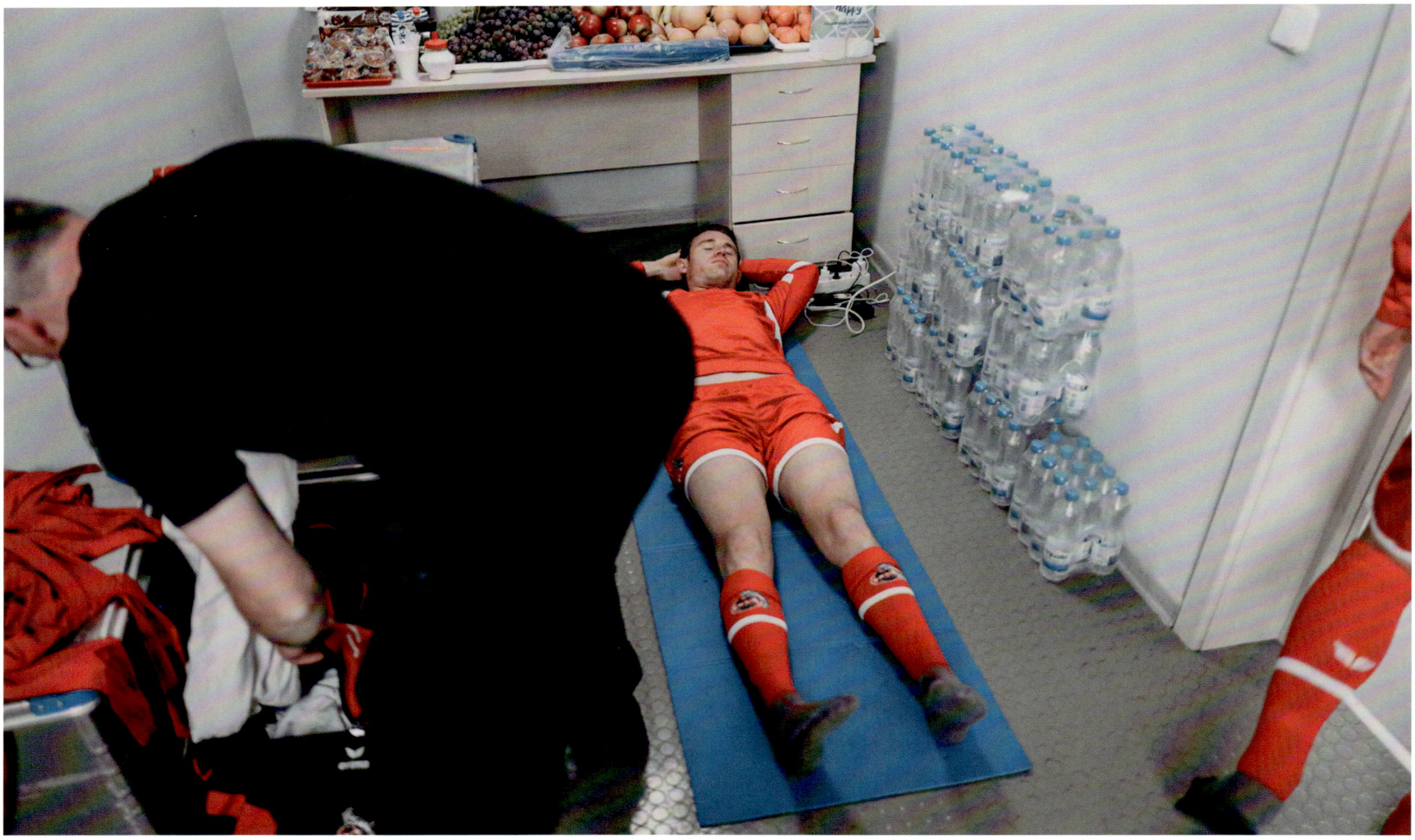

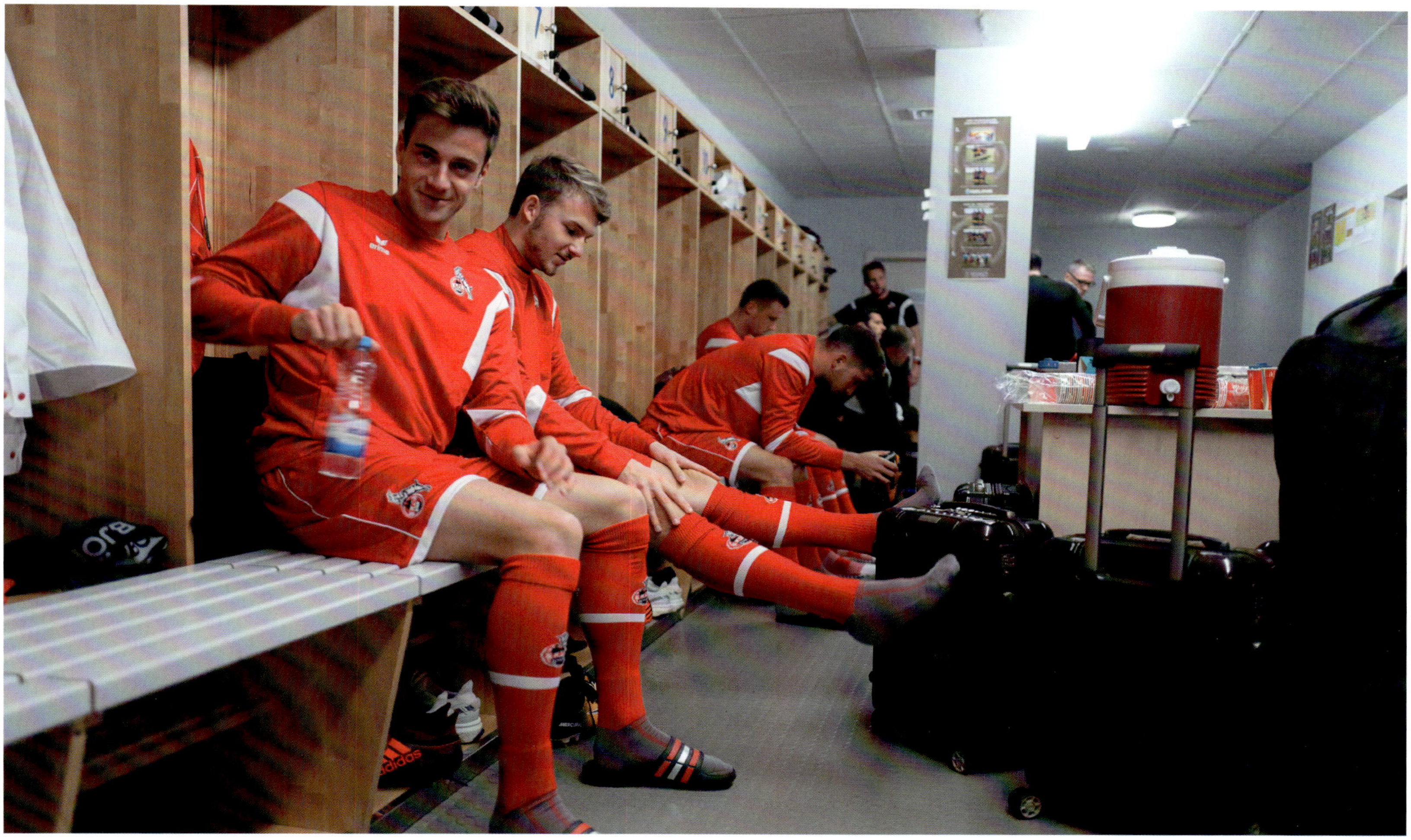

19.10.2017 | 19:11 OZ TEAMBESPRECHUNG, BARYSSAU-ARENA, BORISOV

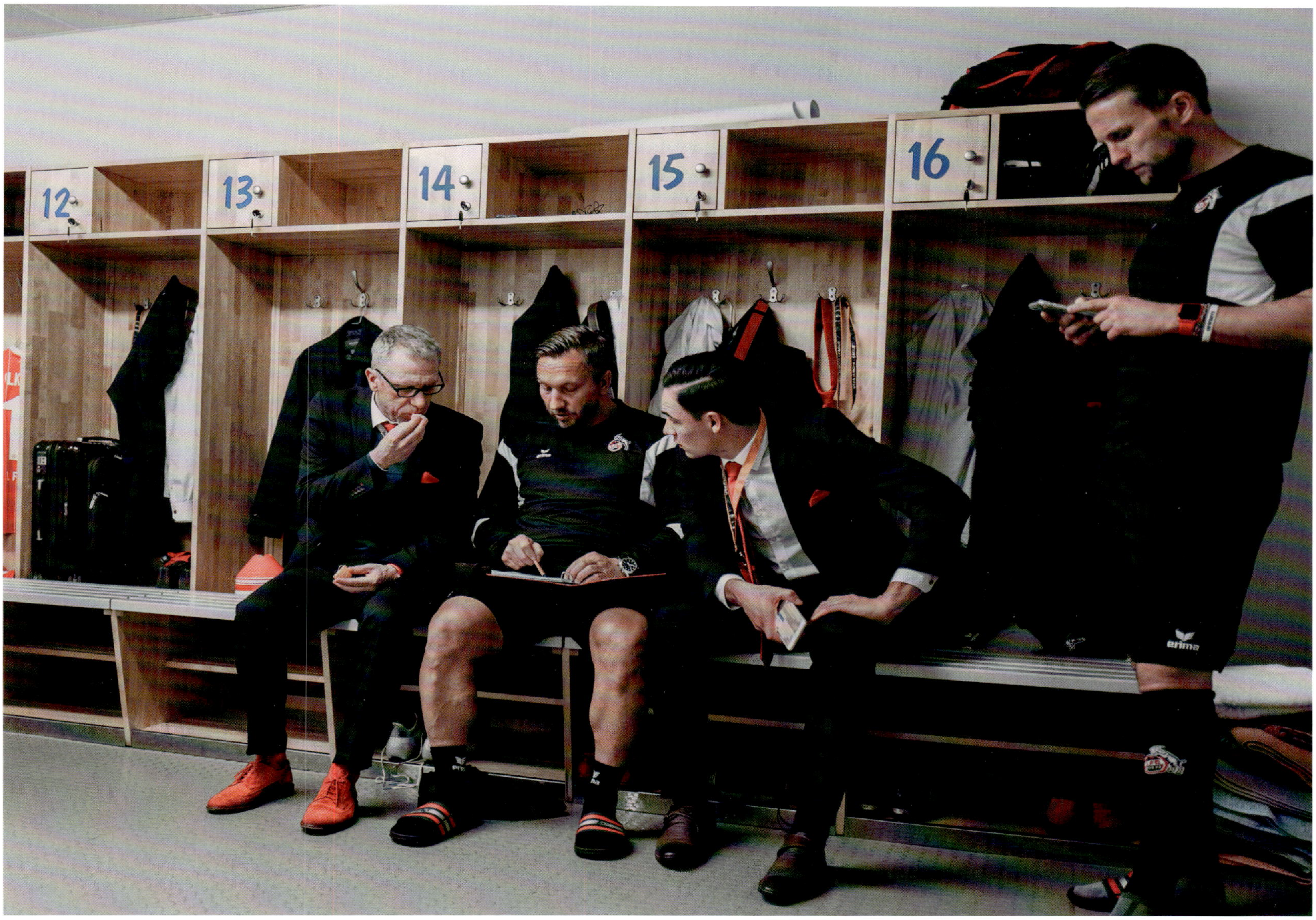
12
13
14
15
16
erima

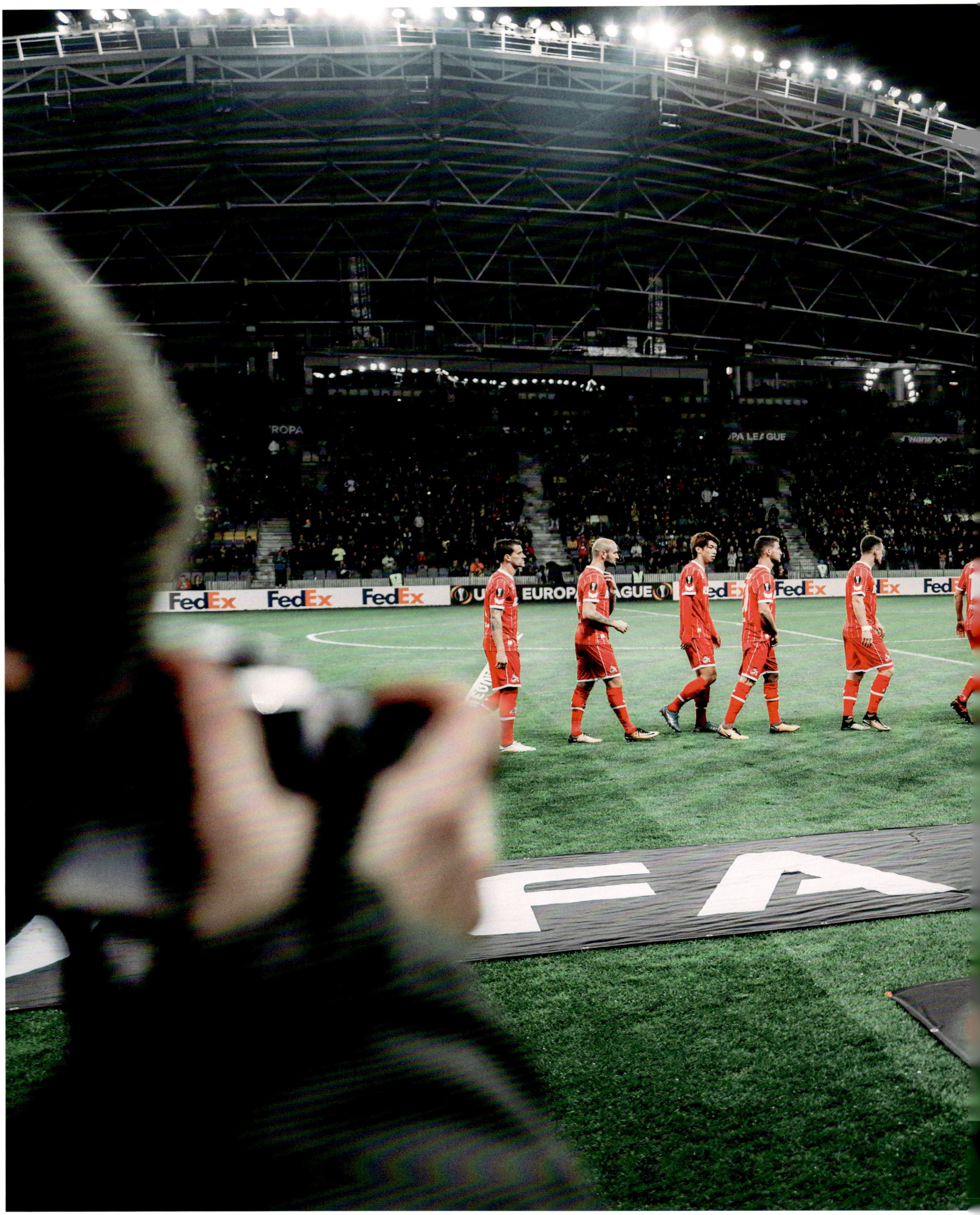
FedEx
FedEx
FedEx
EUROPA LEAGUE
FedEx
FedEx

163

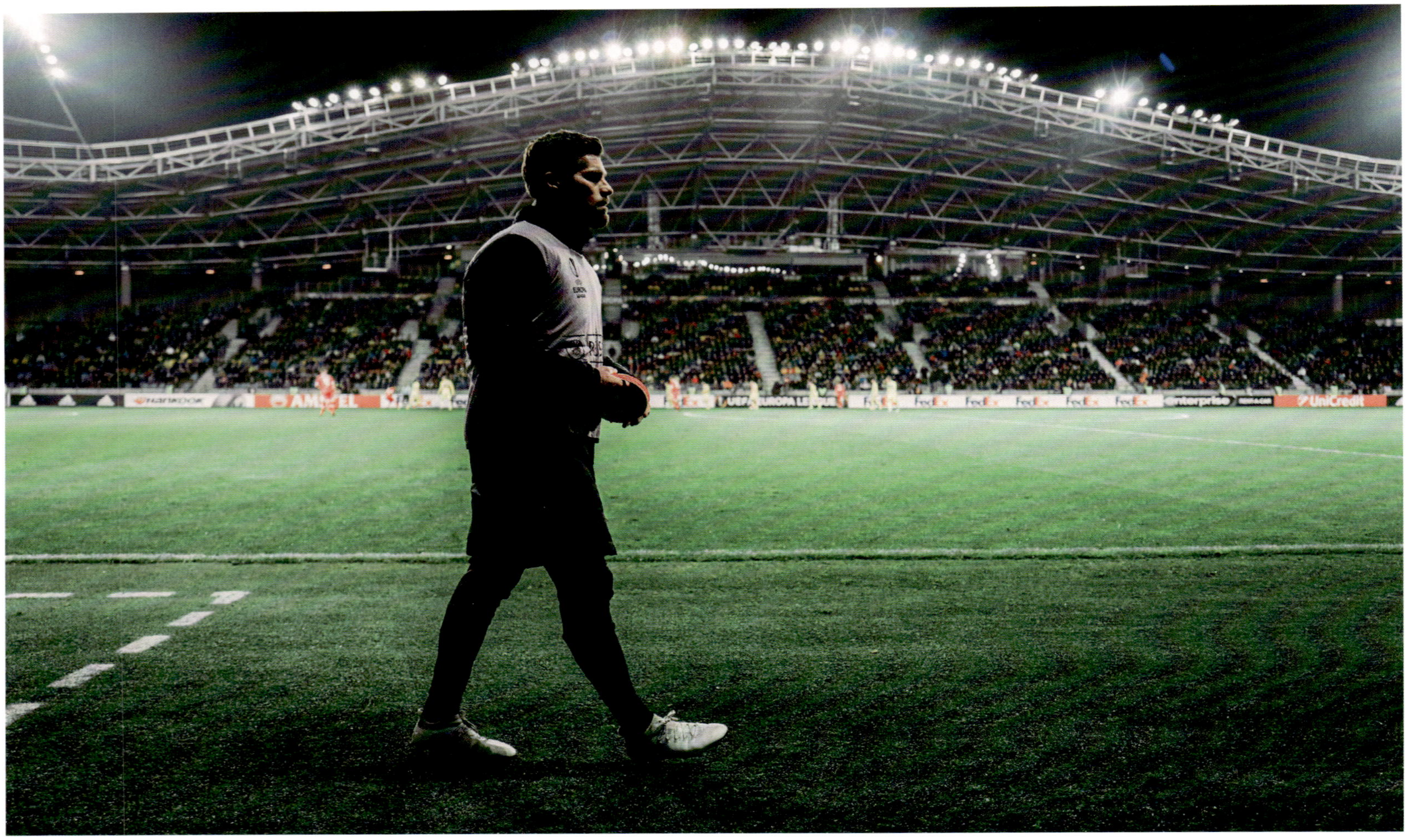
enterprise
UniCredit

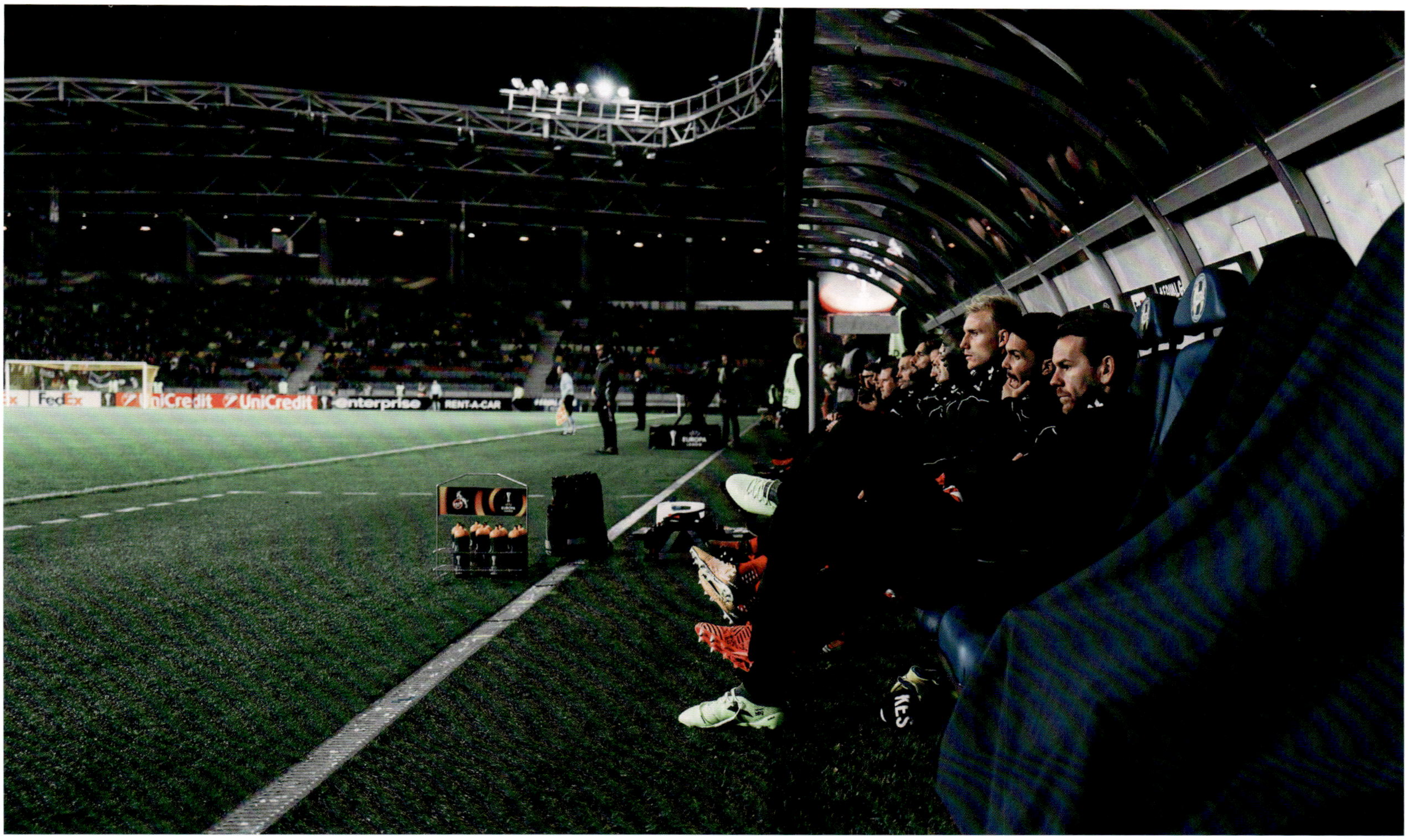
FedEx
UniCredit
UniCredit
enterprise
RENT-A-CAR

19.10.2017 | 20:47 OZ HALBZEITSTAND 0:0, BARYSSAU-ARENA, BORISOV

167

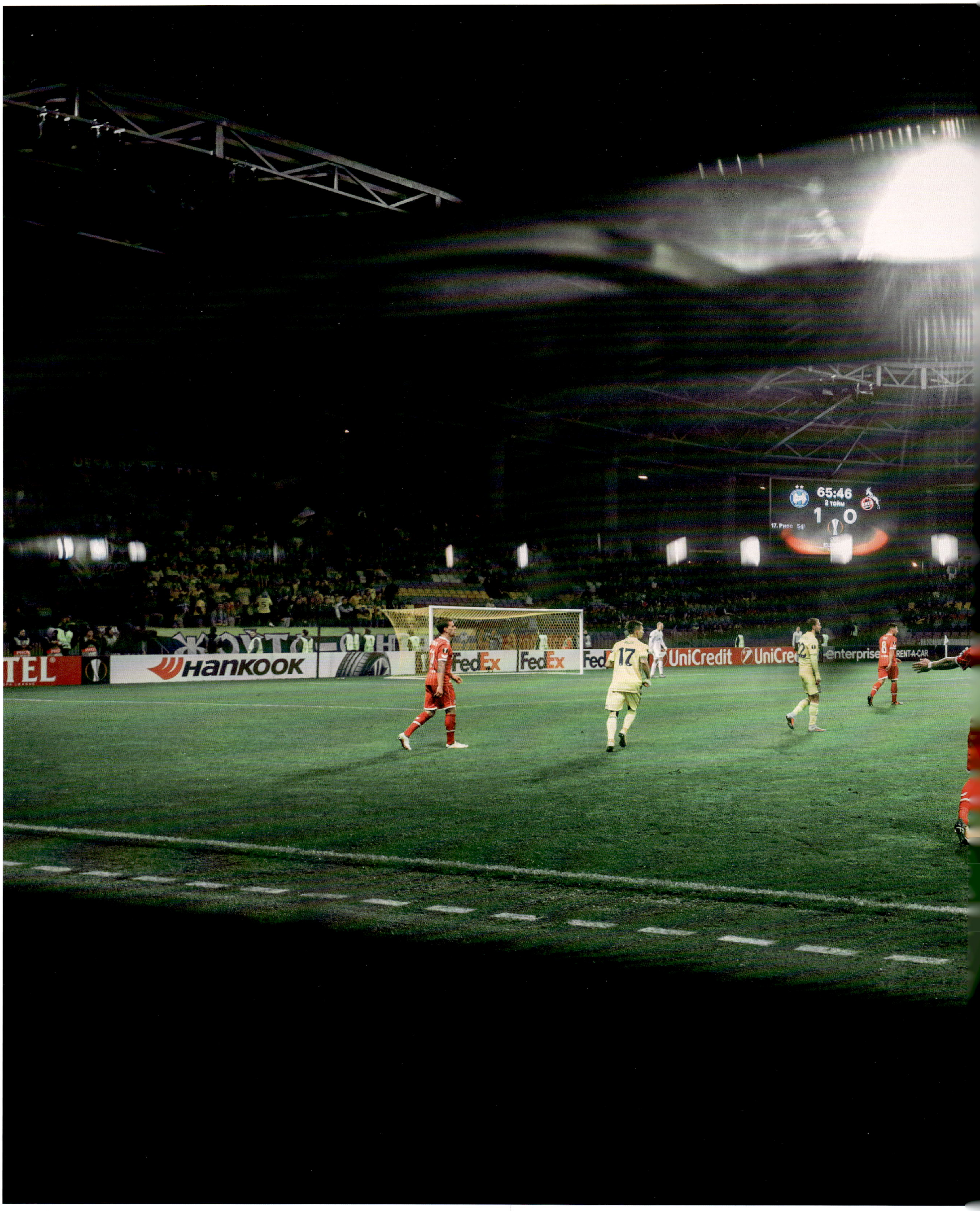
65:46
1
0
Hankook
FedEx
FedEx
UniCredit
enterprise
17

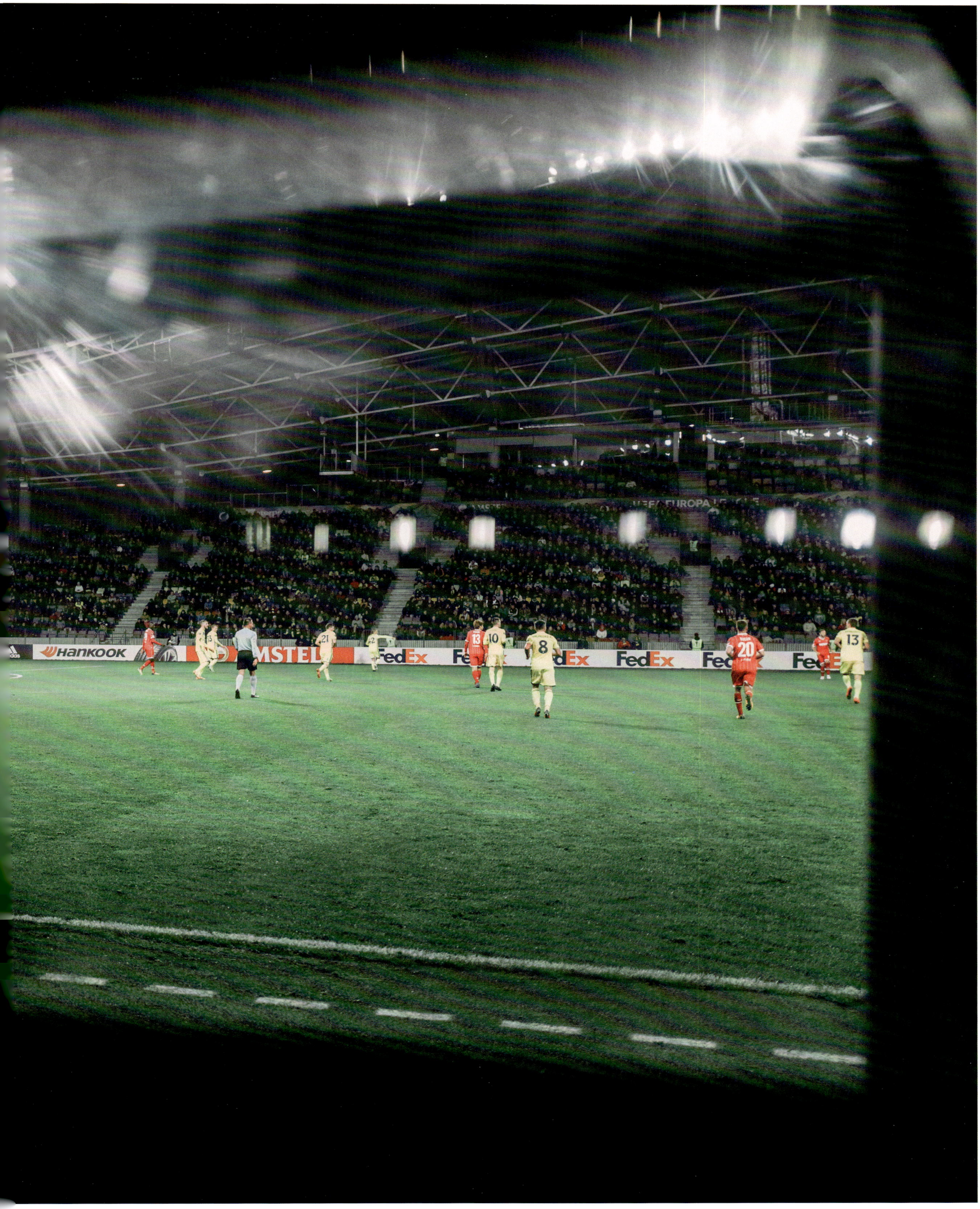
HANKOOK
FedEx
FedEx

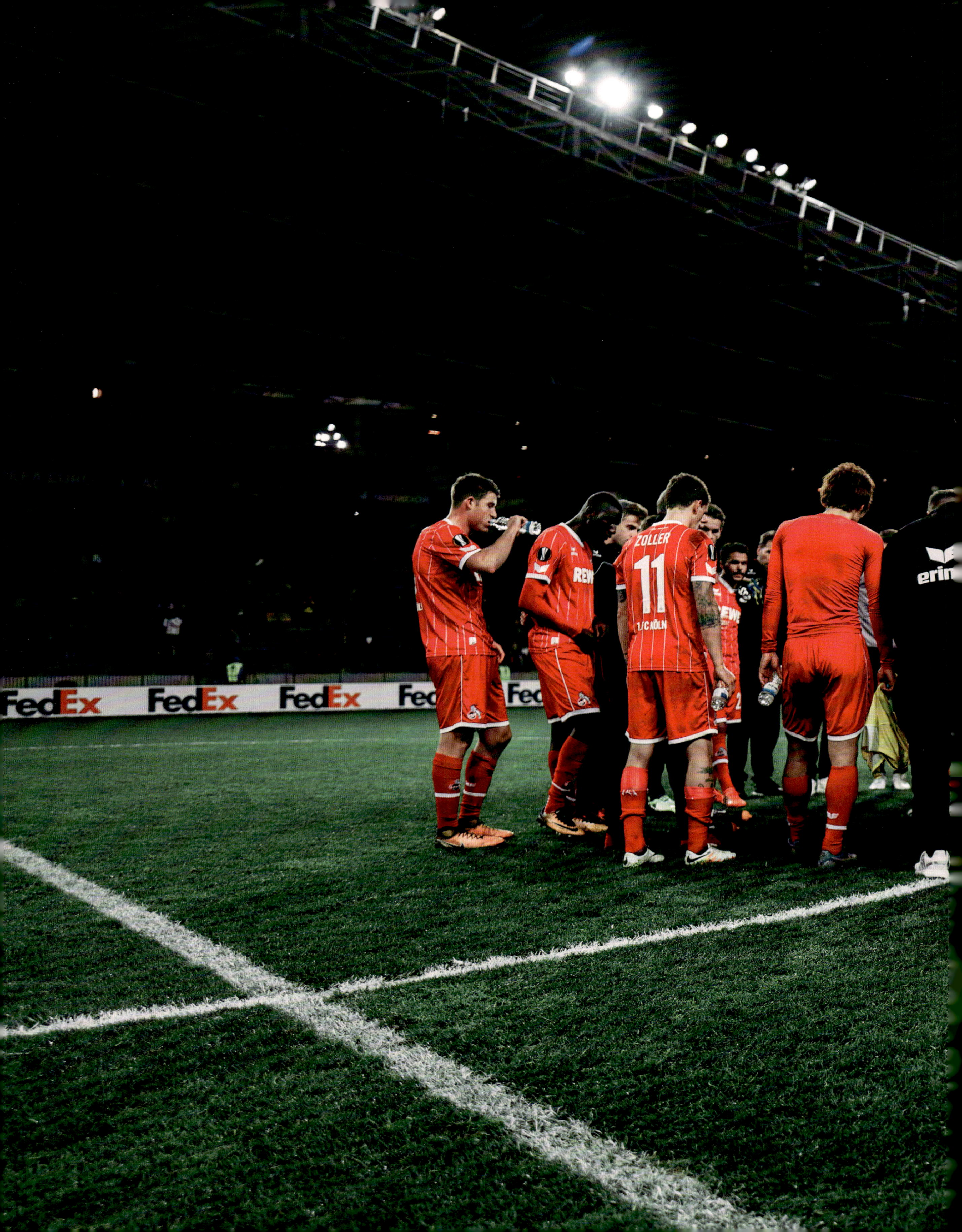
FedEx
FedEx
FedEx
ZOLLER
11
1. FC KÖLN

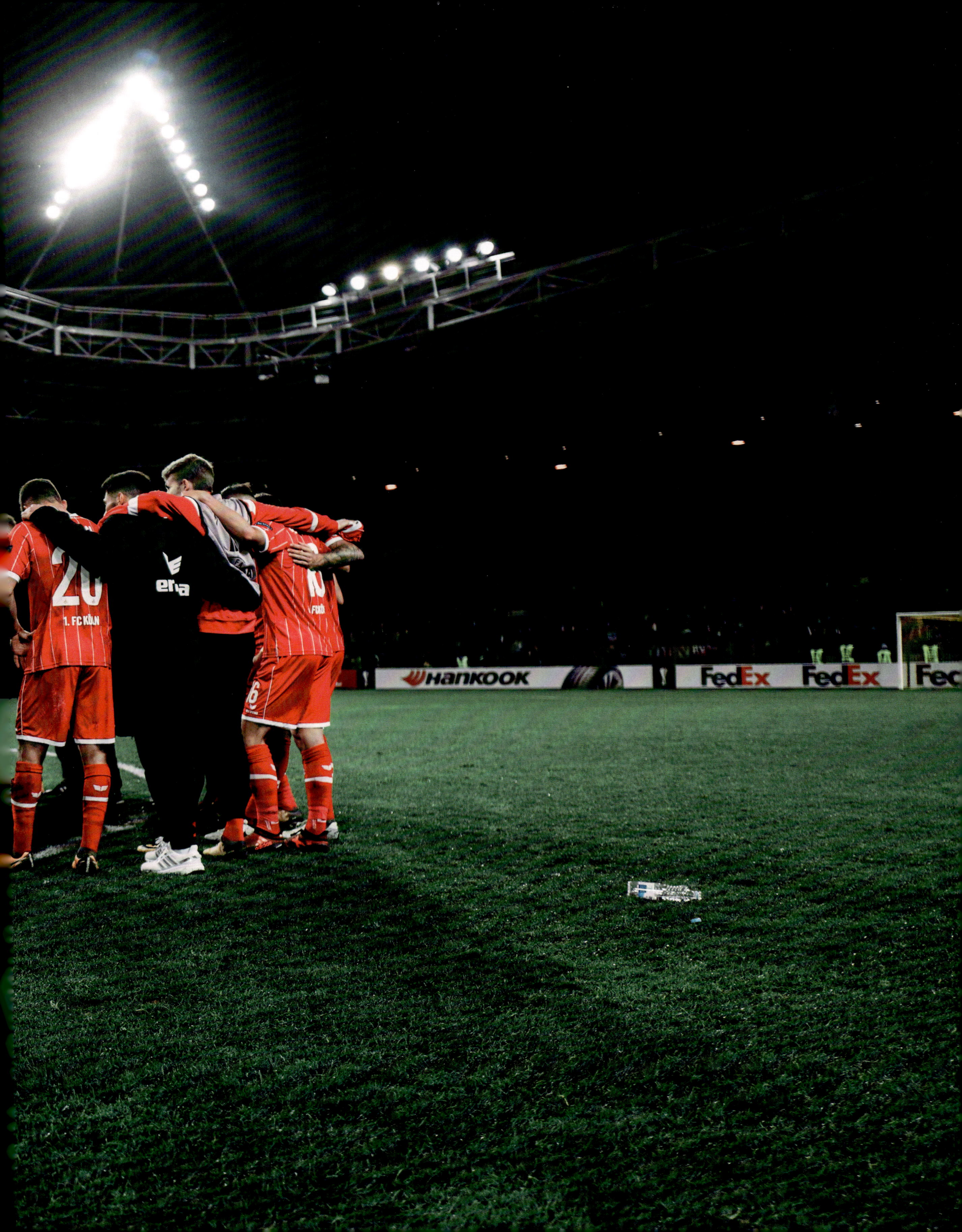
20
1. FC KÖLN
HANKOOK
FedEx
FedEx

19.10.2017 | 21:54 OZ ENDSTAND 1:0, BARYSSAU-ARENA, BORISOV

173

FedEx
FedEx
UniCredit
UniCredit
enterprise
RENT-A-CAR
HANKOOK

UEFA EUROPA LEAGUE
AMSTEL
FedEx
AMSTEL
FedEx
FedEx
FedEx
FedEx
FedEx
UEFA EUROPA LEAGUE

20.10.2017 | 03:58 OZ ANKUNFT, KÖLN / BONN AIRPORT

177

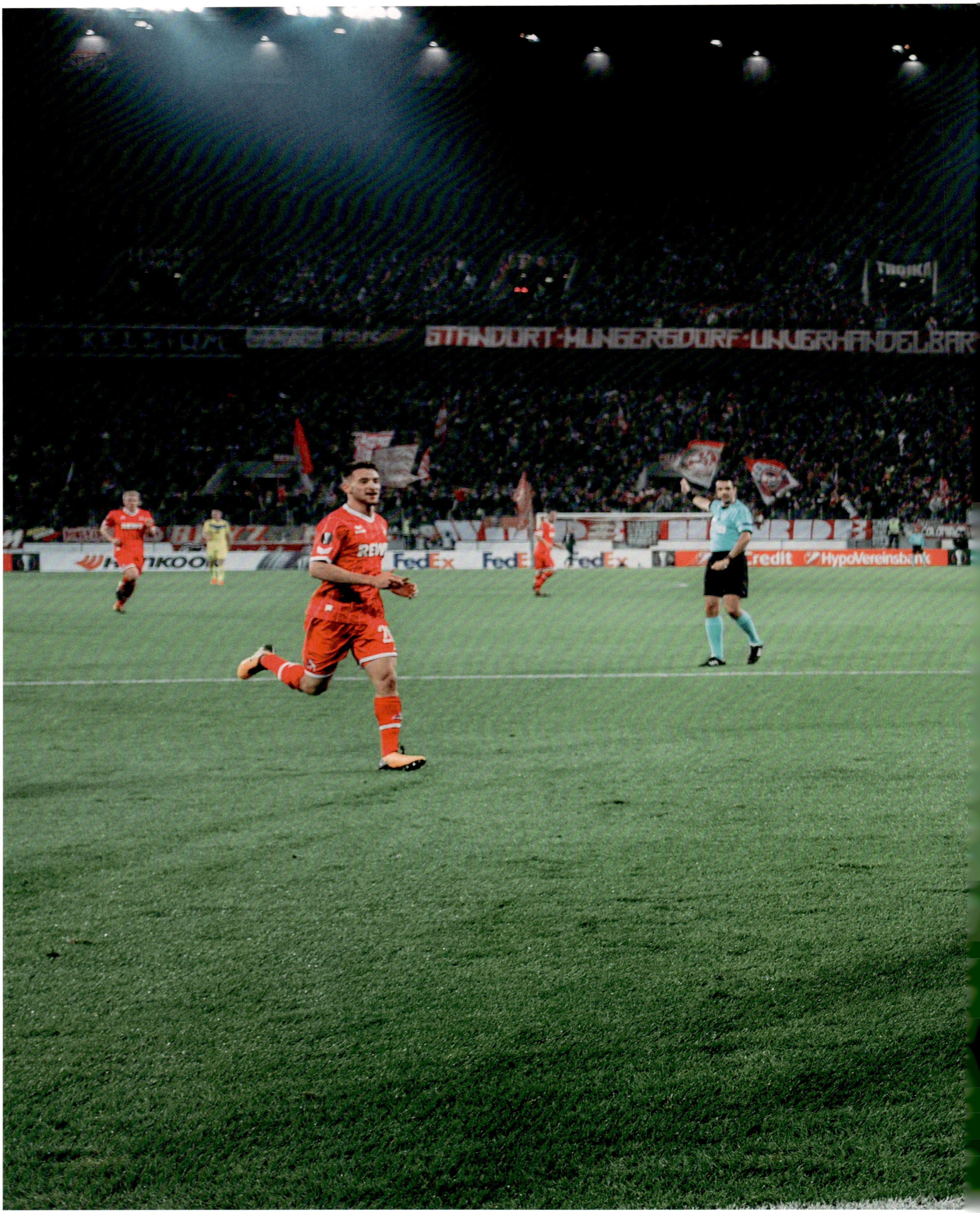
REWE
FedEx
HypoVereinsbank

2. NOVEMBER 2017 | 21:05 OZ RHEINENERGIESTADION | KÖLN

BATE BORISOV

01.11.2017 | 16:41 OZ ABSCHLUSSTRAINING, FRANZ-KREMER STADION, KÖLN

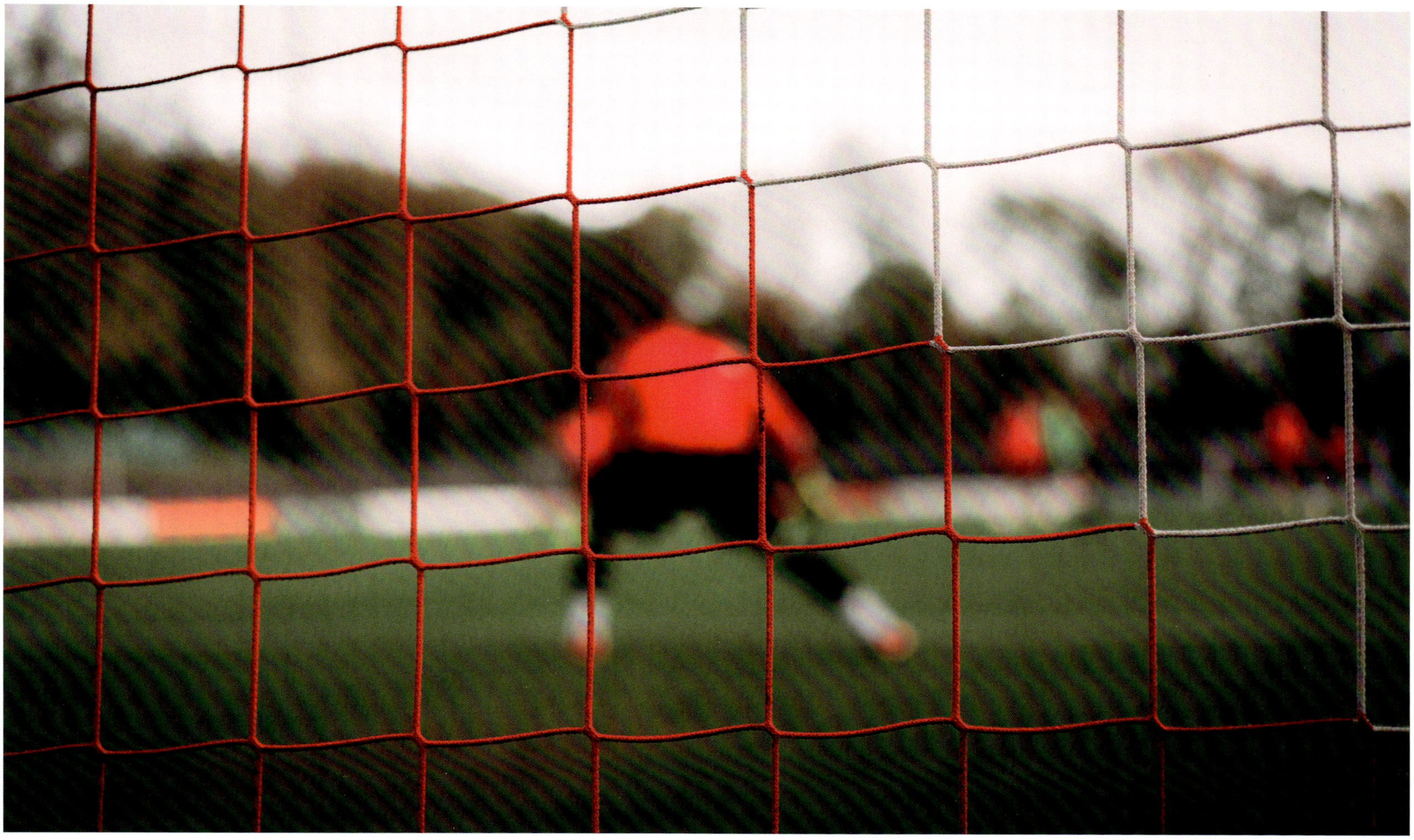

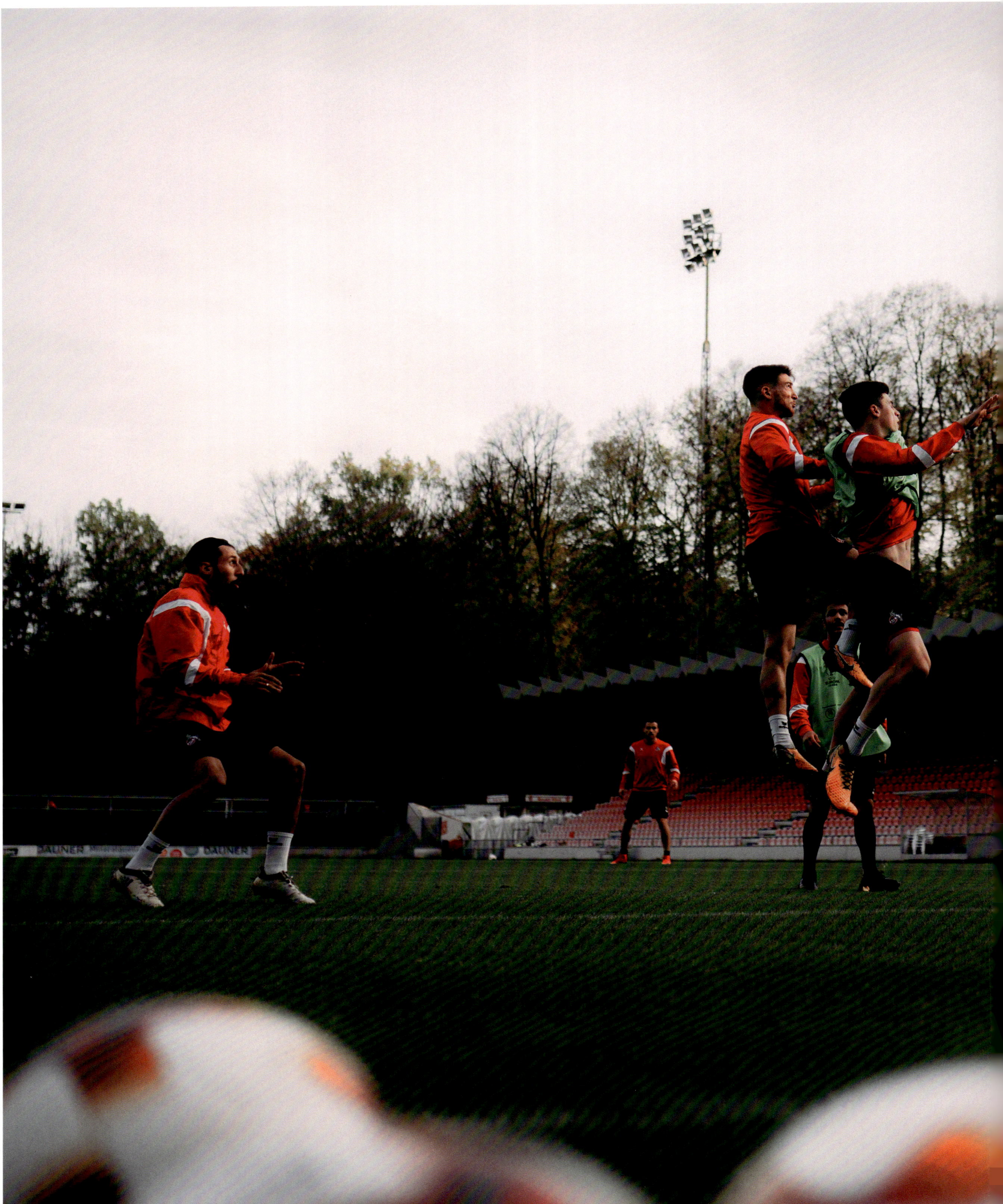
DAUNER
DAUNER

183

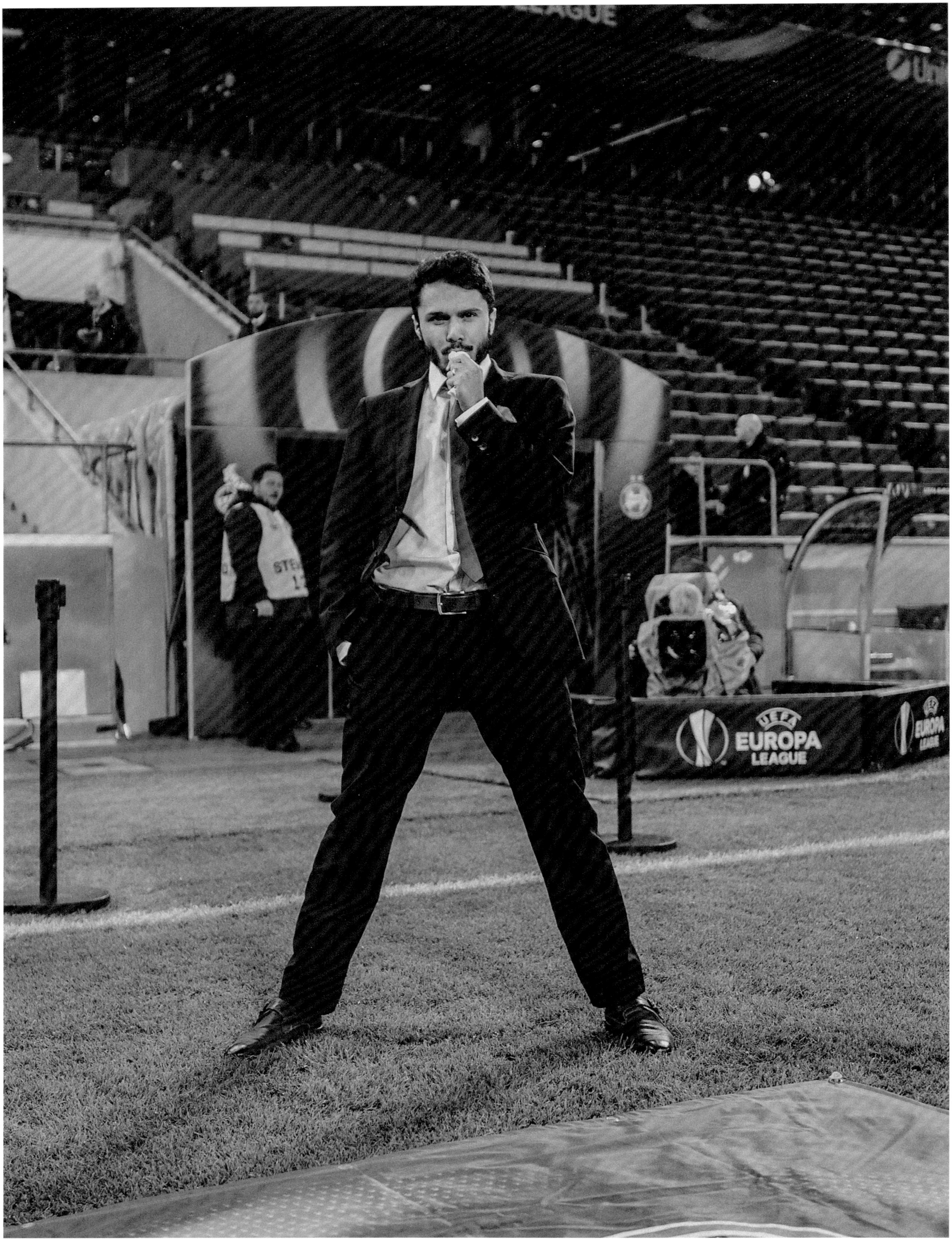
EUROPA
LEAGUE

02.11.2017 | 19:28 OZ ANKUNFT, RHEINENERGIESTADION, KÖLN

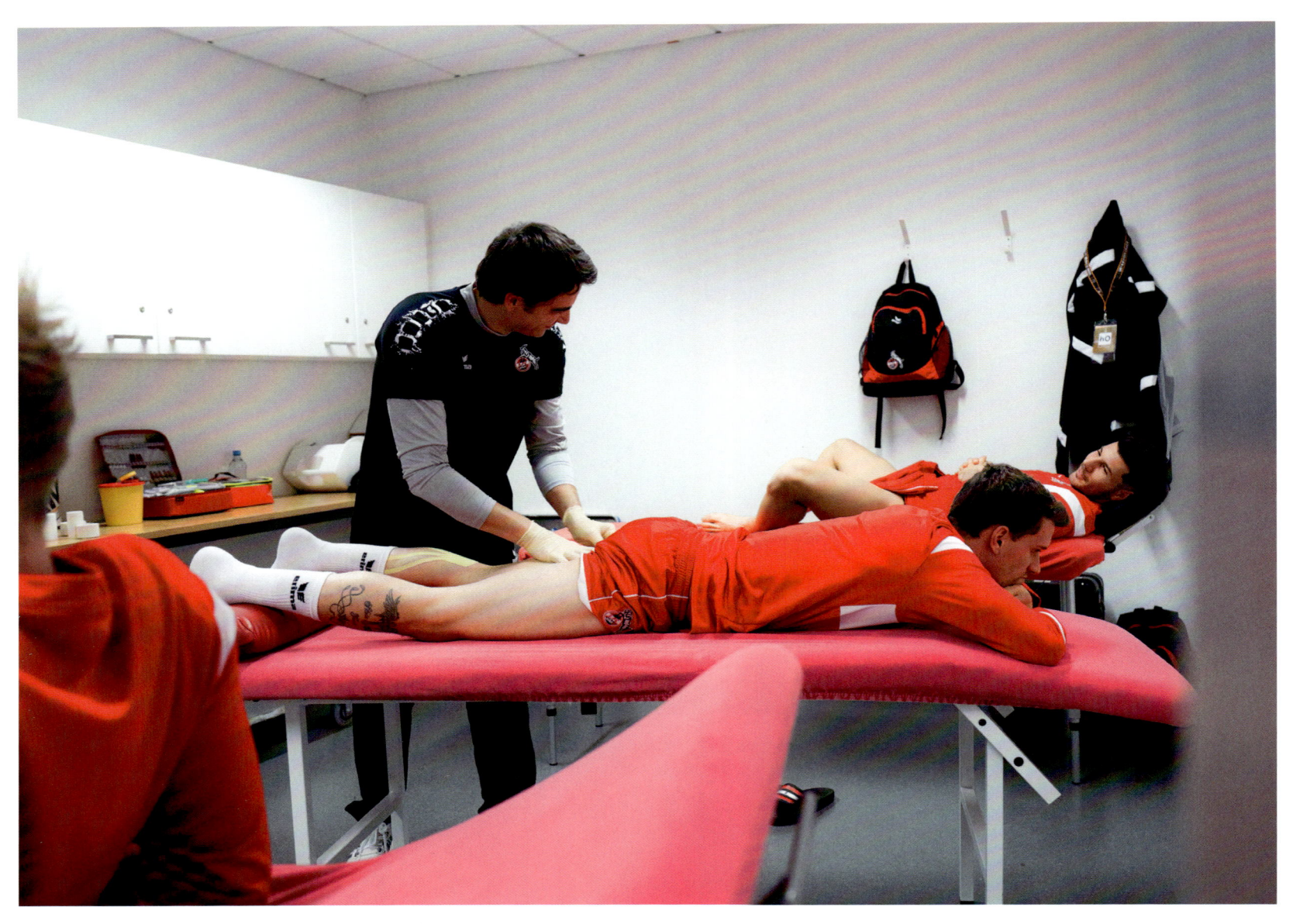

02.11.2017 | 19:55 OZ KABINE, RHEINENERGIESTADION, KÖLN

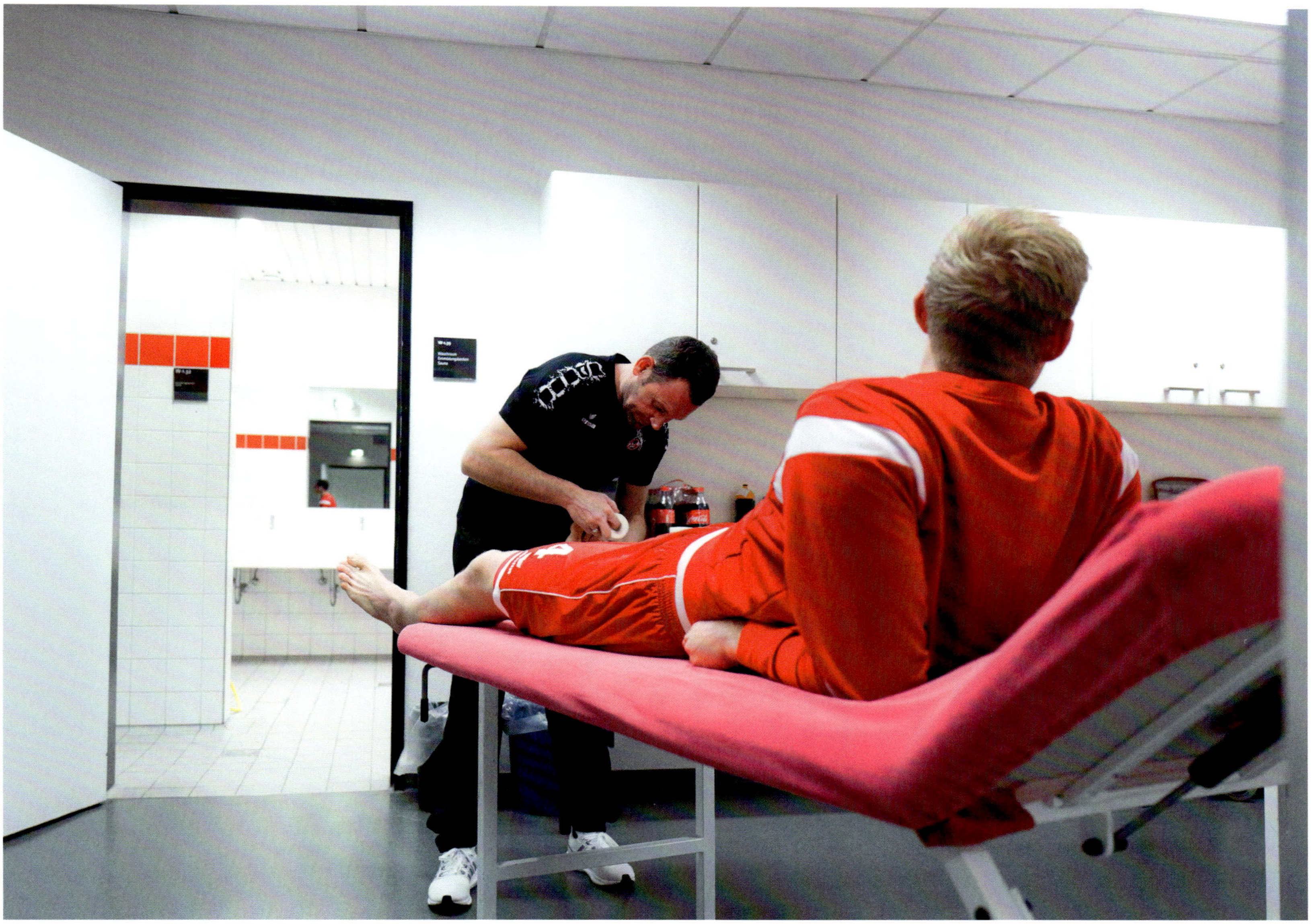

02.11.2017 | 20:02 OZ ANSCHWITZEN, RHEINENERGIESTADION, KÖLN

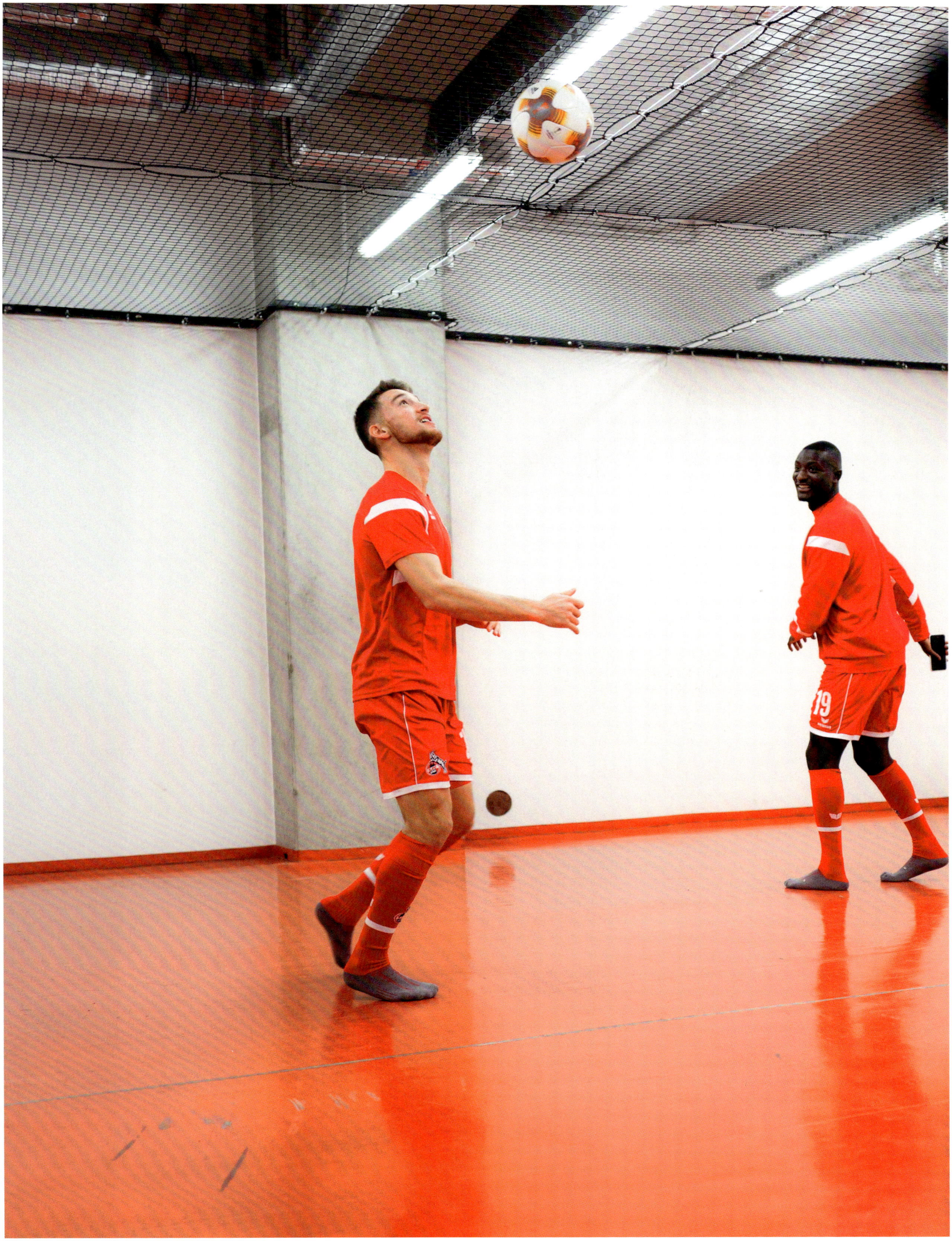
19

HORN

SÖRENSEN MARCH HEINTZ
22   14
STAŠEVICH   10 SIMNEVICH   RAUSCH 62
           8
   IVANIC A. VALADZKO   HARPZEICHUK
      LEHMANN ÖZCAN

CLEMENS
           21
33   DRAXLER   BITTENCOURT
PALIAKOV   ZOLLER   17
           19   GUIRASSY   RIOS
           MILUNOVIC 3
                   HAMPUCHYK
                   48
                SHARBITSKI

WiFi
Login: UEFA Venue Team
Passwort: Euroleague2017CGN
Countdown to Kick-off

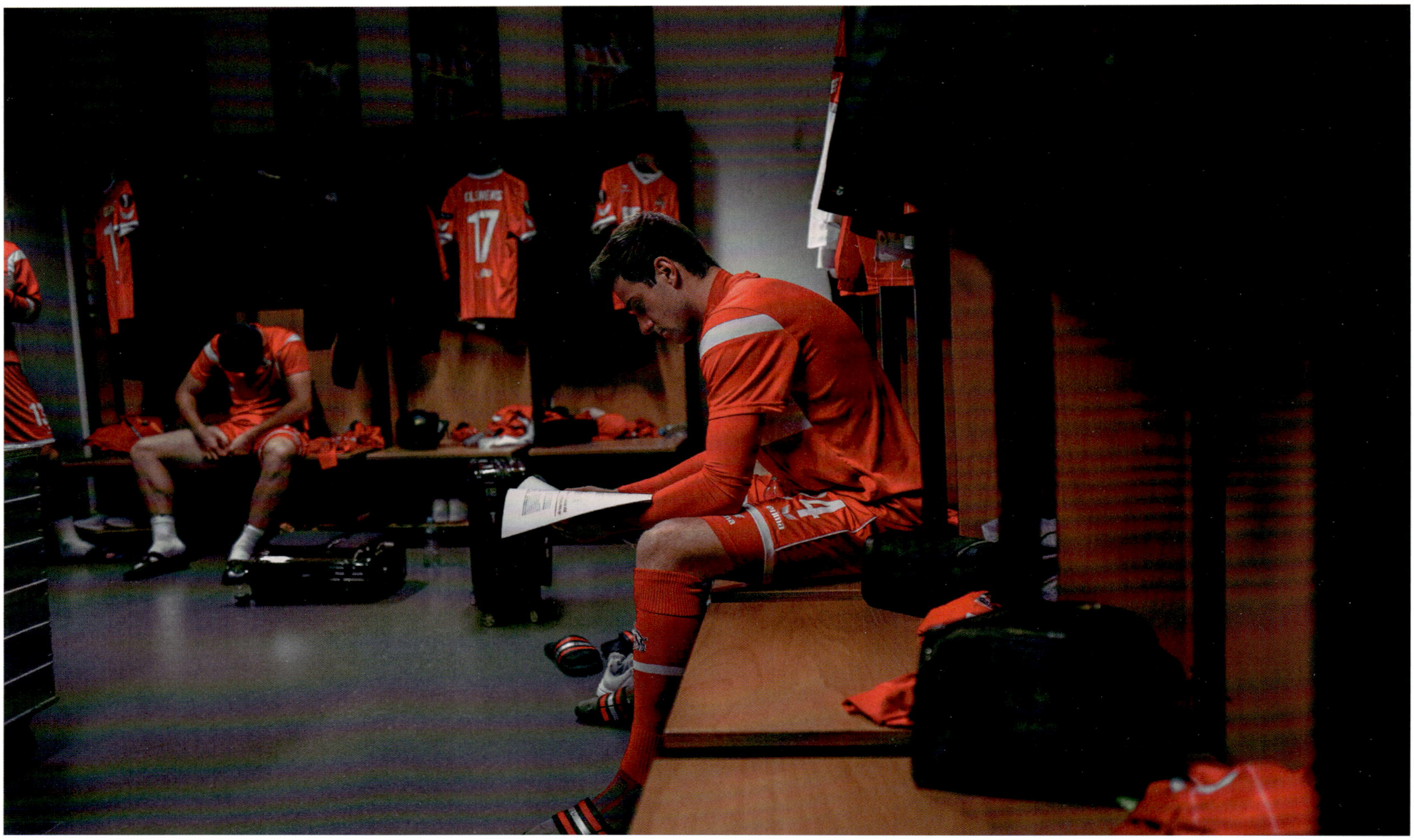
17

02.11.2017 | 20:10 OZ KONTROLLE DER AUSRÜSTUNG DURCH DEN
SCHIEDSRICHTER, KABINE, RHEINENERGIESTADION, KÖLN

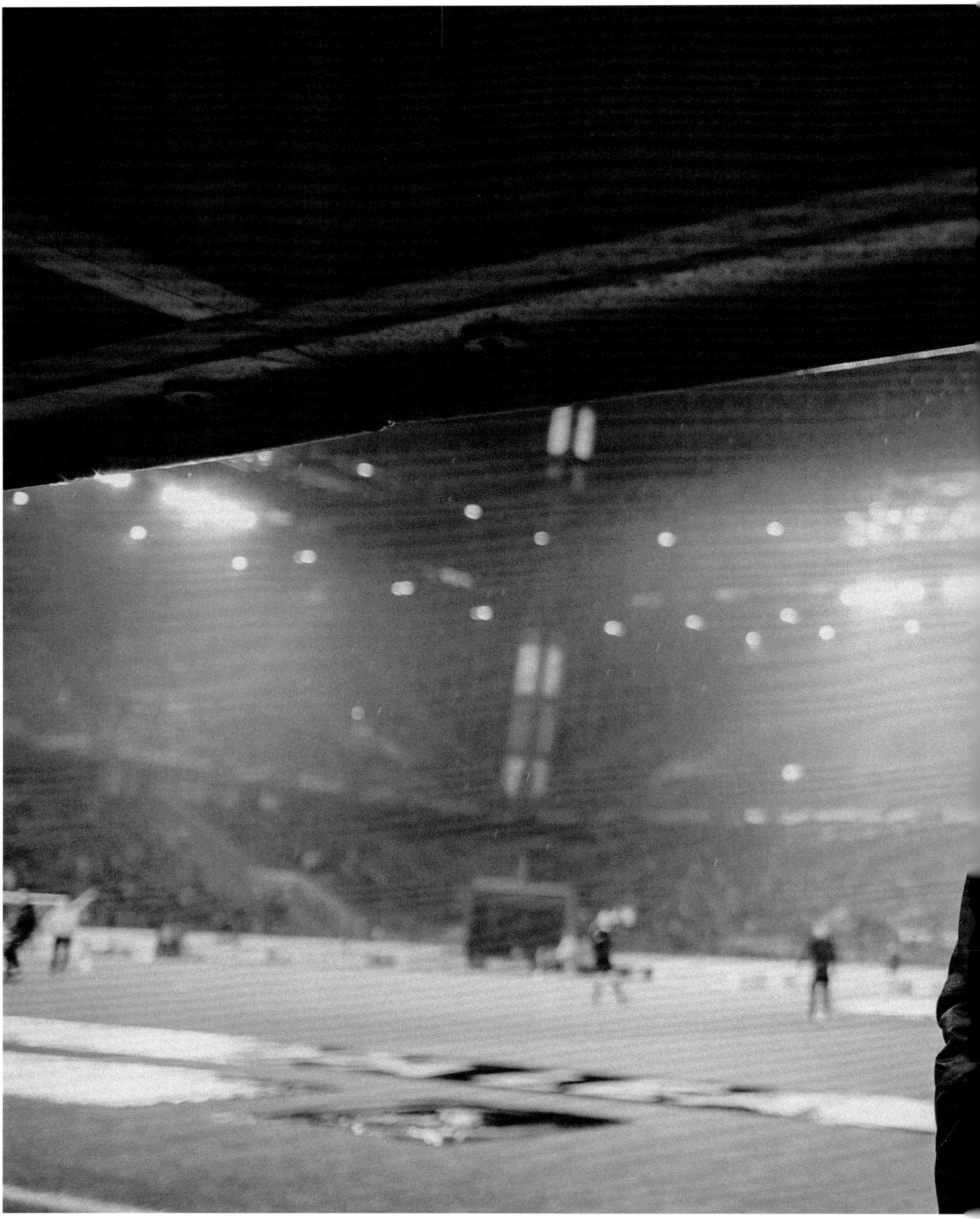

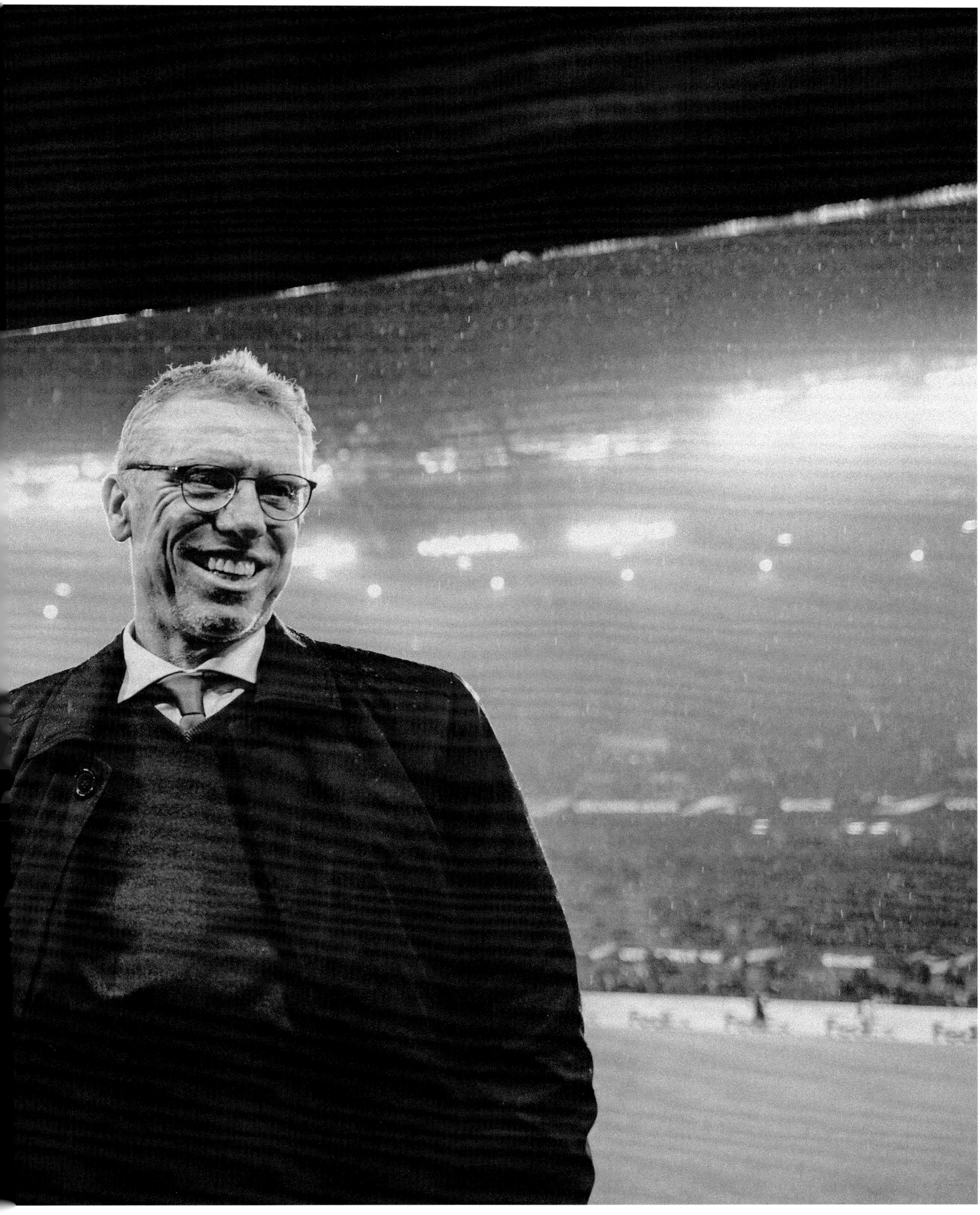

UEFA EUROPA LEAGUE
FedEx
FedEx
FedEx
FedEx
21
UniCredit
AMSTEL

EUROPA LEAGUE
RESPECT
34
21
FedEx
UEFA EUROPA LEAGUE
UniCredit

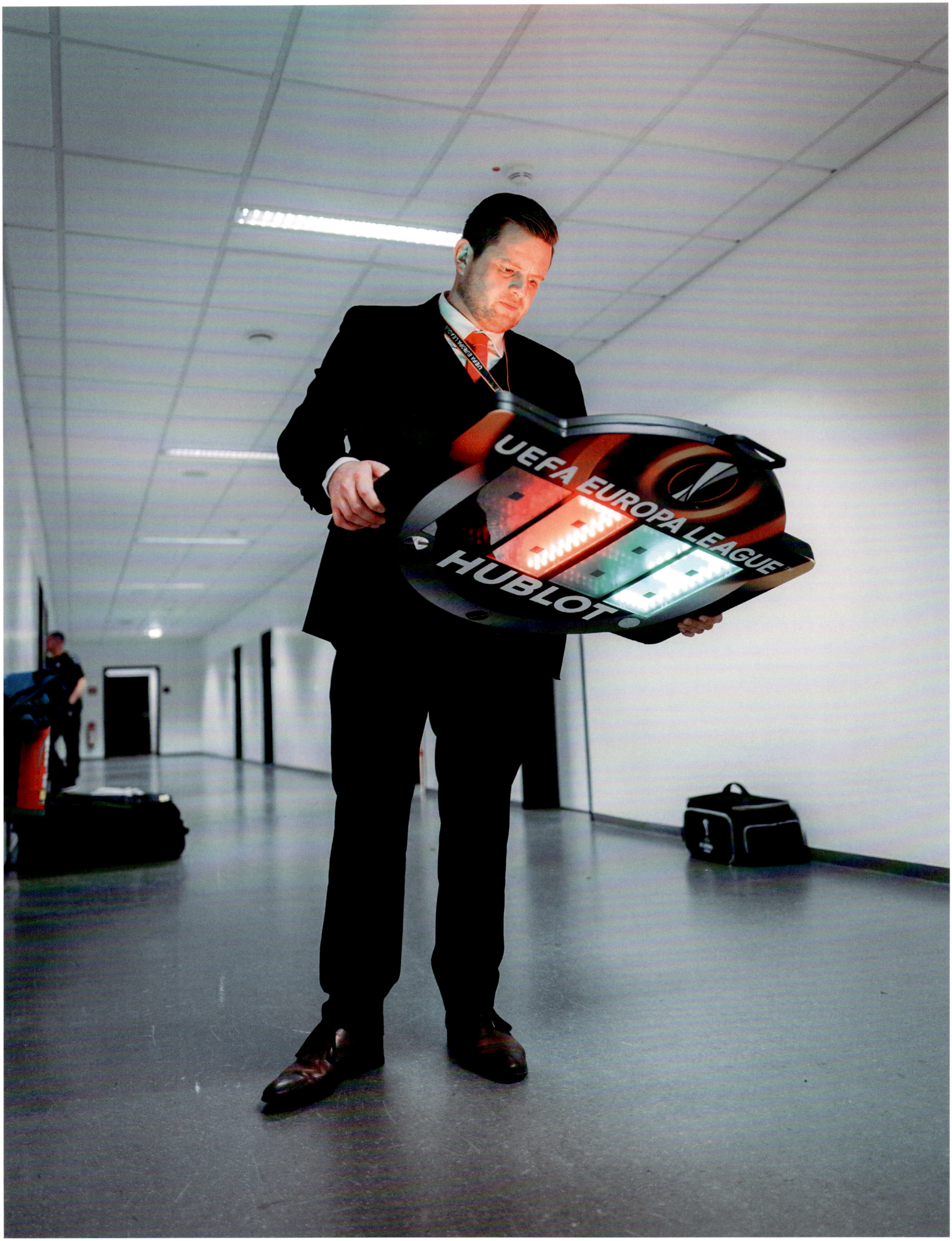
UEFA EUROPA LEAGUE
HUBLOT

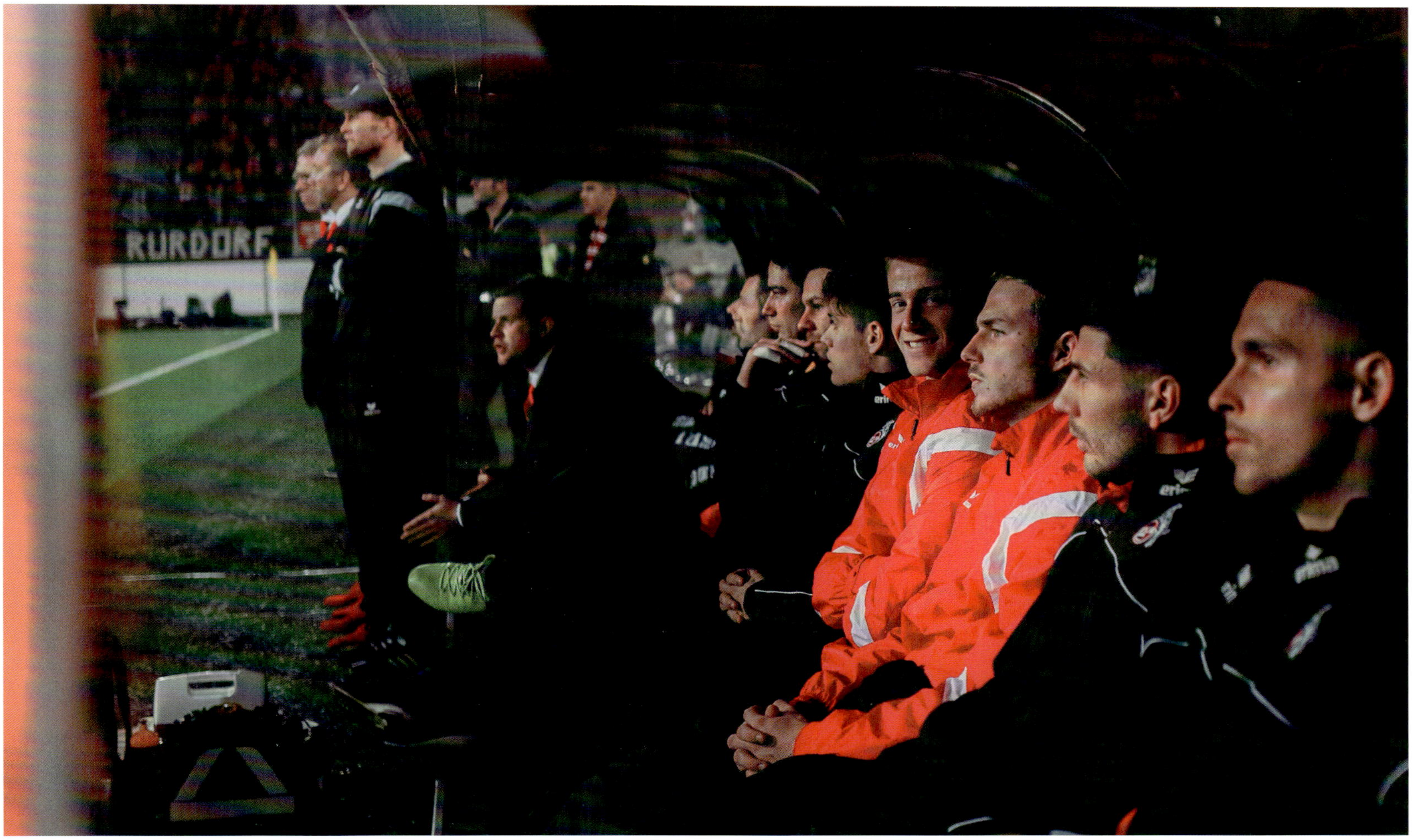
RURDORF

02.11.2017 | 20:56 OZ KABINE, RHEINENERGIESTADION, KÖLN

02.11.2017 | 21:02 0Z EINLAUFEN, RHEINENERGIESTADION, KÖLN

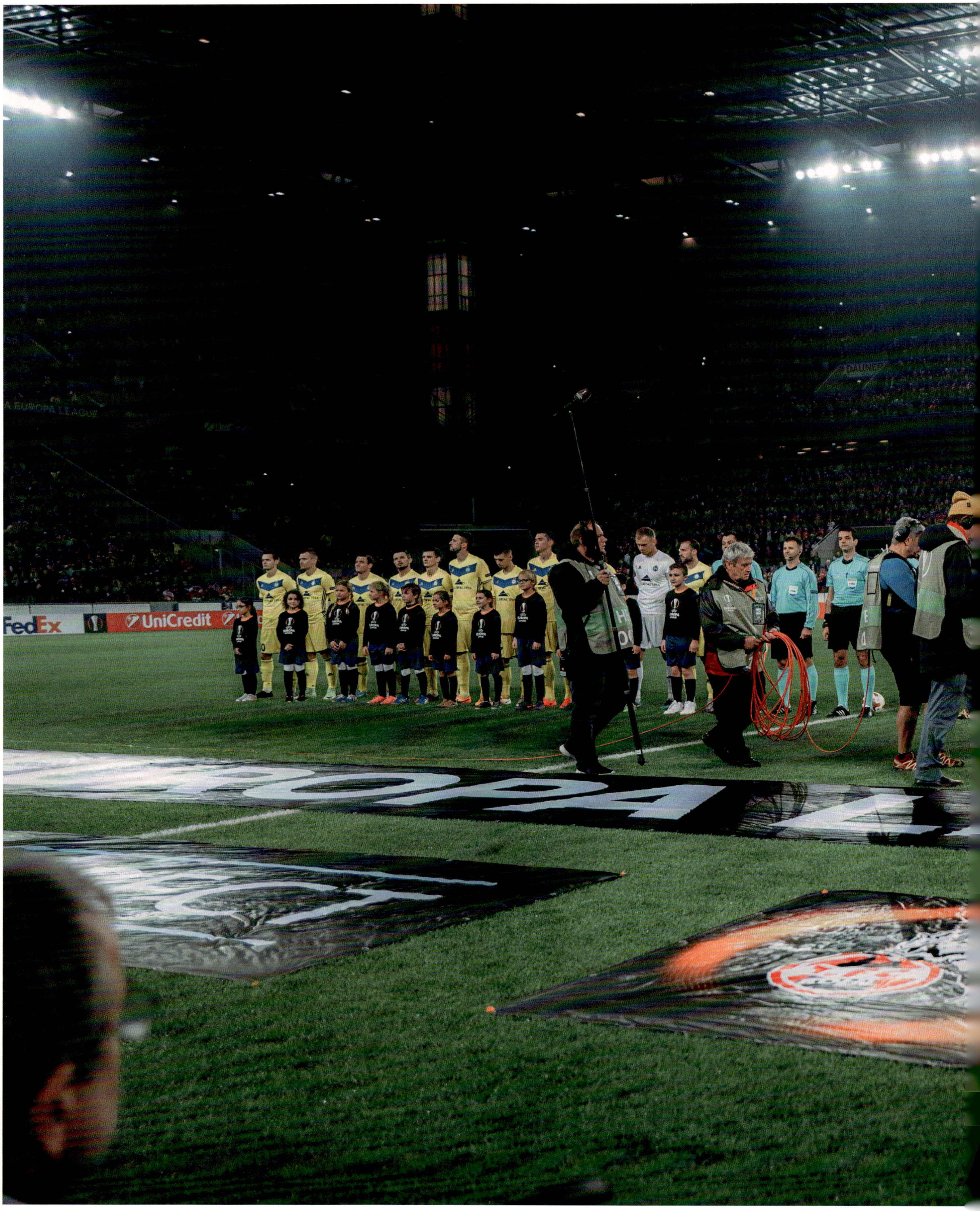
FedEx
UniCredit

203

02.11.2017 | 21:22 UZ 1:0 TORSCHÜTZE: SIMON ZOLLER

GOAL
UEFA EUROPA LEAGUE
FedEx
FedEx
FedEx
FedEx
FedEx
enterprise
AMSTEL

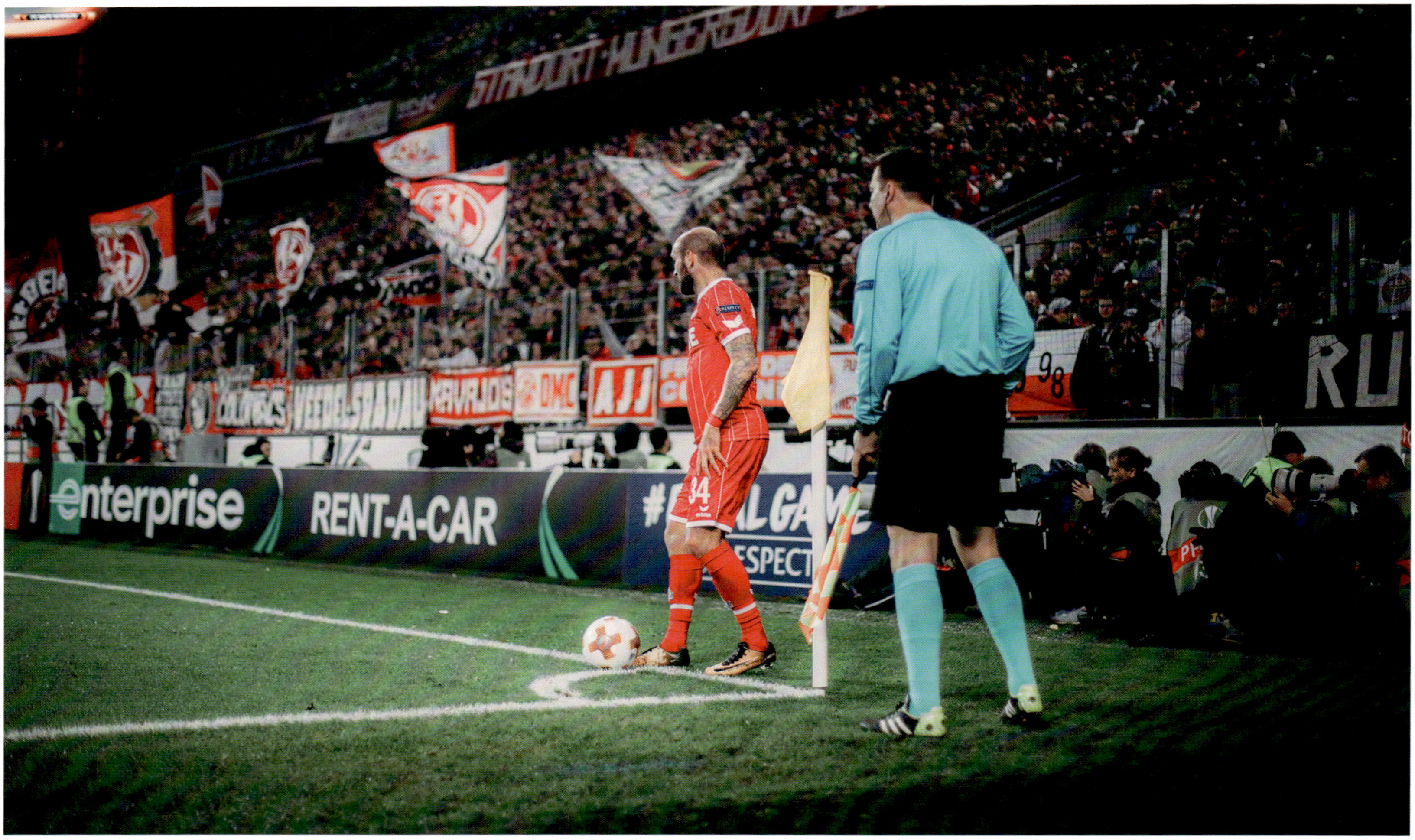
enterprise
RENT-A-CAR

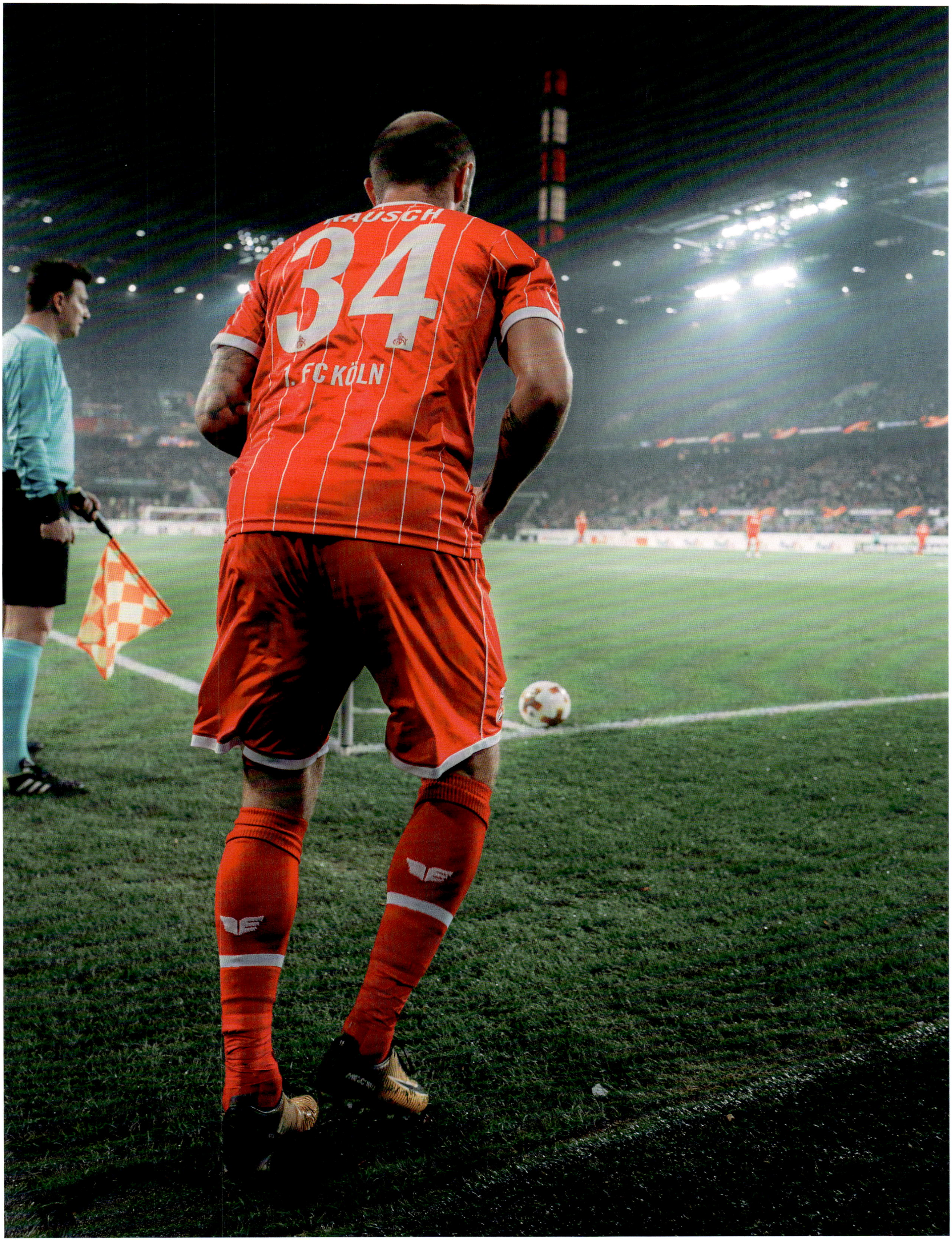
RAUSCH
34
1. FC KÖLN

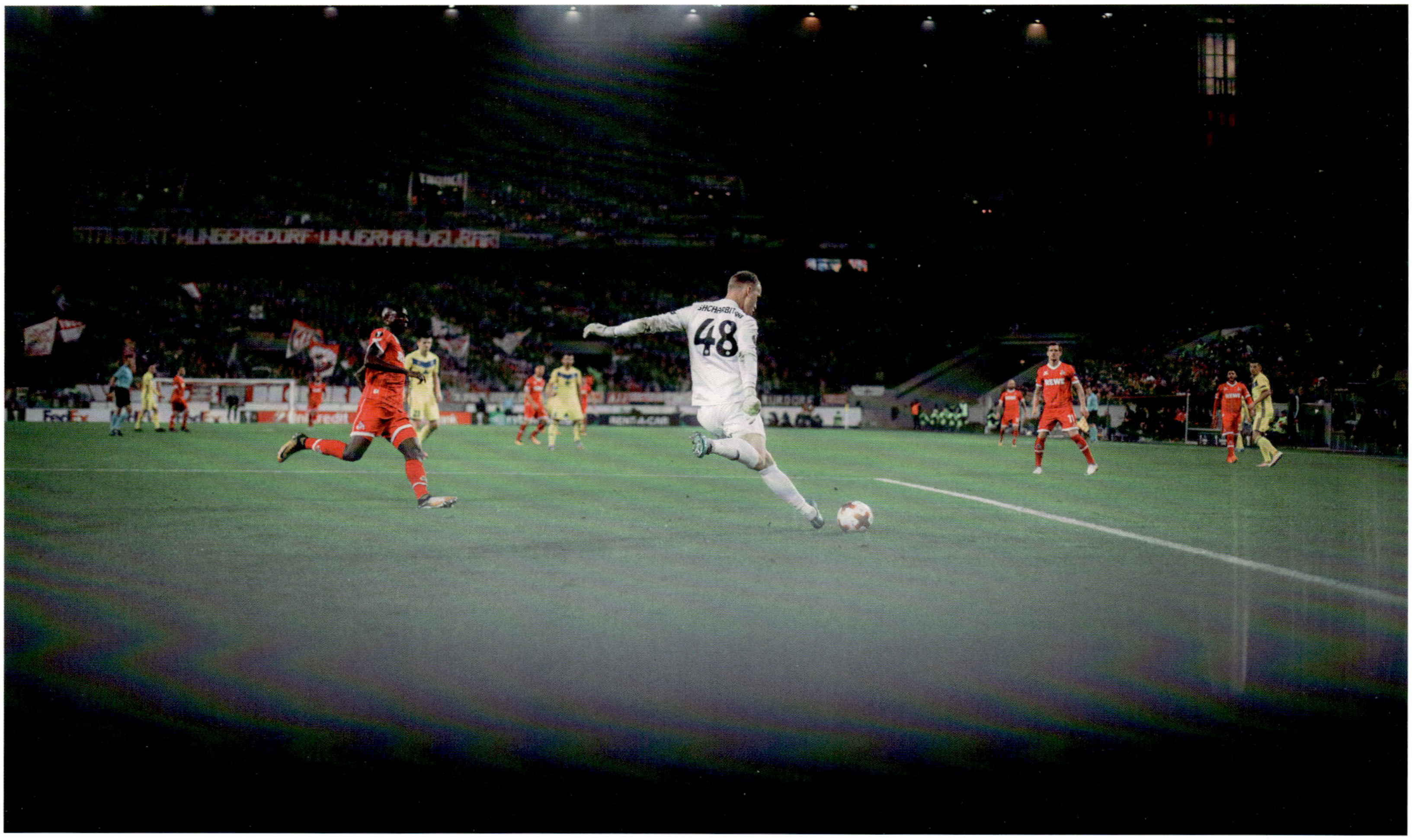
48

02.11.2017 | 21:53 OZ HALBZEITSTAND 1:2, RHEINENERGIESTADION, KÖLN

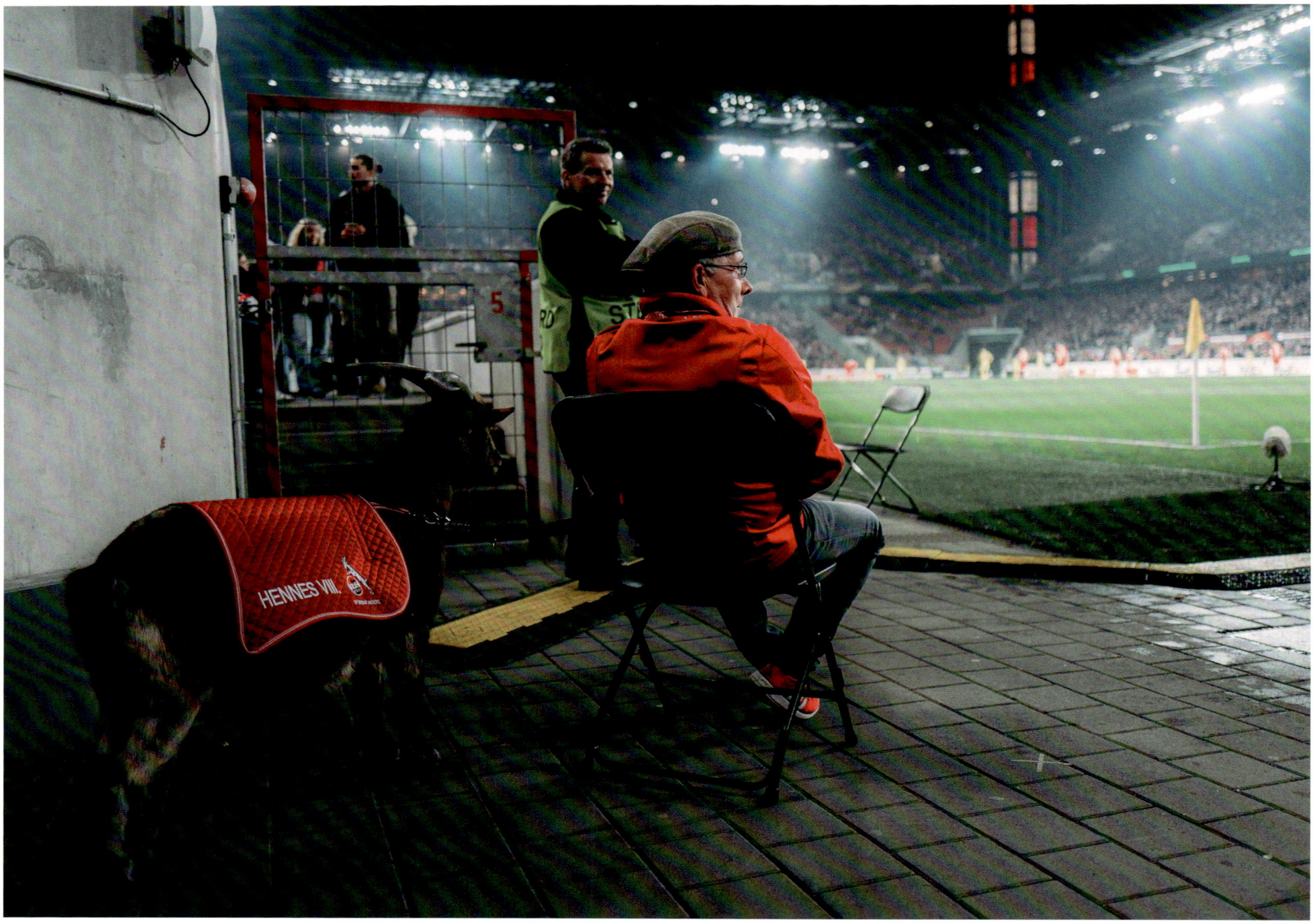
HENNES VIII.

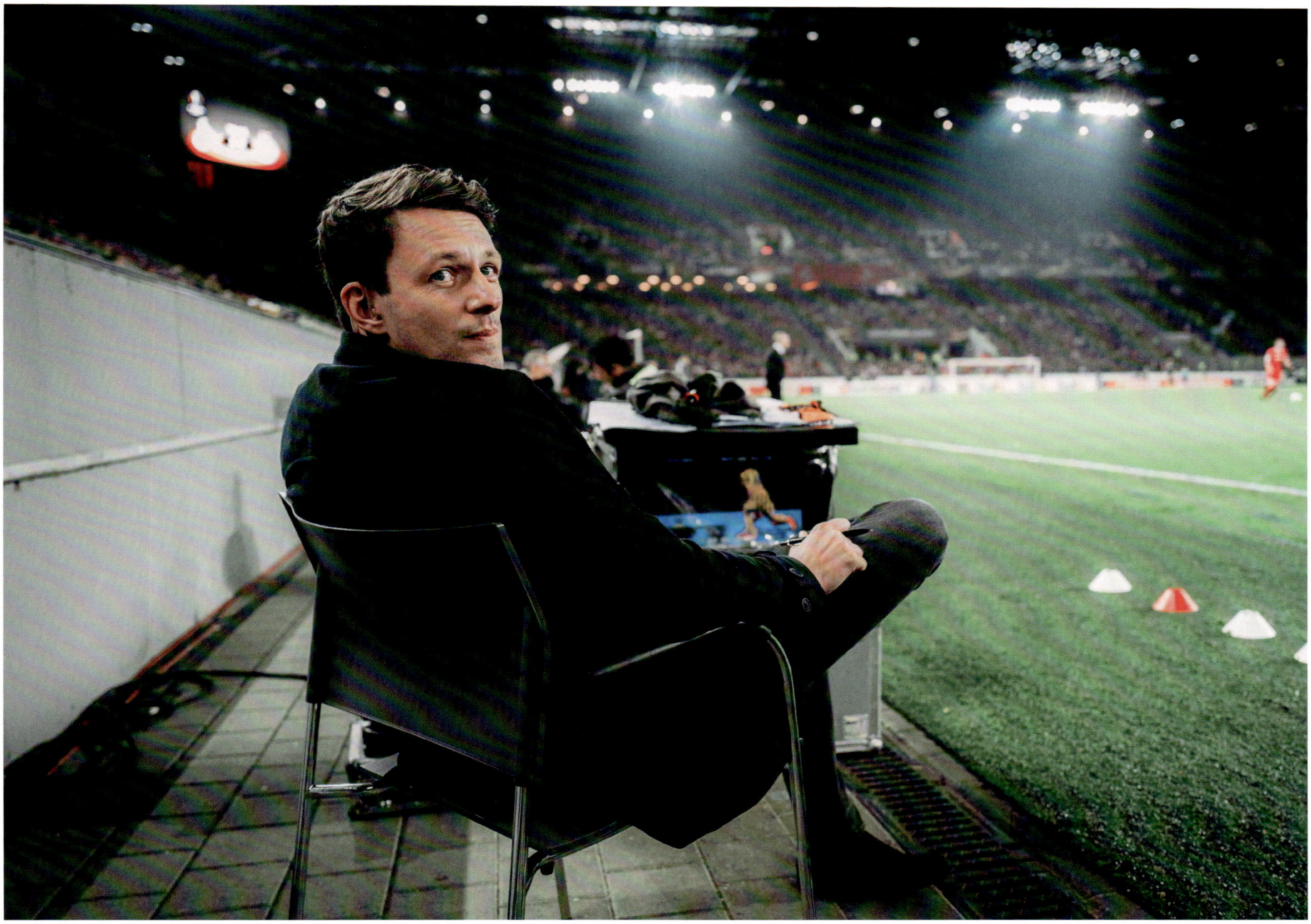

UEFA EUROPA LEAGUE
AMSTEL
Hankook
FedEx
UniCredit
HypoVereinsbank
enterprise
RENT-A-CAR

02.11.2017 | 22:22 OZ 3:2 TORSCHÜTZE: SEHROU GUIRASSY

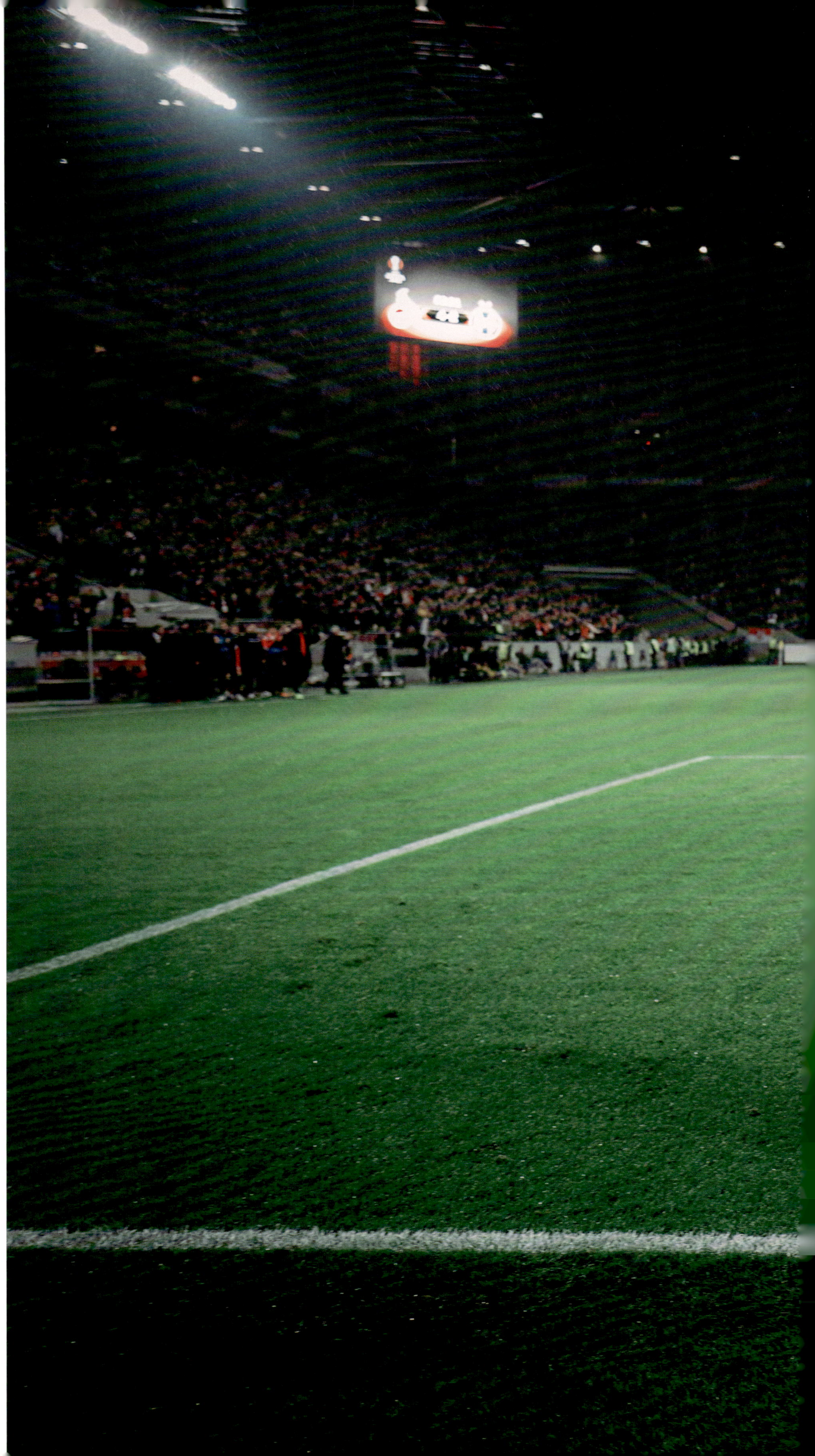

02.11.2017 | 22:52 OZ 5:2 TORSCHÜTZE: MILOŠ JOJIĆ

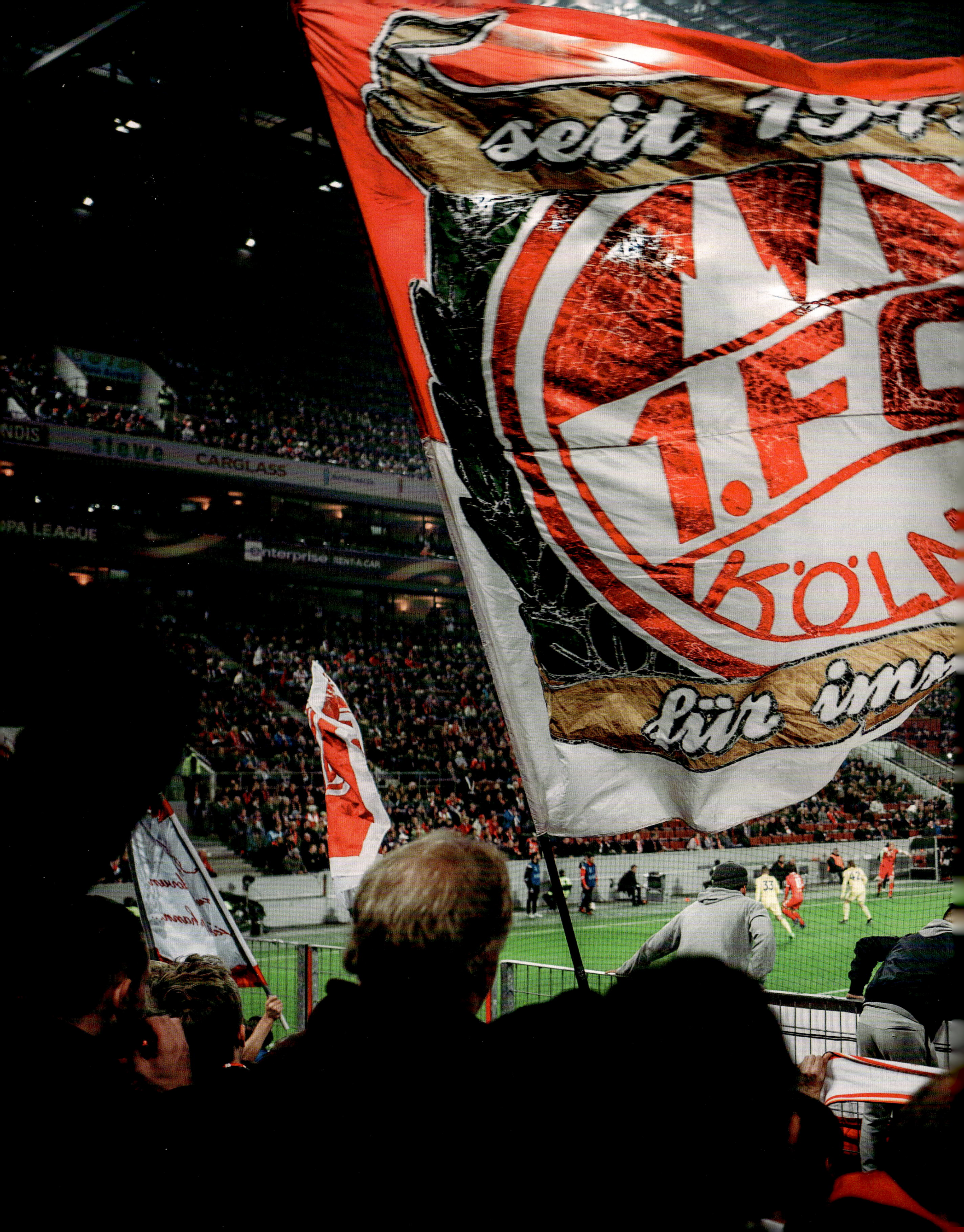
CARGLASS
enterprise RENT-A-CAR

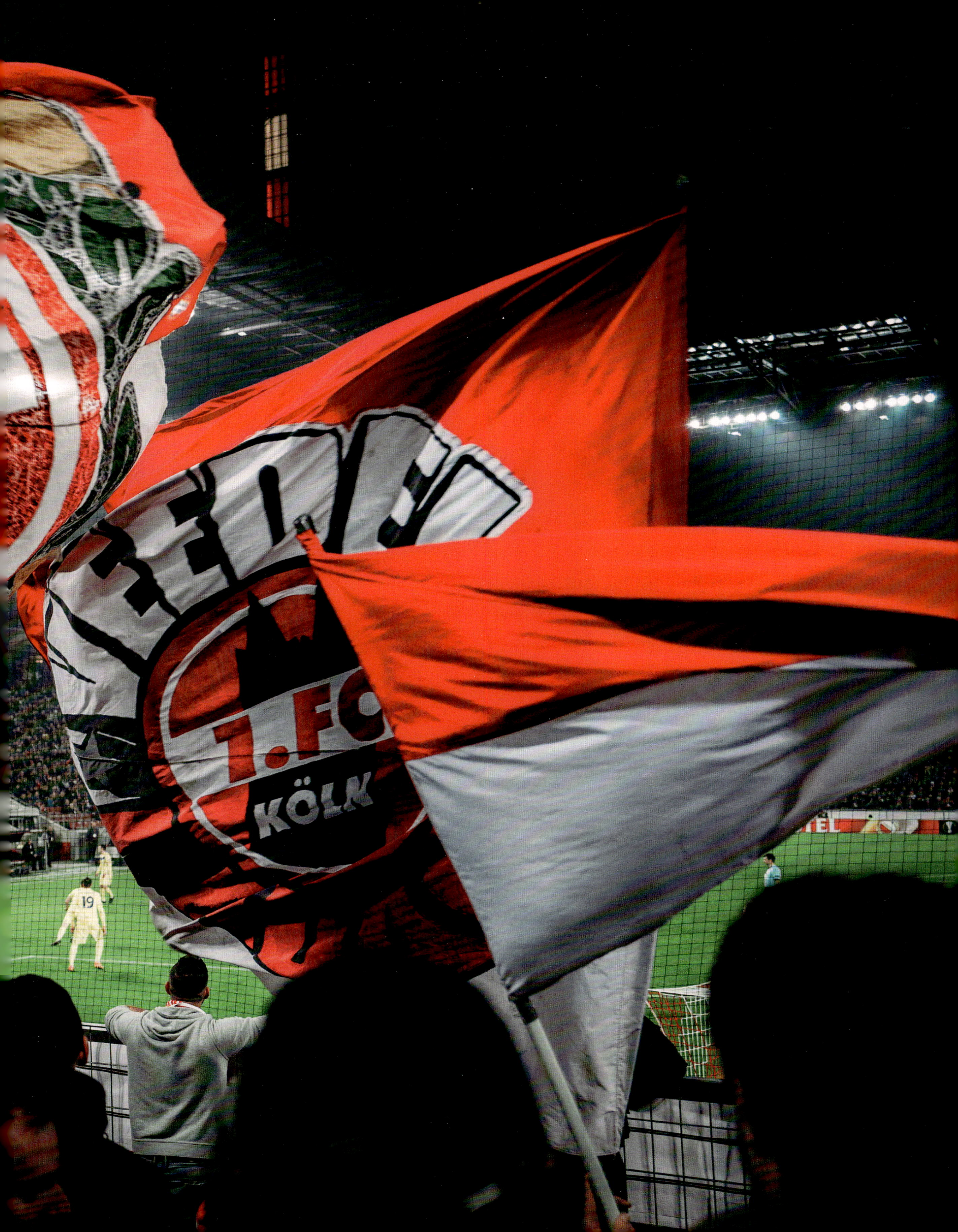
KÖLN

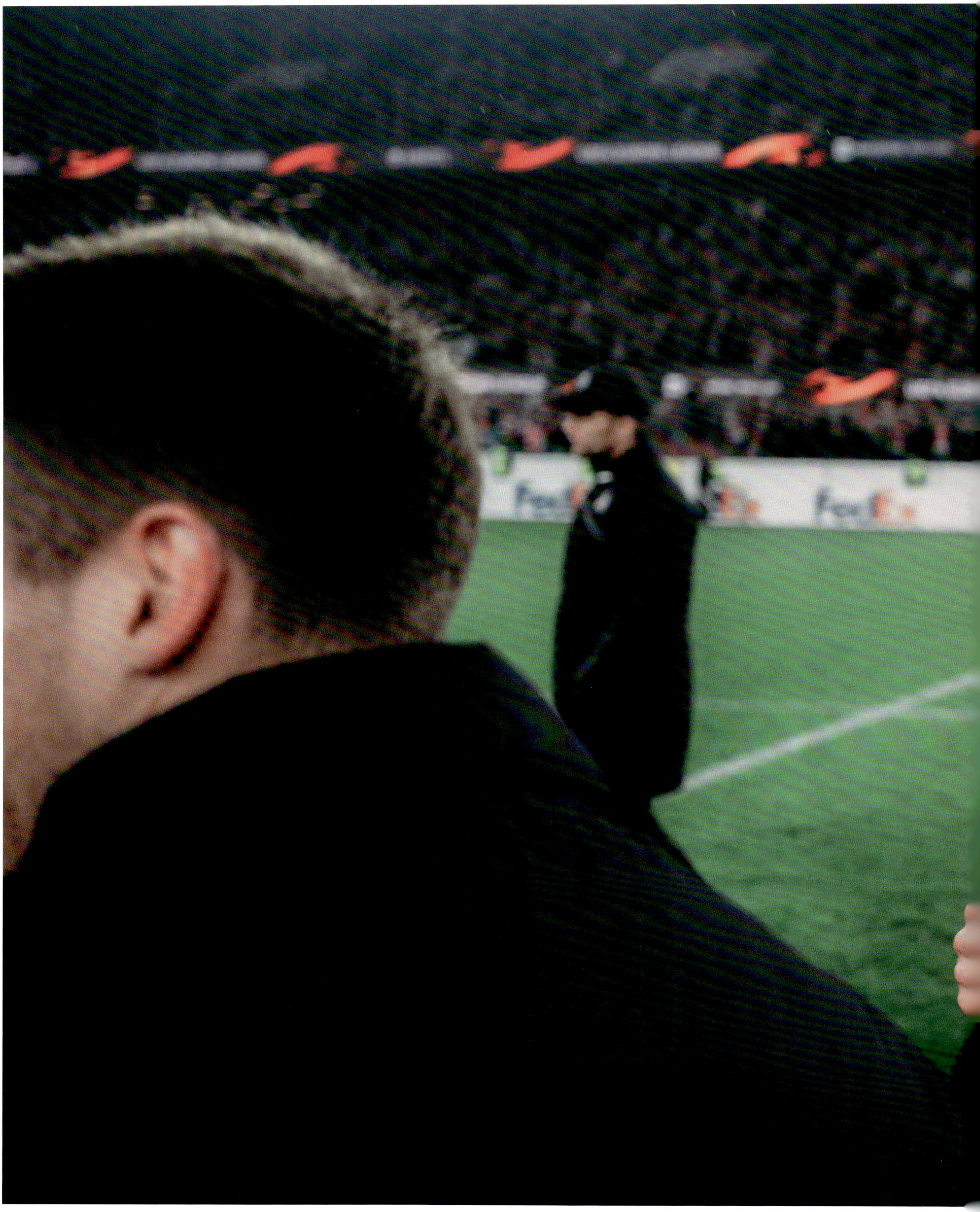

219

02.11.2017 | 22:57 OZ ENDSTAND 5:2, RHEINENERGIESTADION, KÖLN

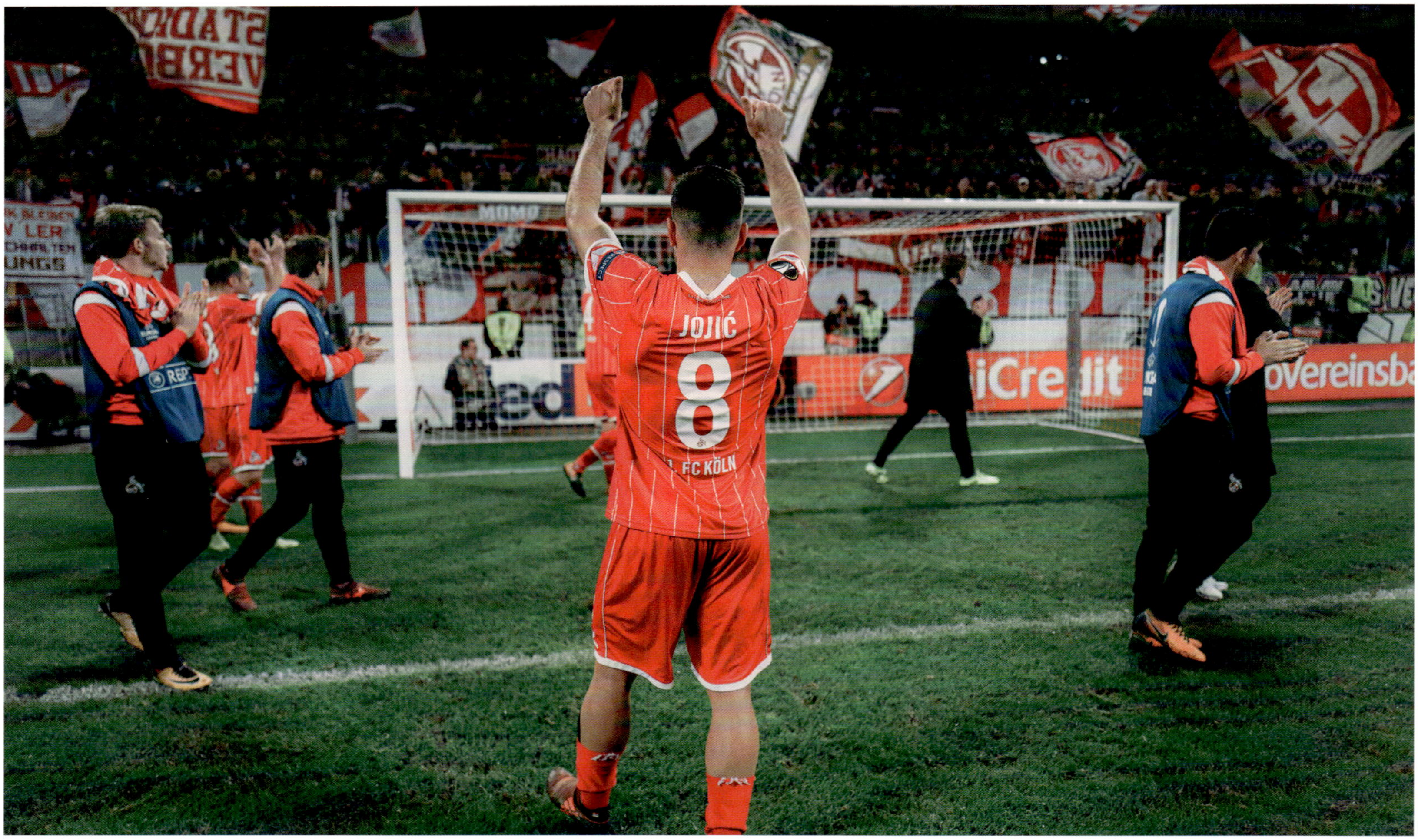
JOJIĆ
8

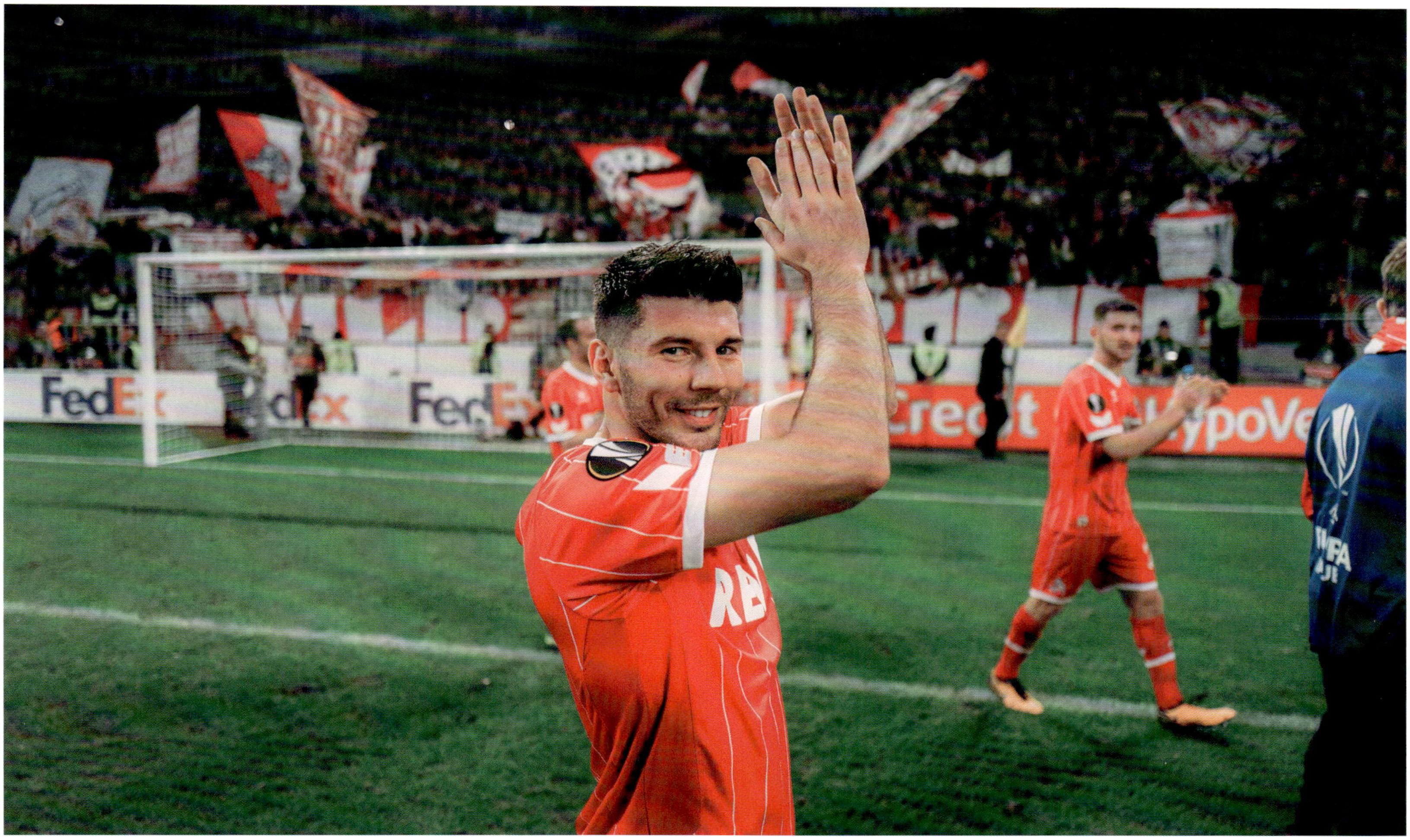
FedEx

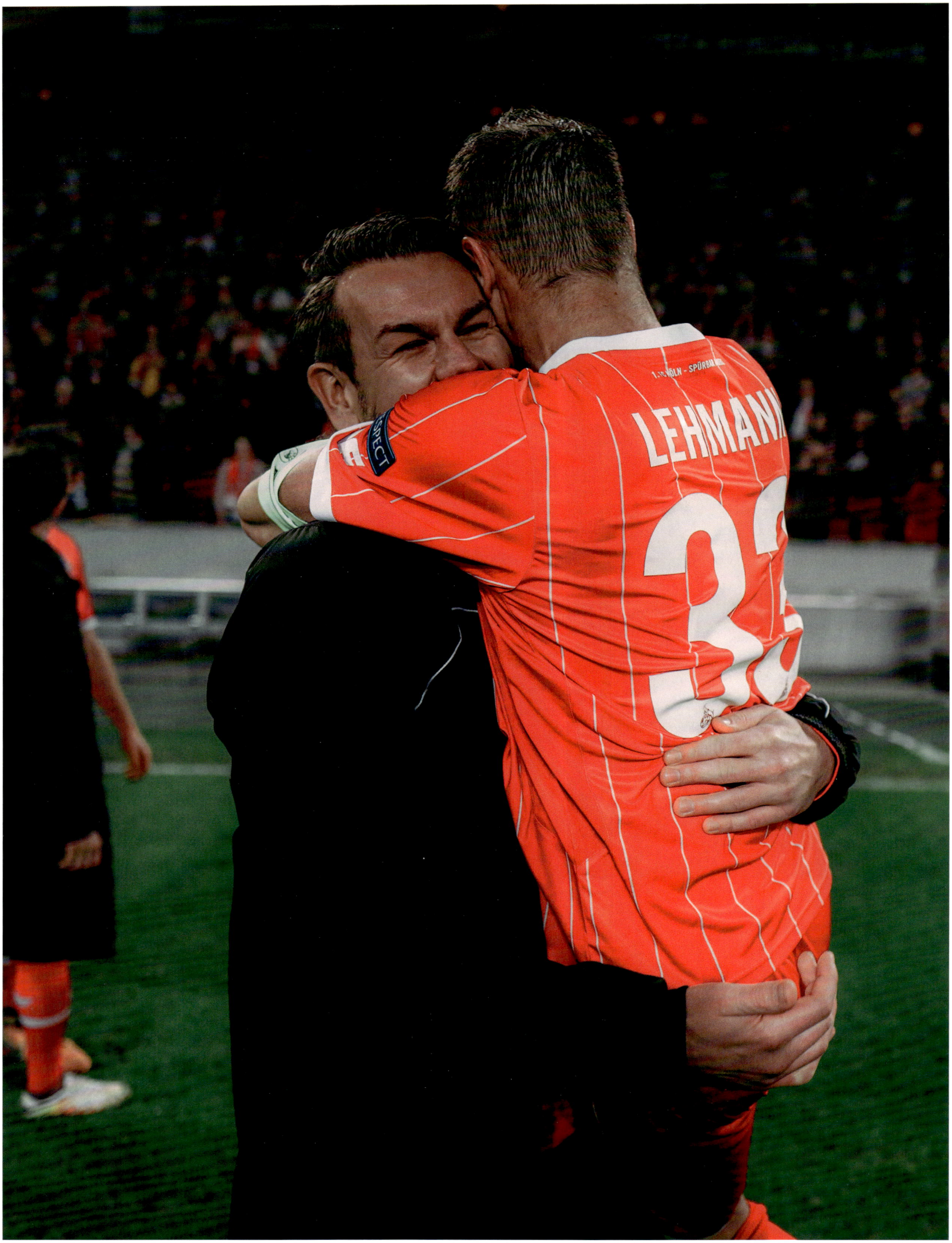
LEHMAN

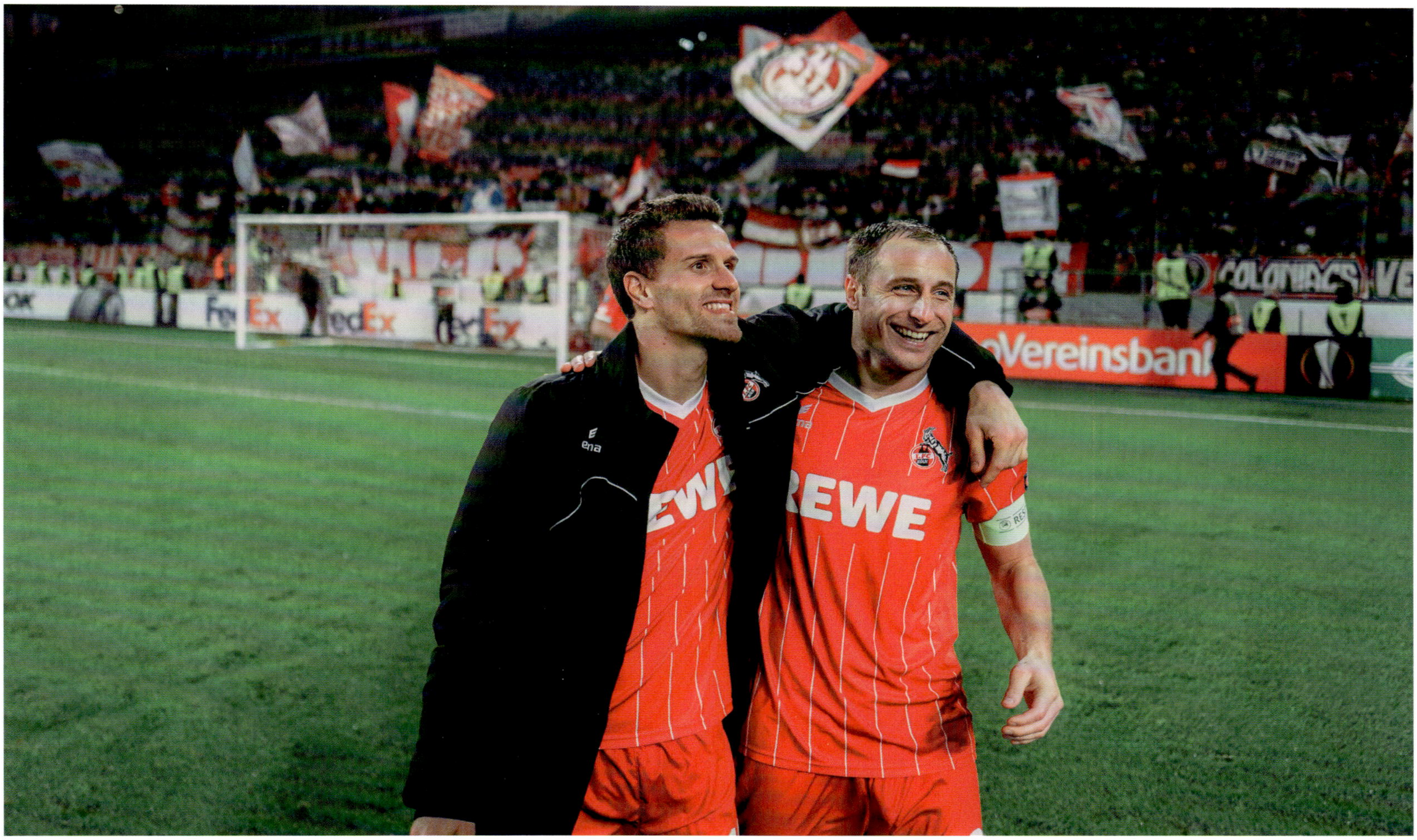
REWE
COLONIACS
FedEx

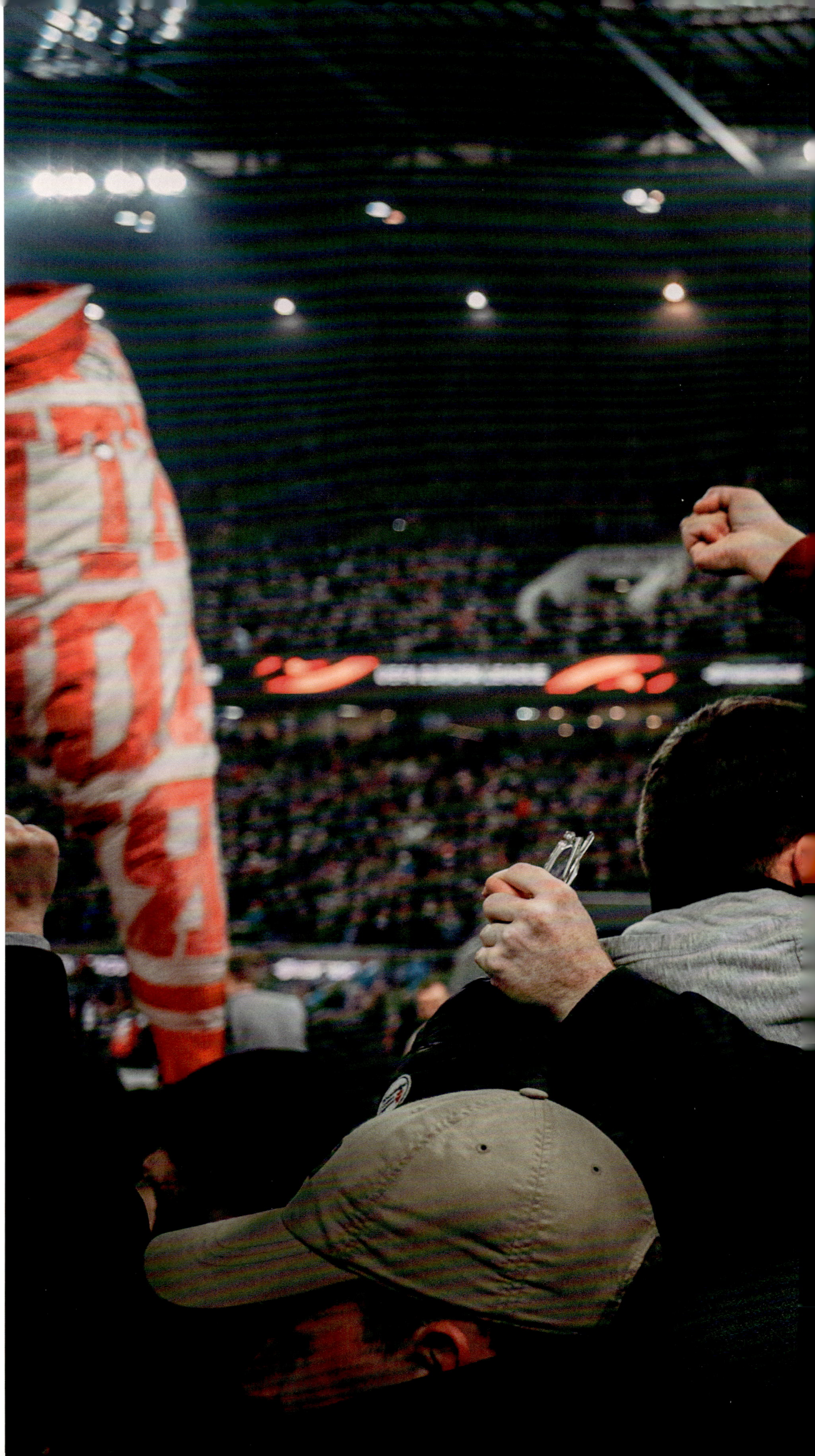

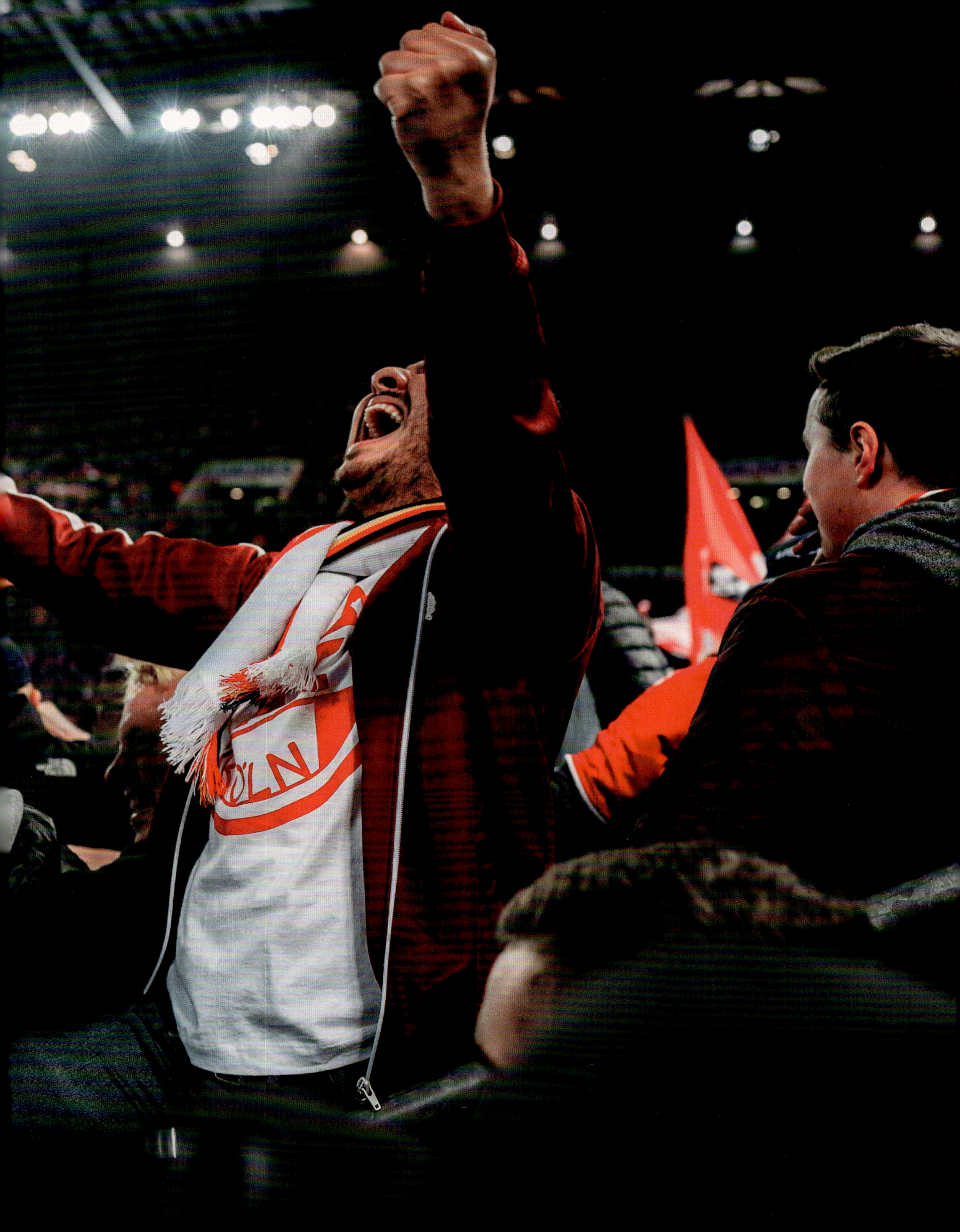

Am 8. Tag schuf
Gott den 1. FC Köln
100% FC
DEIN VEREIN
FedEx
STARK BLEIBEN
SV LER
DURCHHALTEN
JUNGS
EUROPA LEAGUE

229

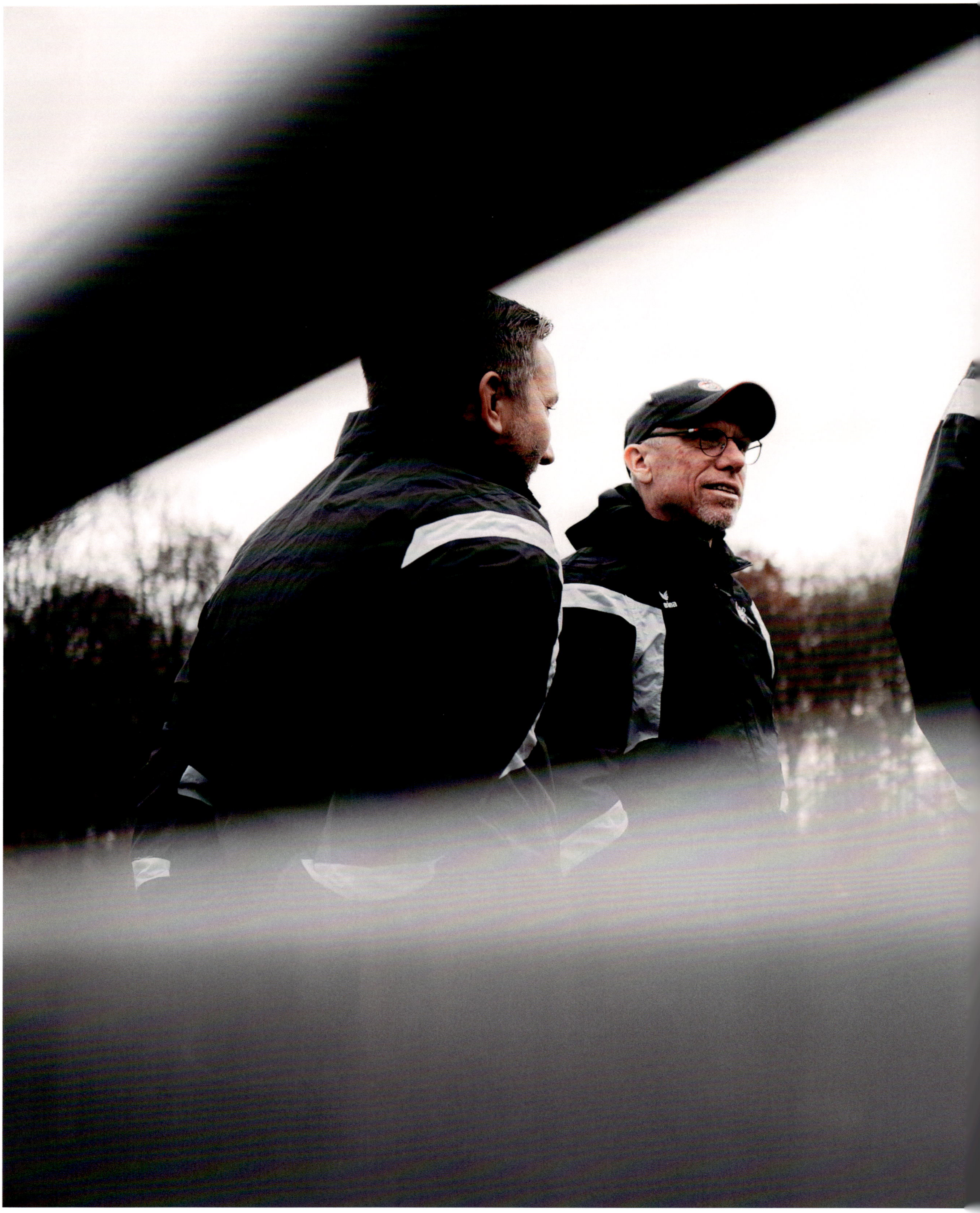

23.NOVEMBER 2017 | 19:00 OZ | RHEINENERGIESTADION | KÖLN

ARSENAL LONDON

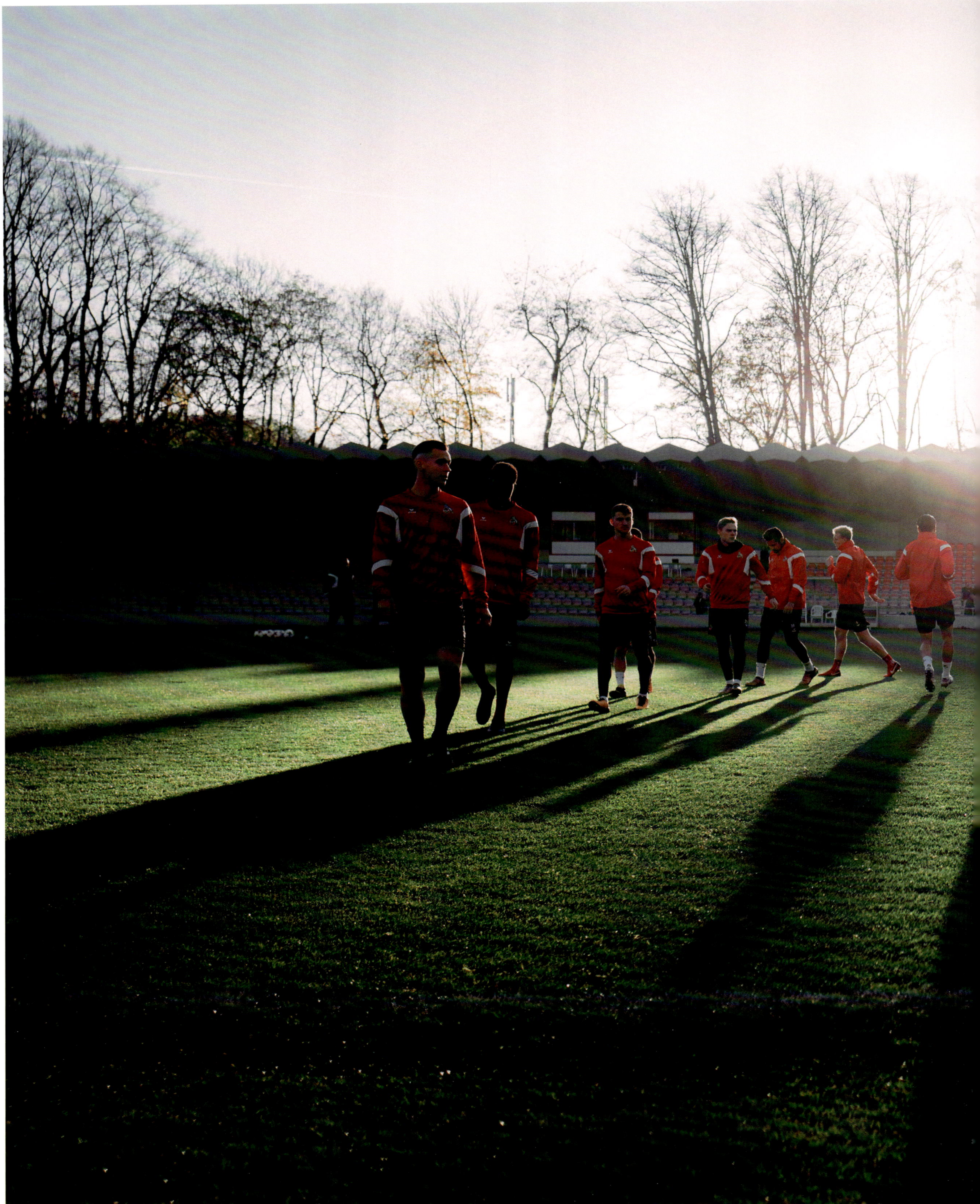

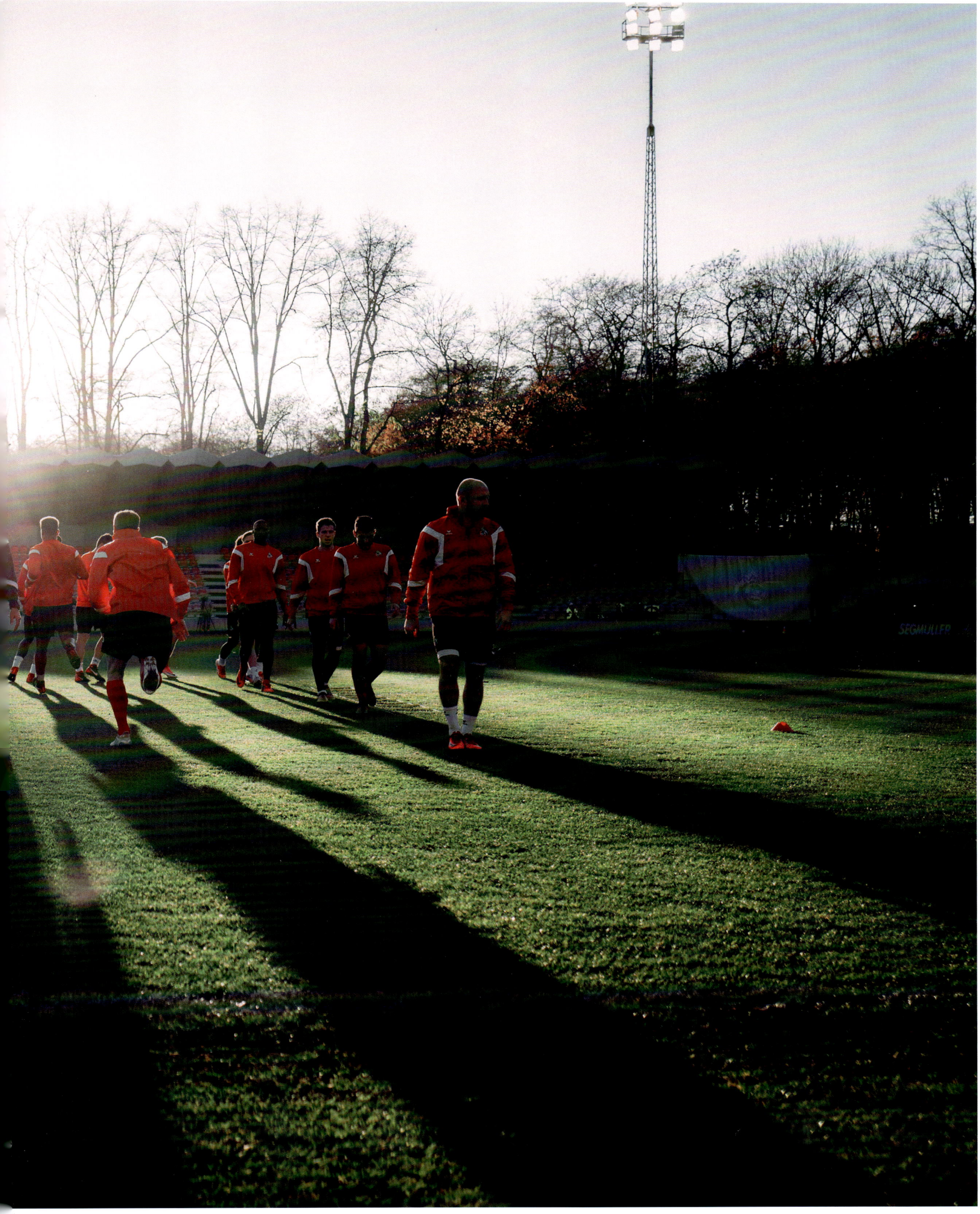
SEGMULLER

22.11.2017 | 16:23 OZ ABSCHLUSSTRAINING, FRANZ-KREMER STADION, KÖLN

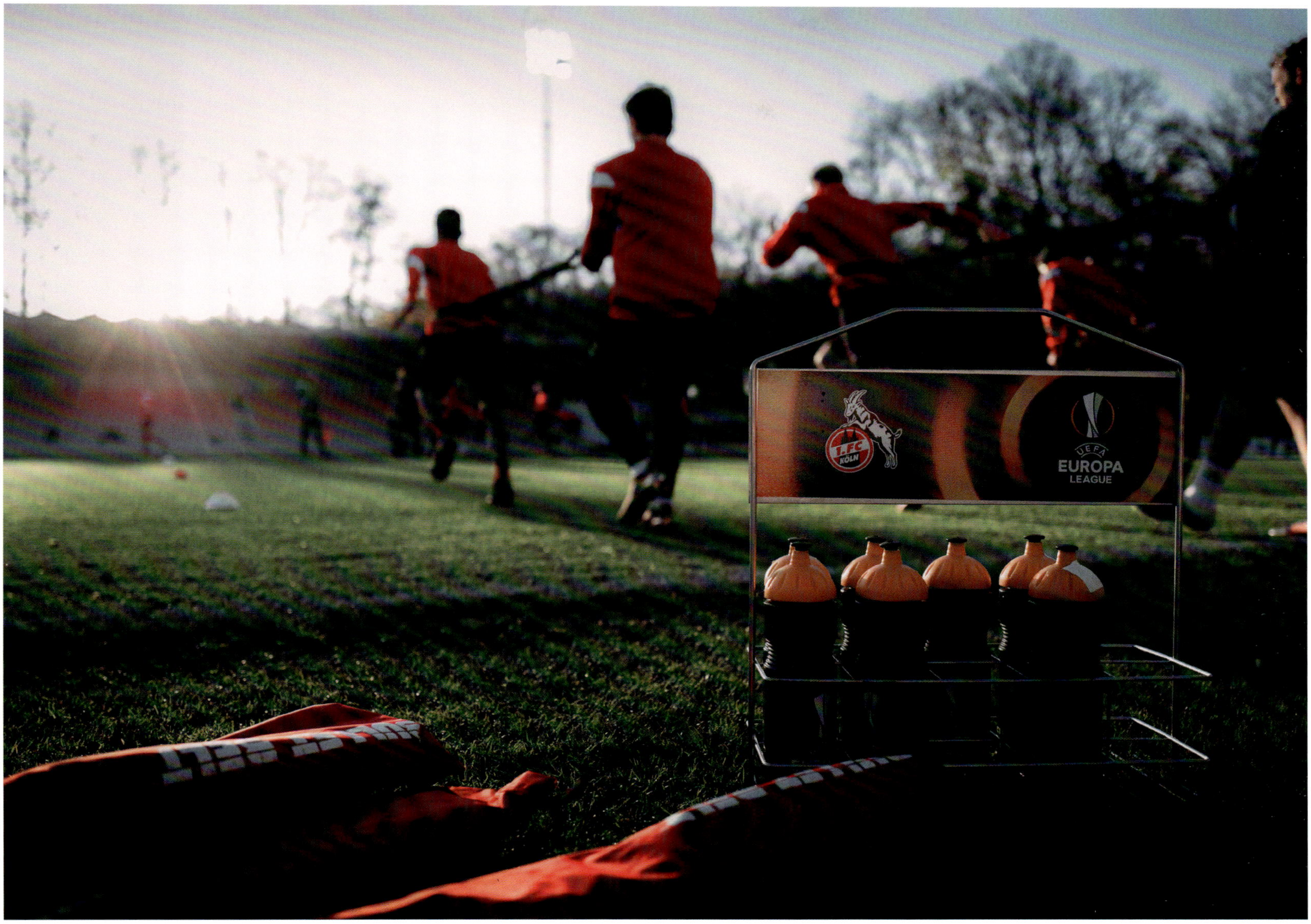
1.FC
KÖLN
UEFA
EUROPA
LEAGUE

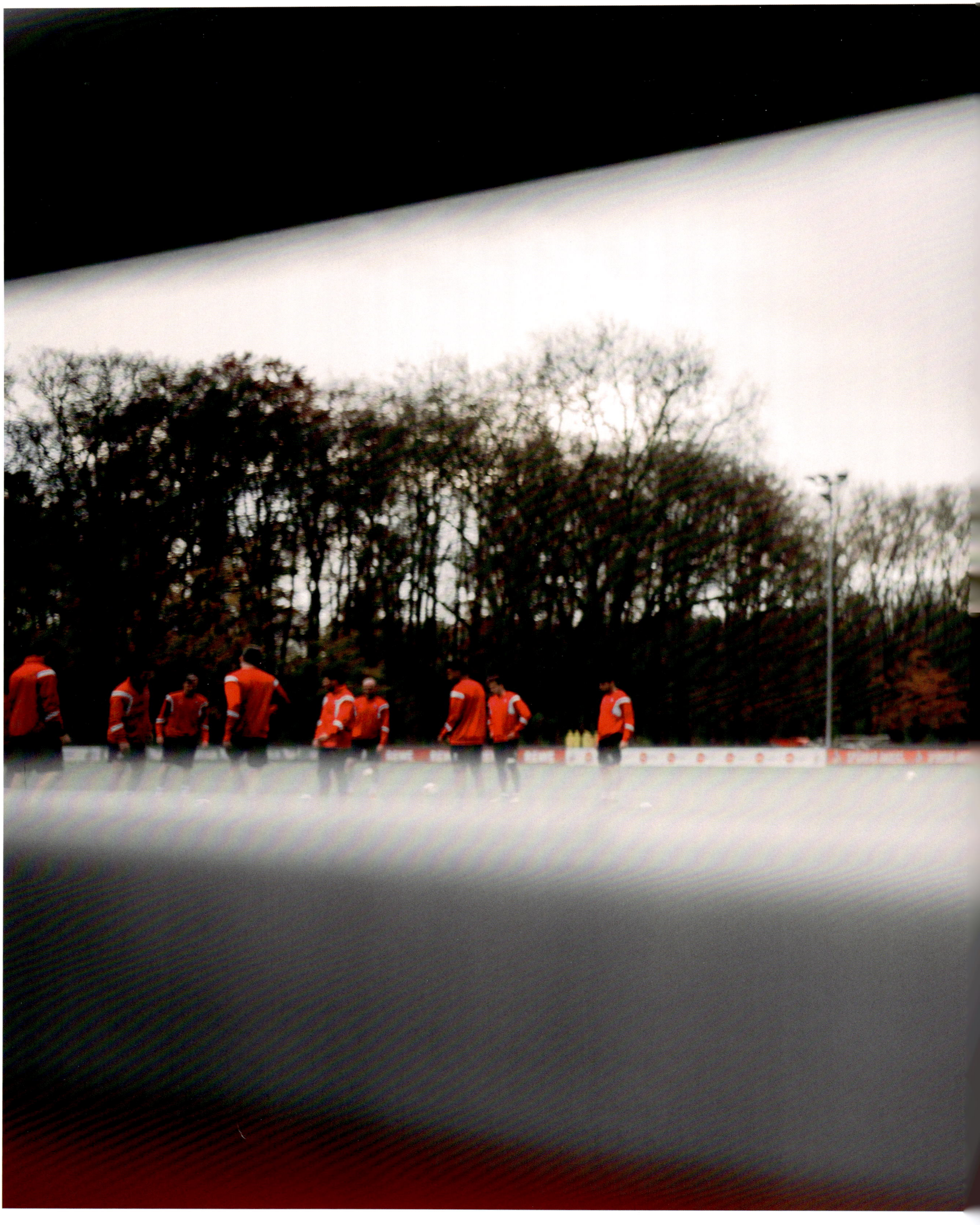

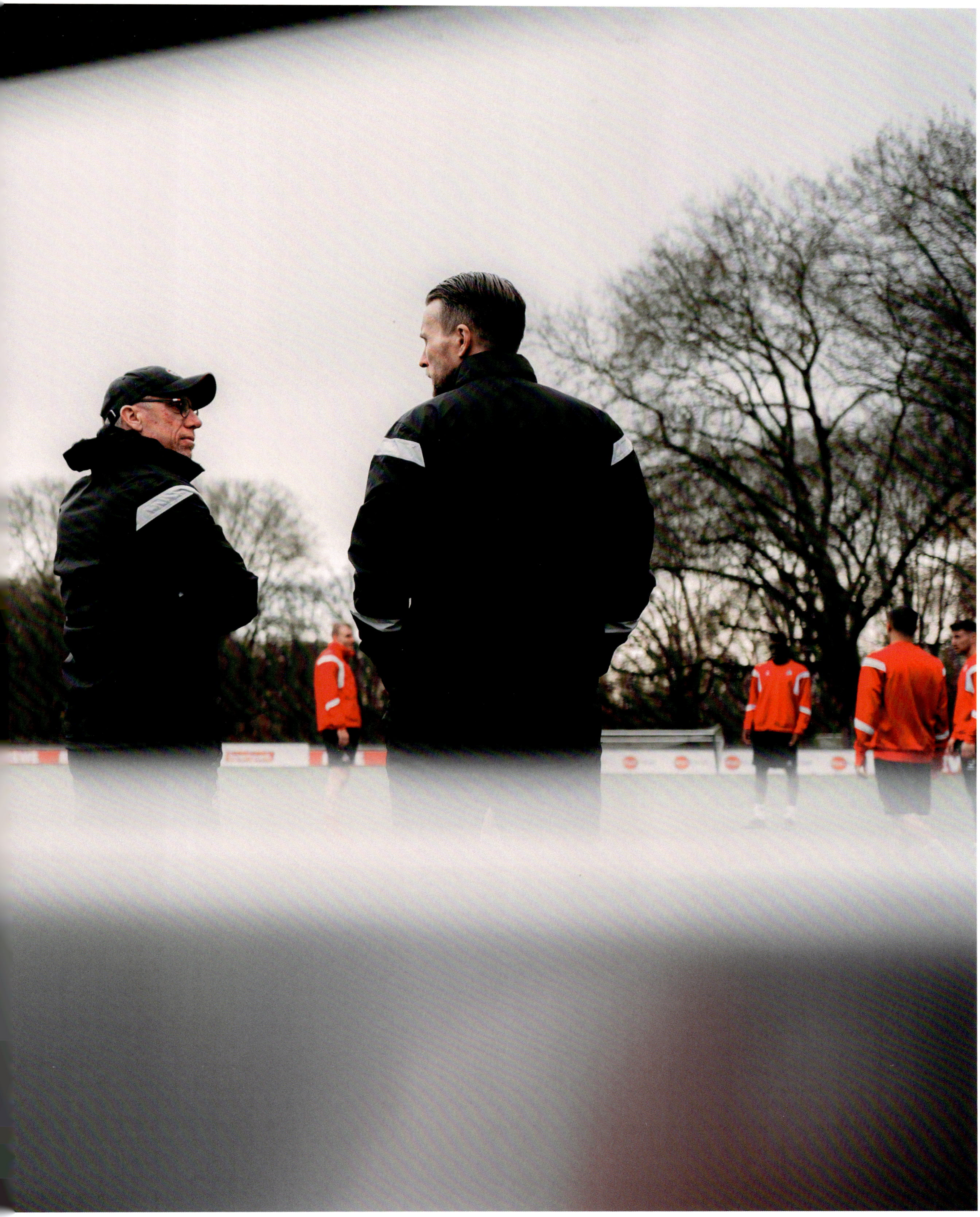

23.11.2017 | 12:29 OZ ANSCHWITZEN, GEISSBOCKHEIM, KÖLN

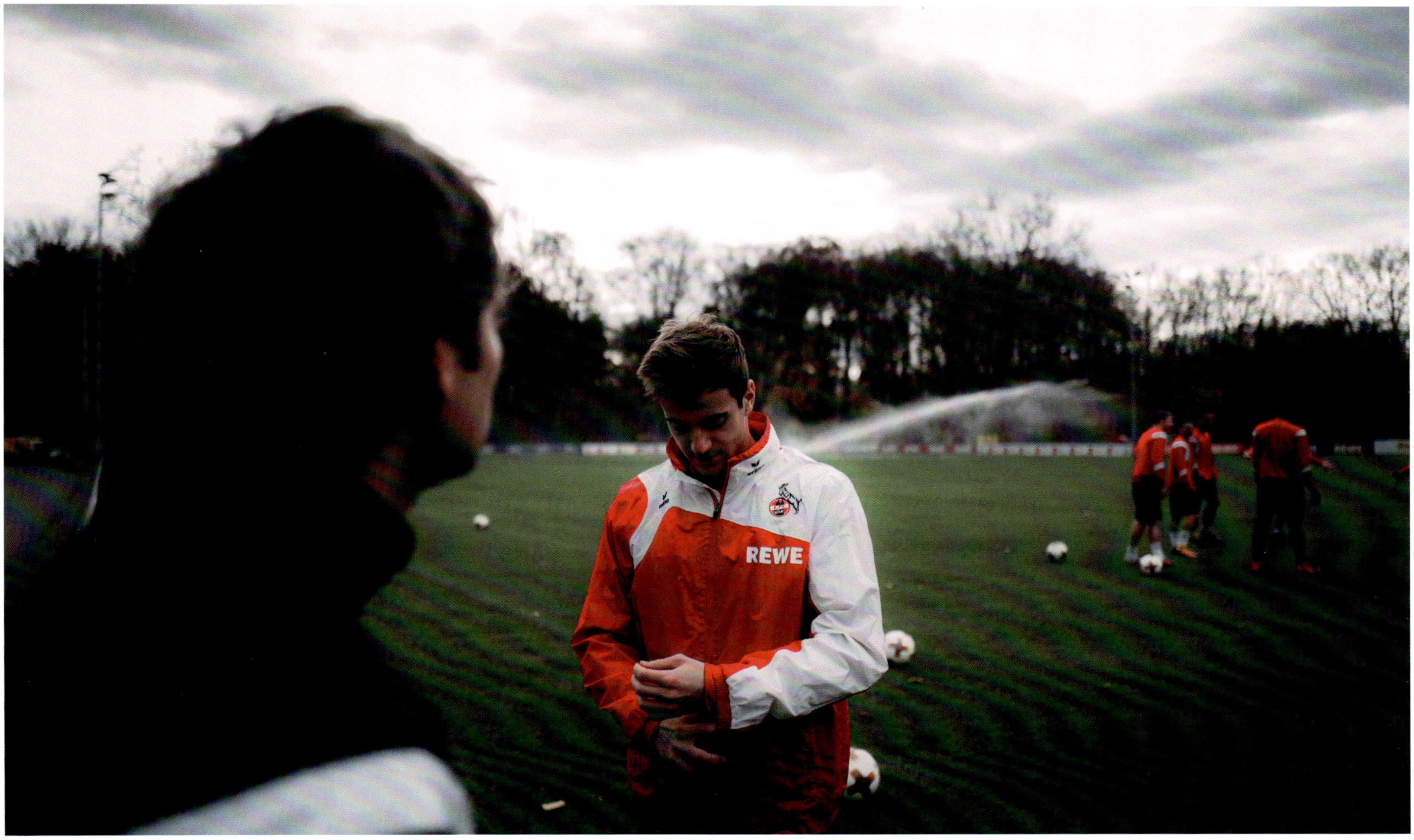
REWE

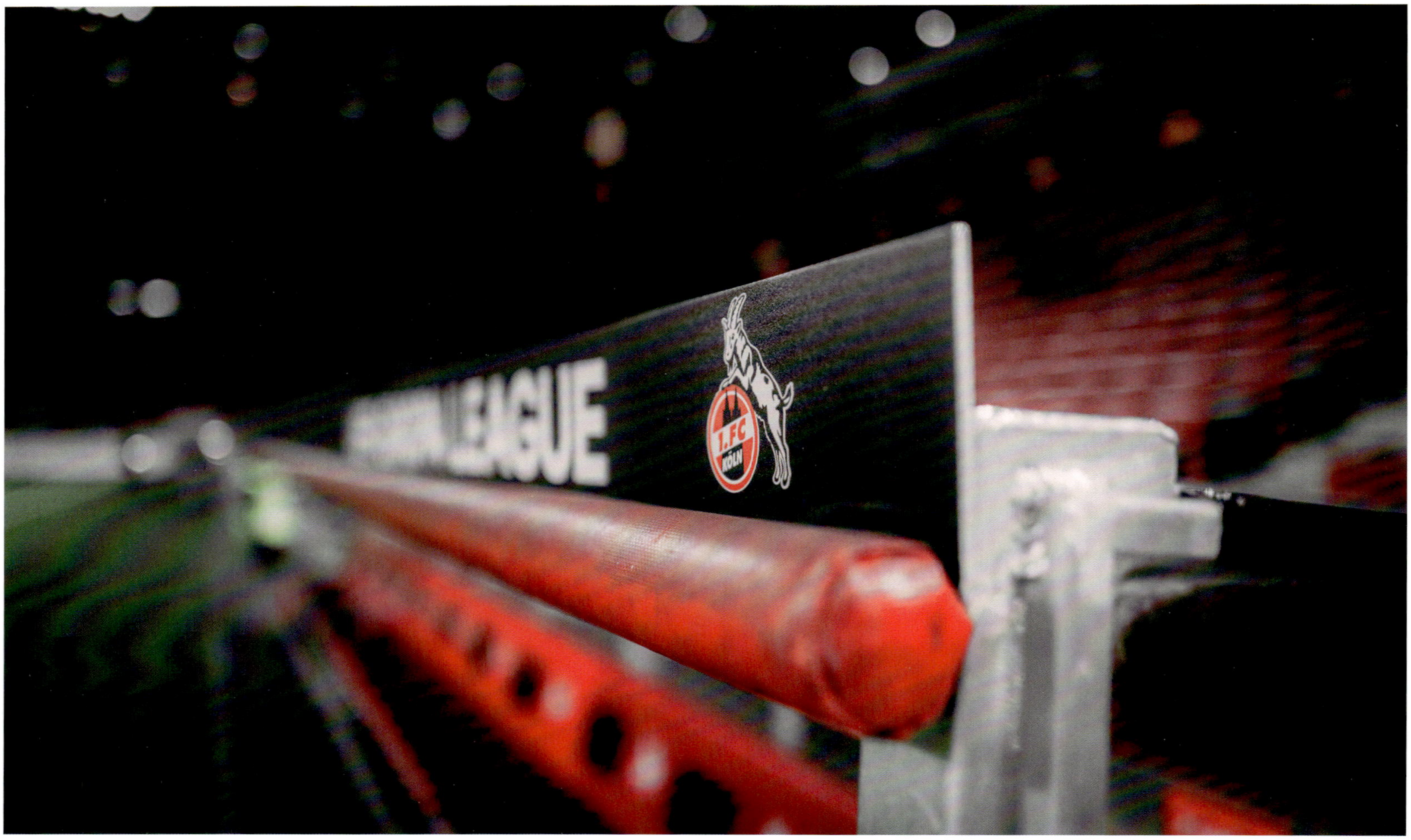
LEAGUE

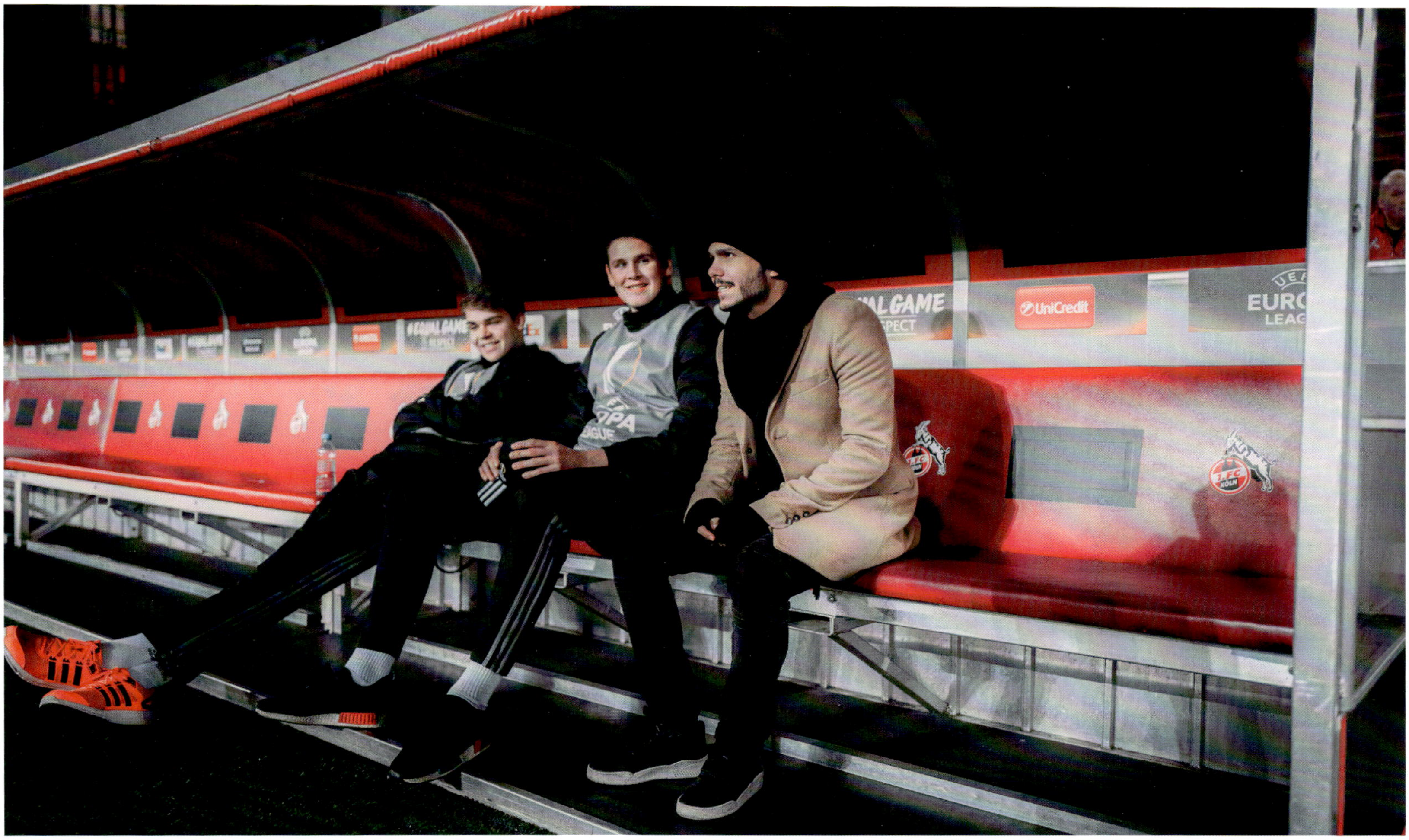
UniCredit

23.11.2017 | 18:41 OZ AUFWÄRMEN, RHEINENERGIESTADION, KÖLN

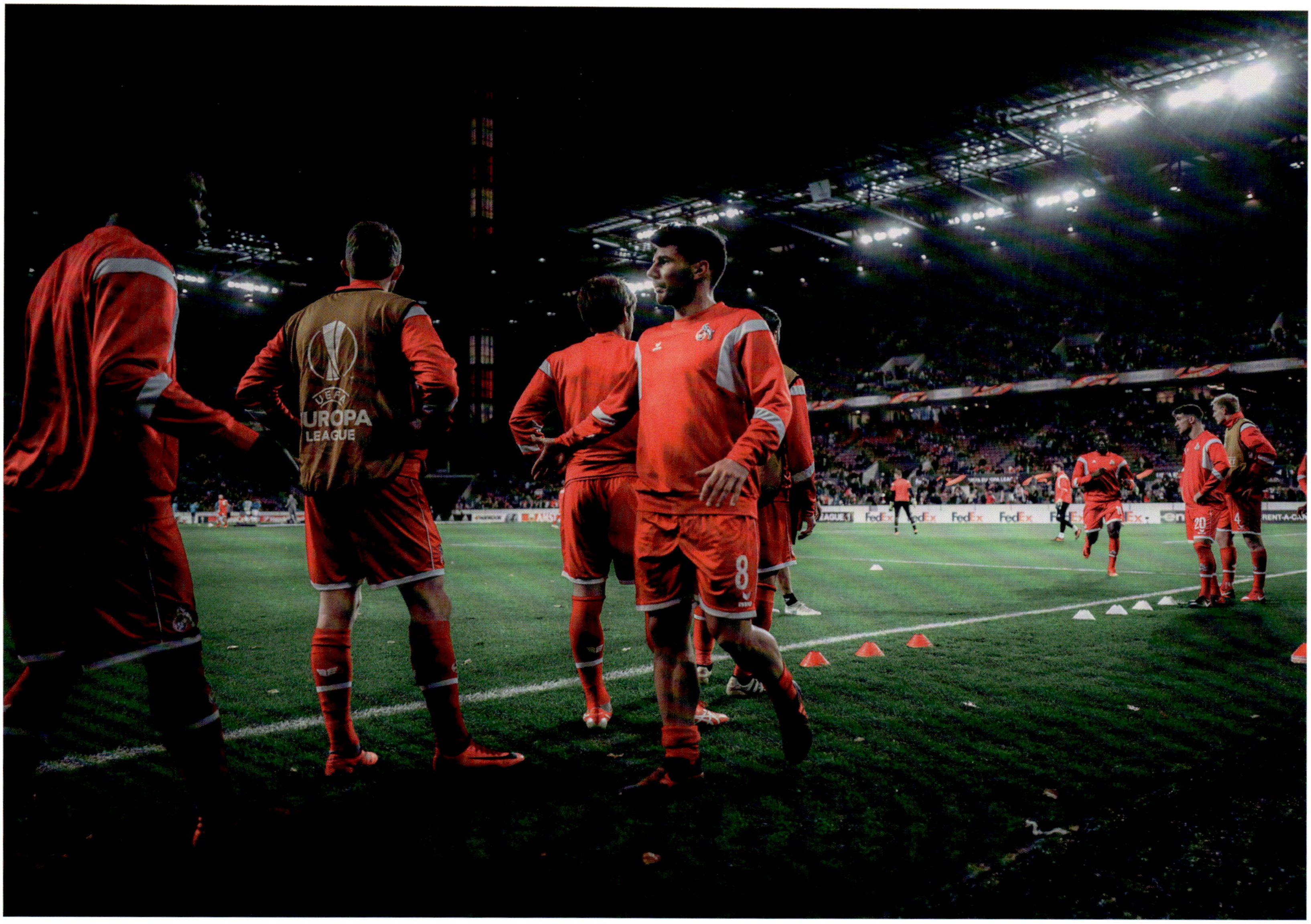
LEAGUE
FedEx

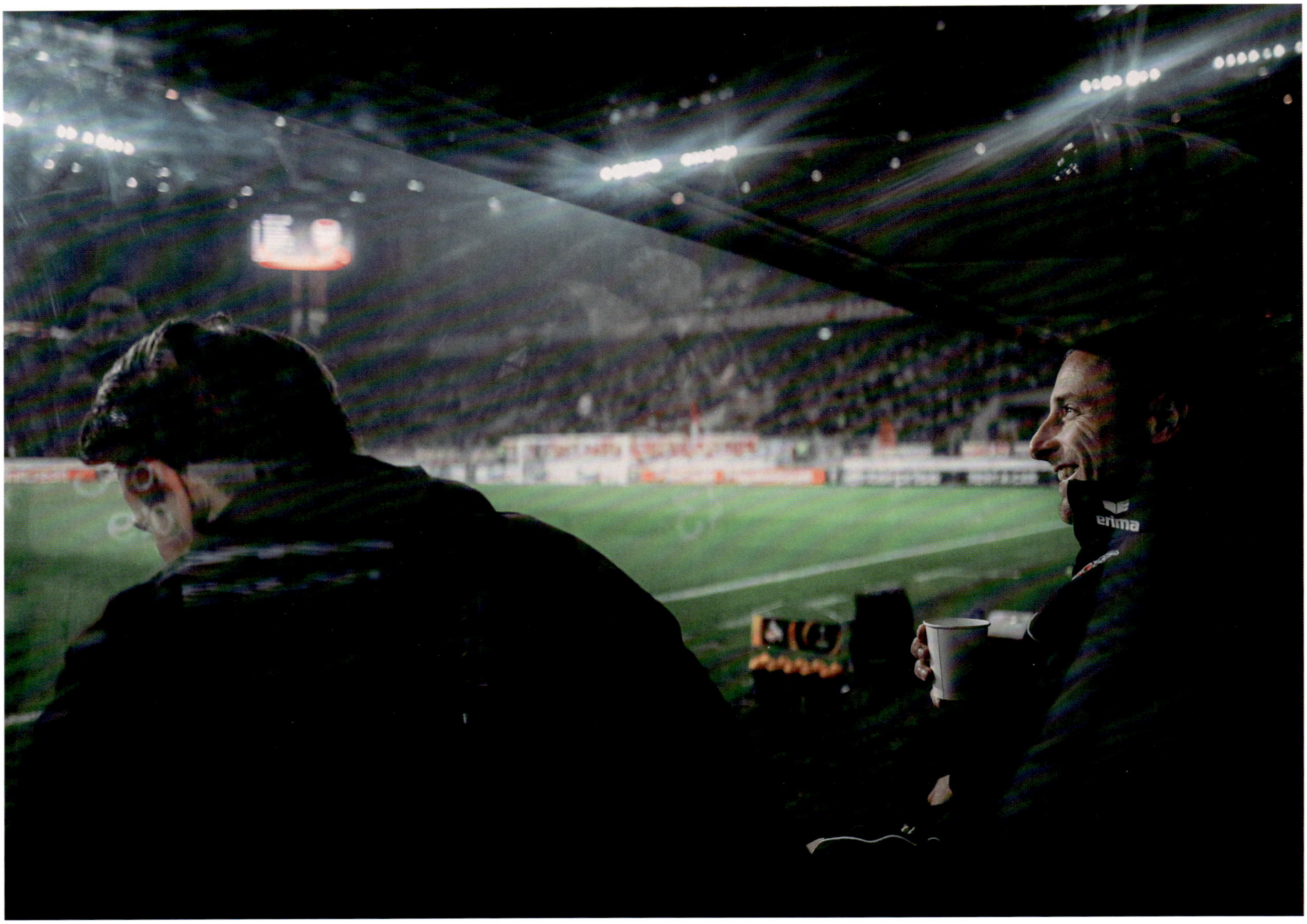
erima

245

STANDORT MÜNGERSDORF UNVERHANDELBAR
UniCredit
AMSTEL
Hankook
FedEx
1.FC

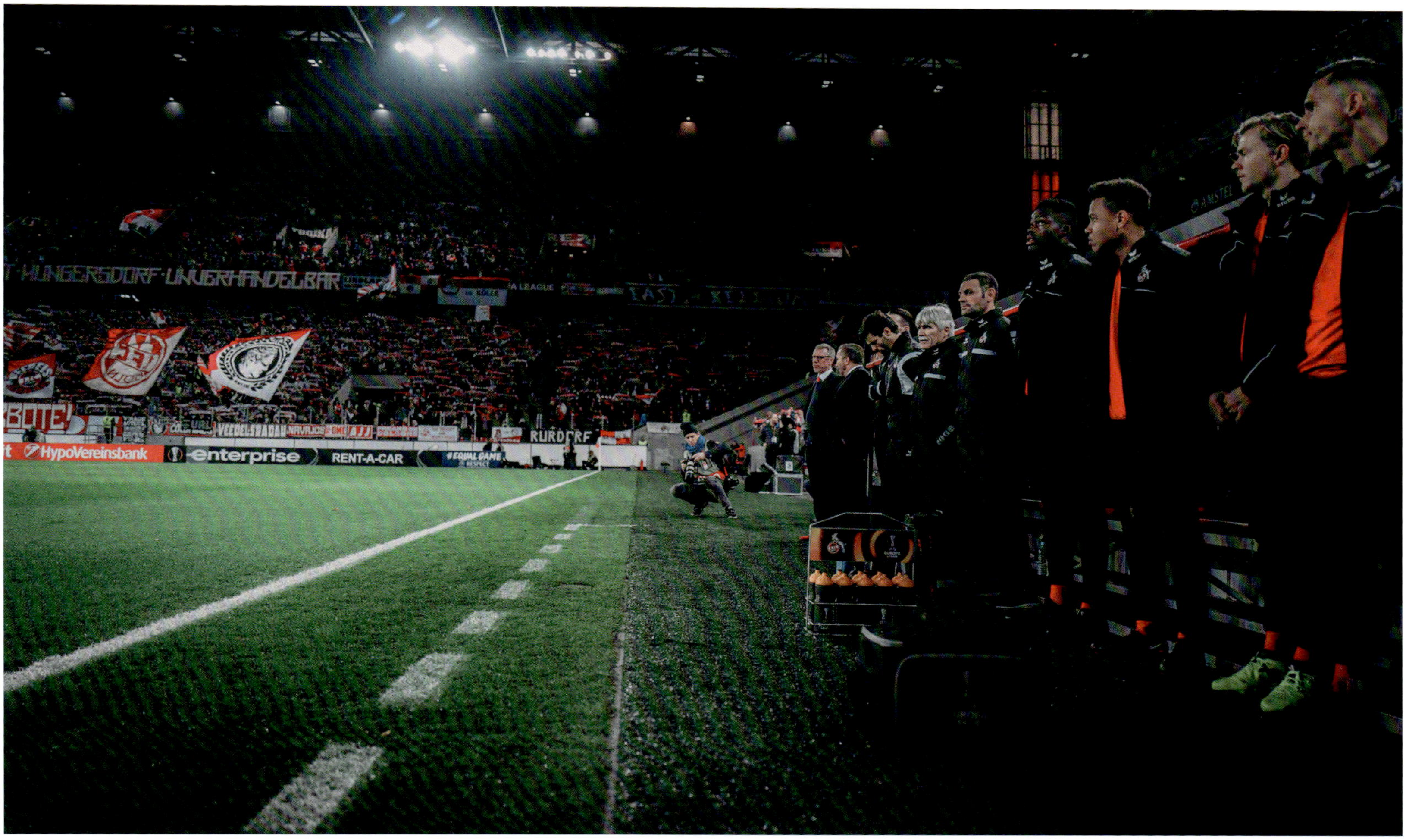
HypoVereinsbank
enterprise
RENT-A-CAR

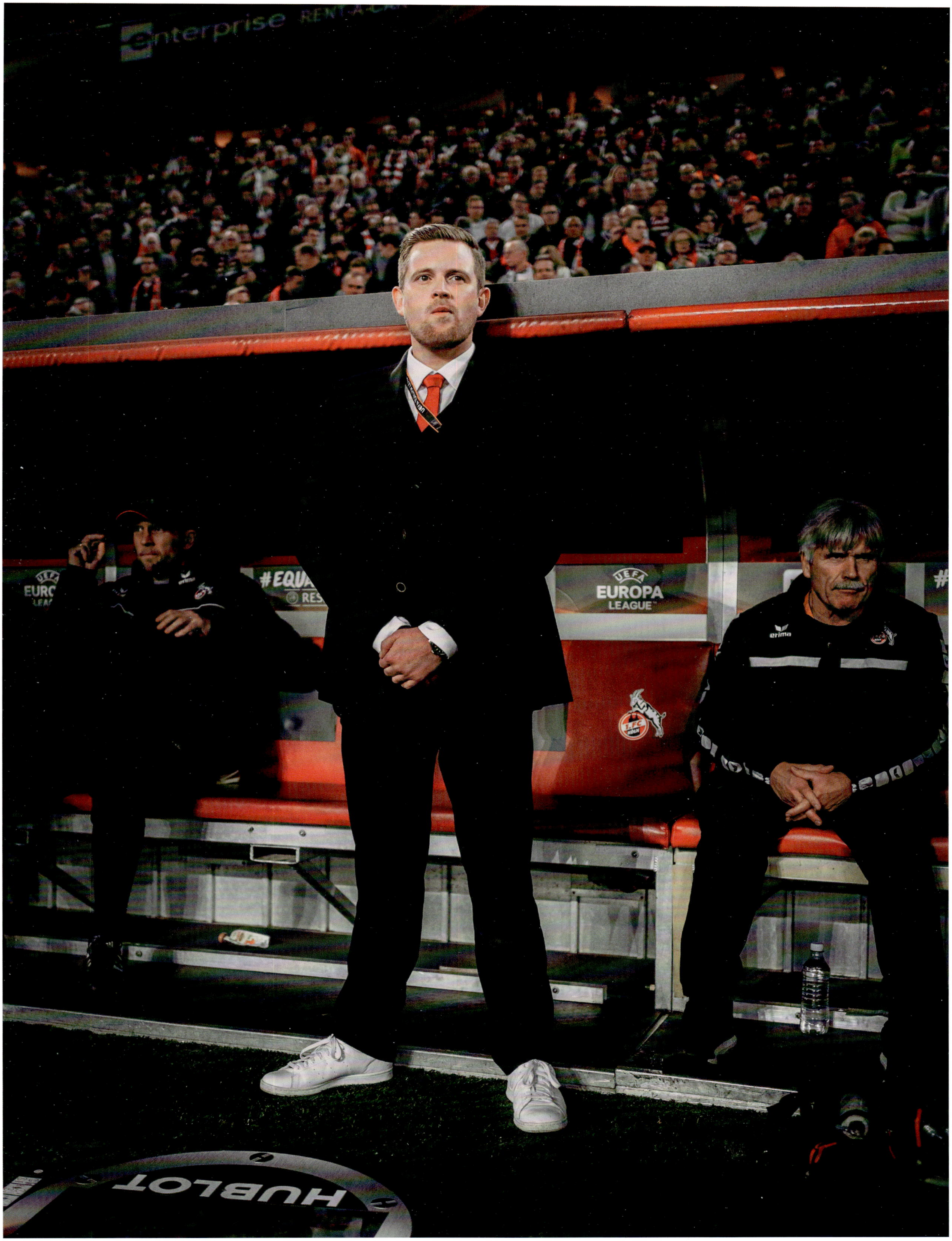
enterprise RENT-A-CAR
#EQUA
UEFA
EUROPA
LEAGUE
erima
HUBLOT

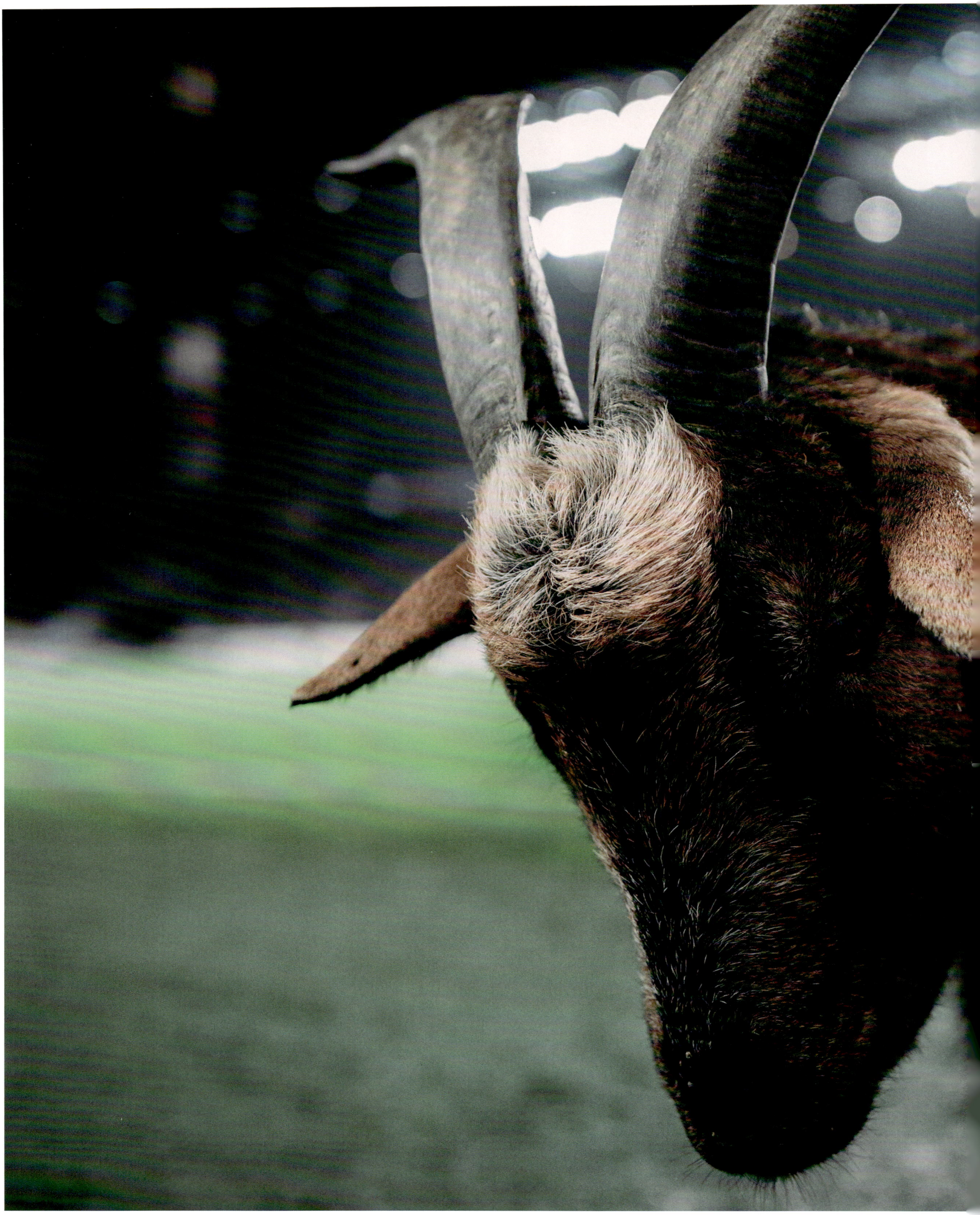

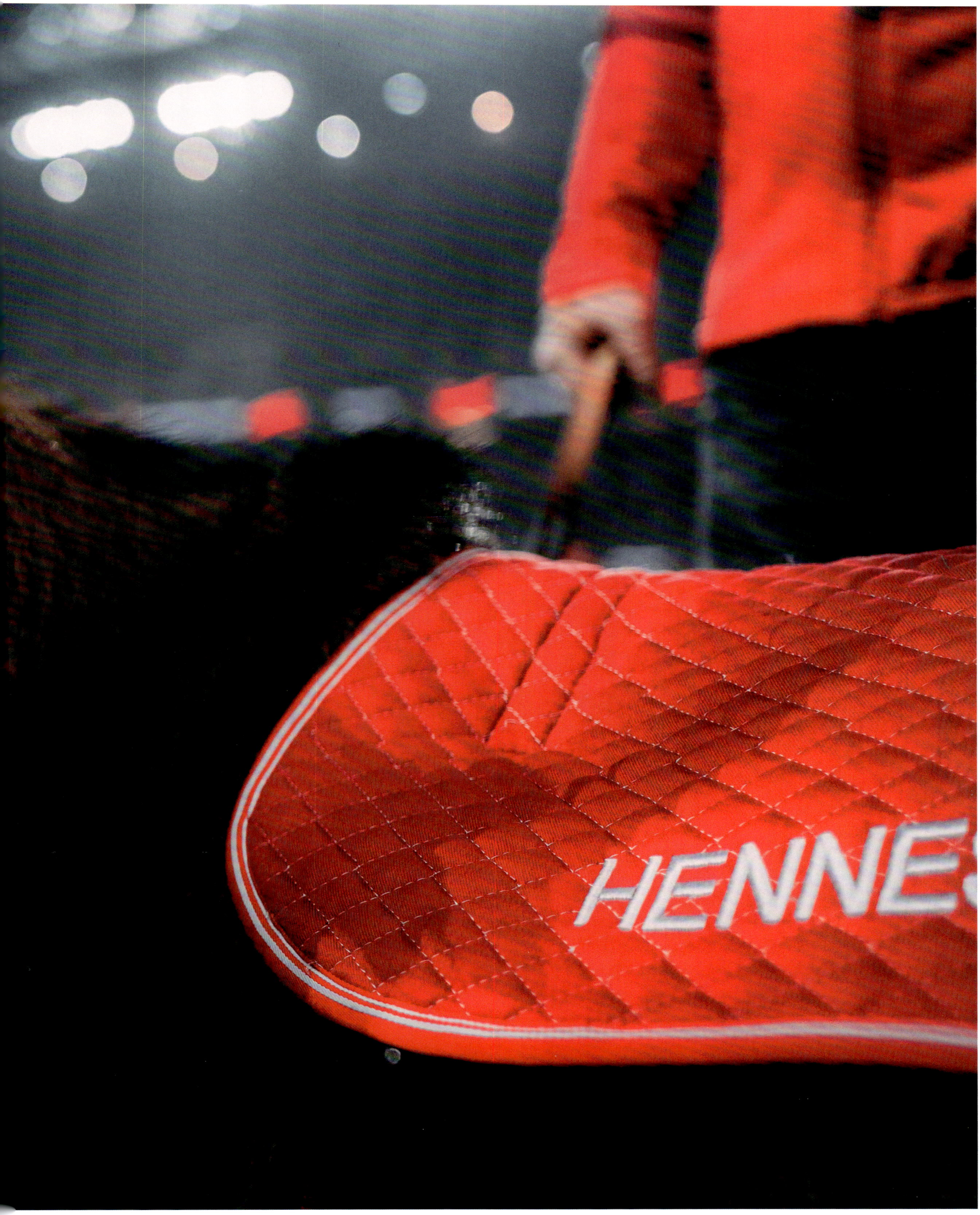
HENNES

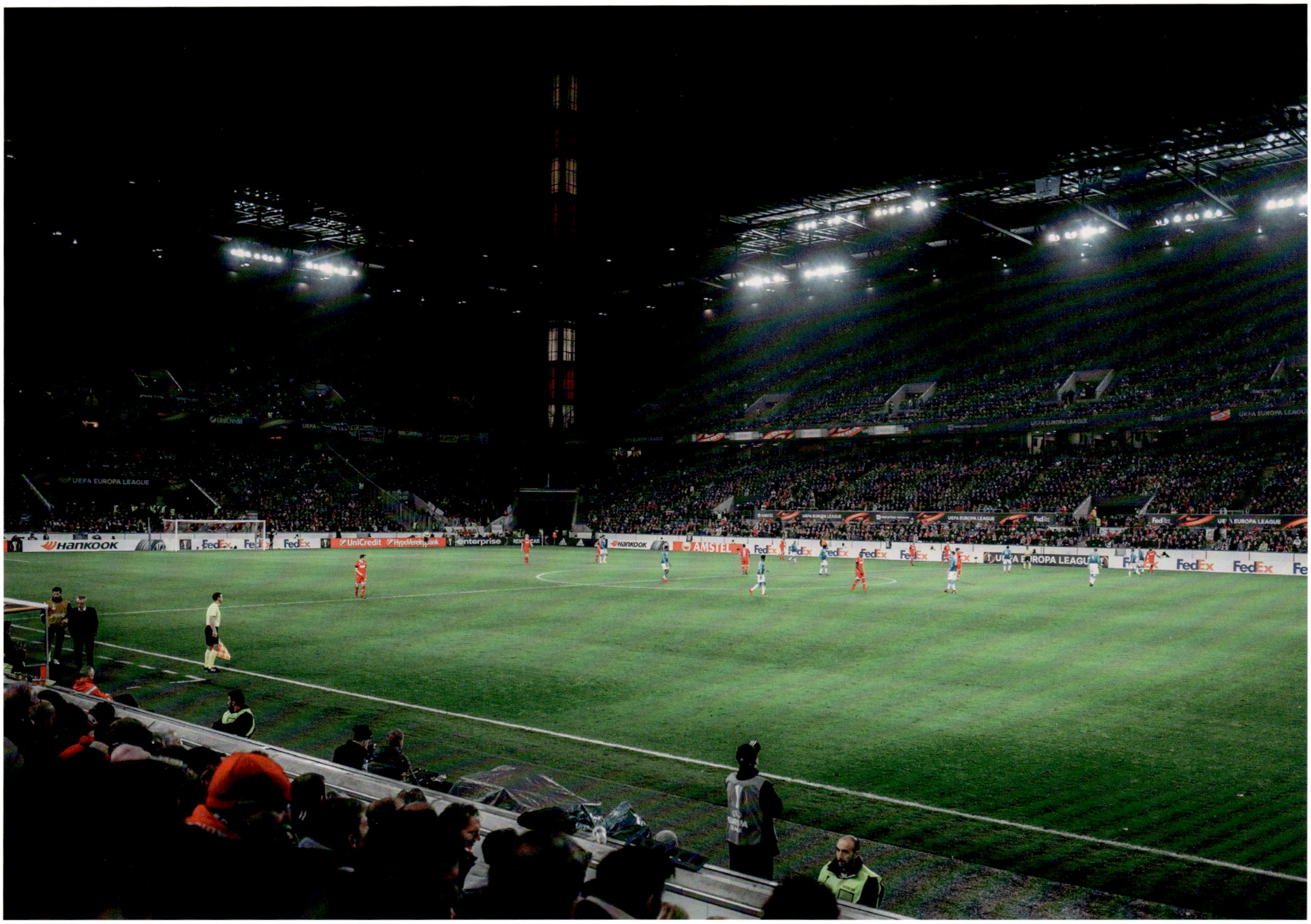
HANKOOK
FedEx
UniCredit
enterprise
AMSTEL
FedEx

253

254

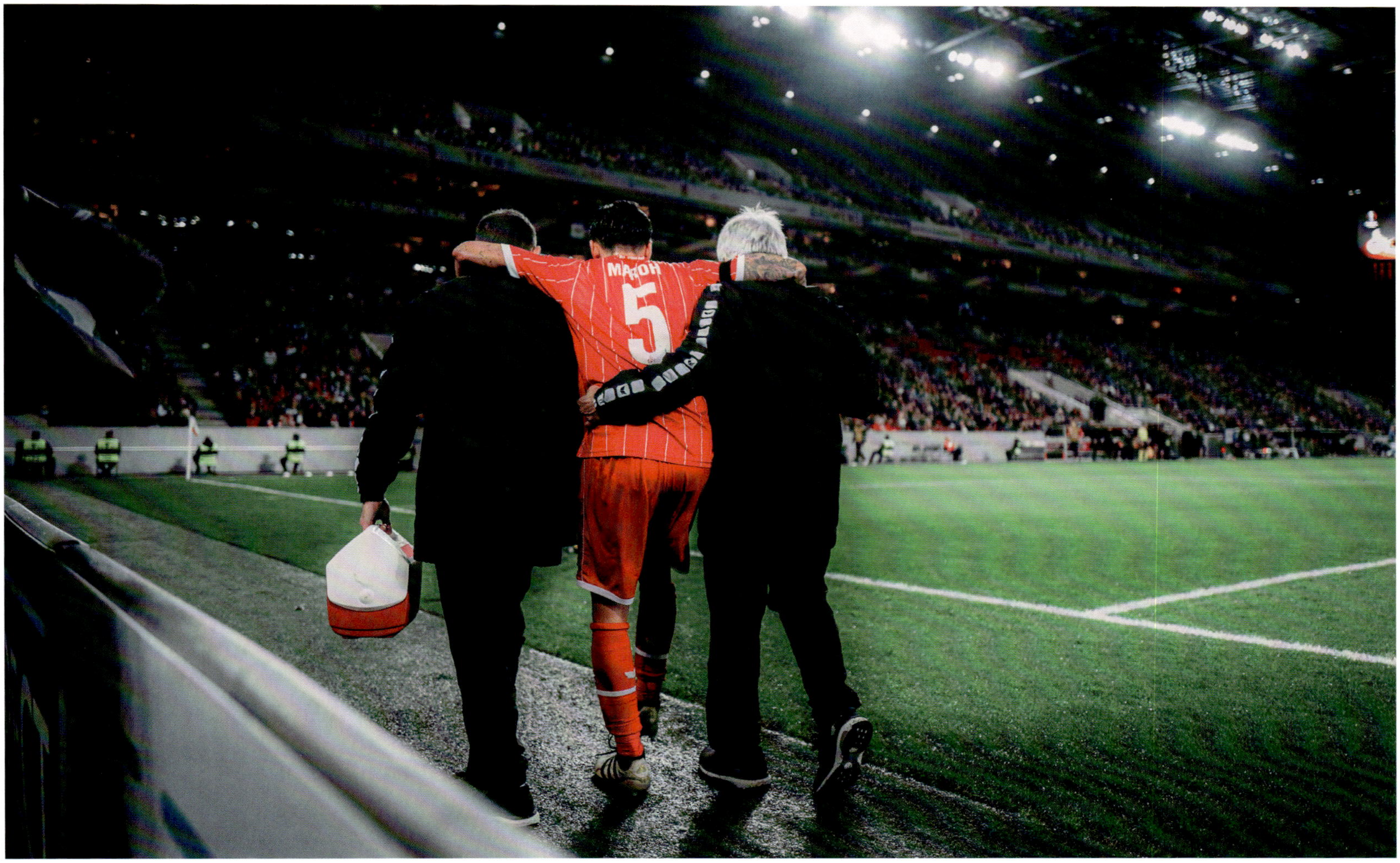

23.11.2017 | 20:11 OZ 1:0 TORSCHÜTZE: SEHROU GUIRASSY

257

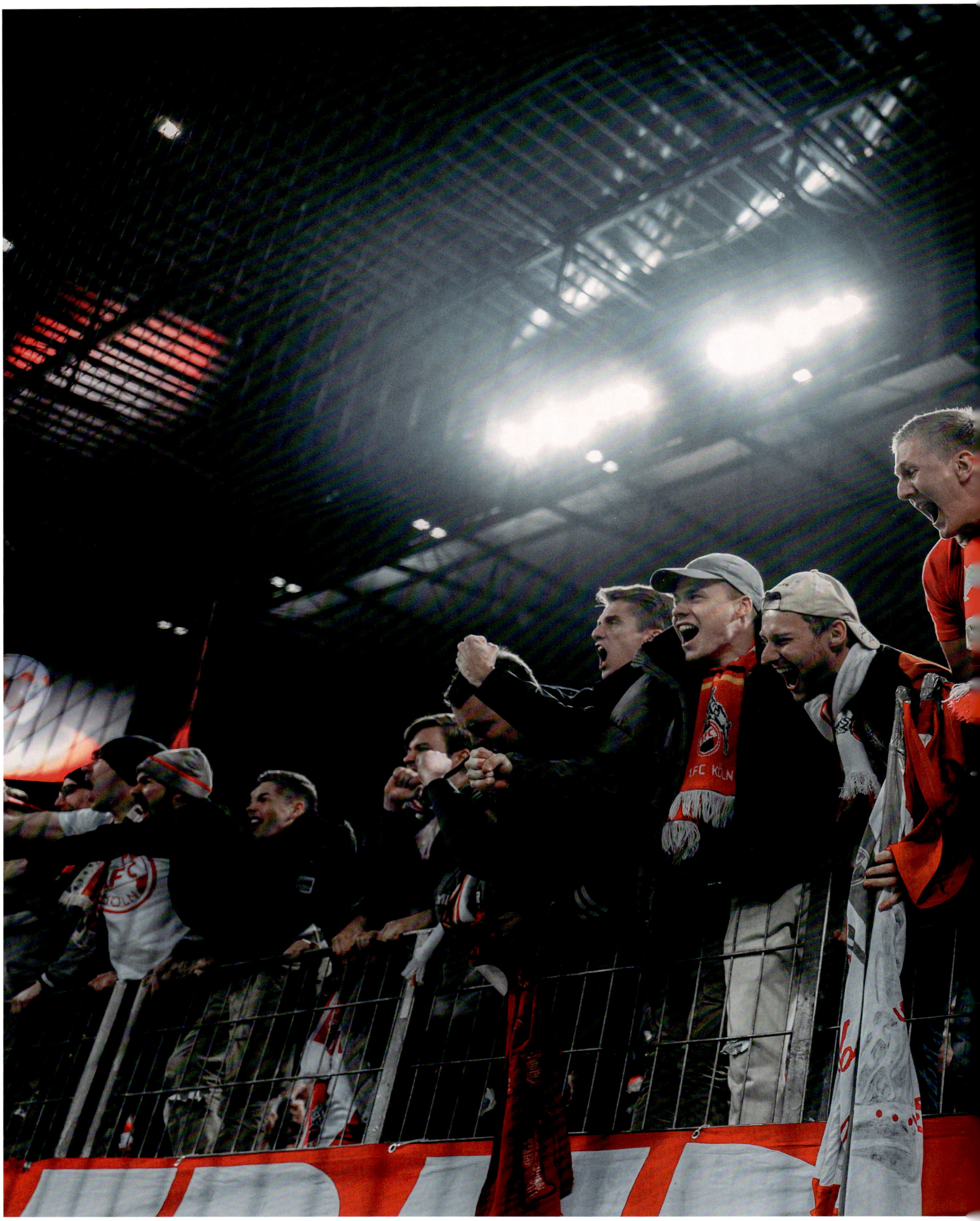

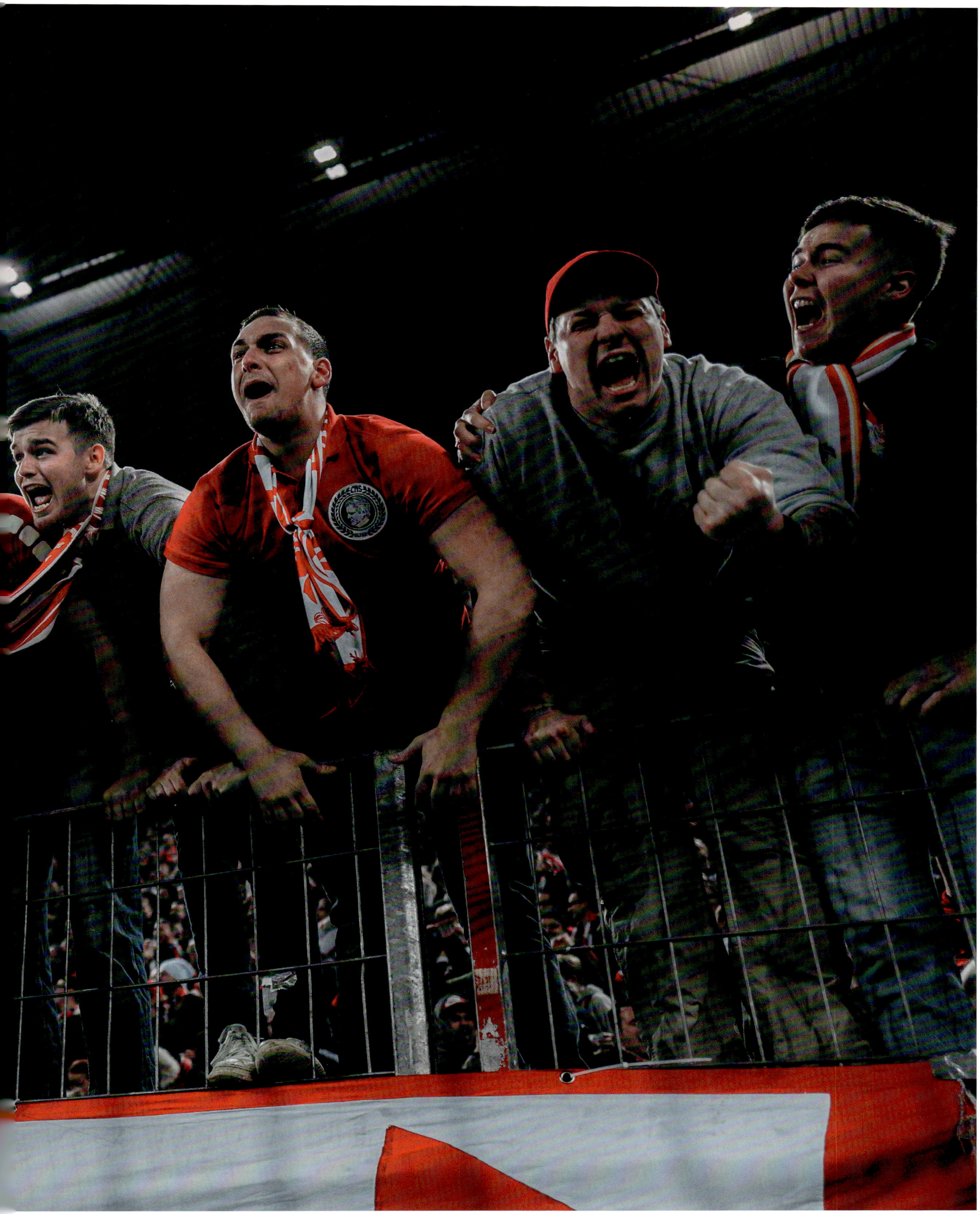

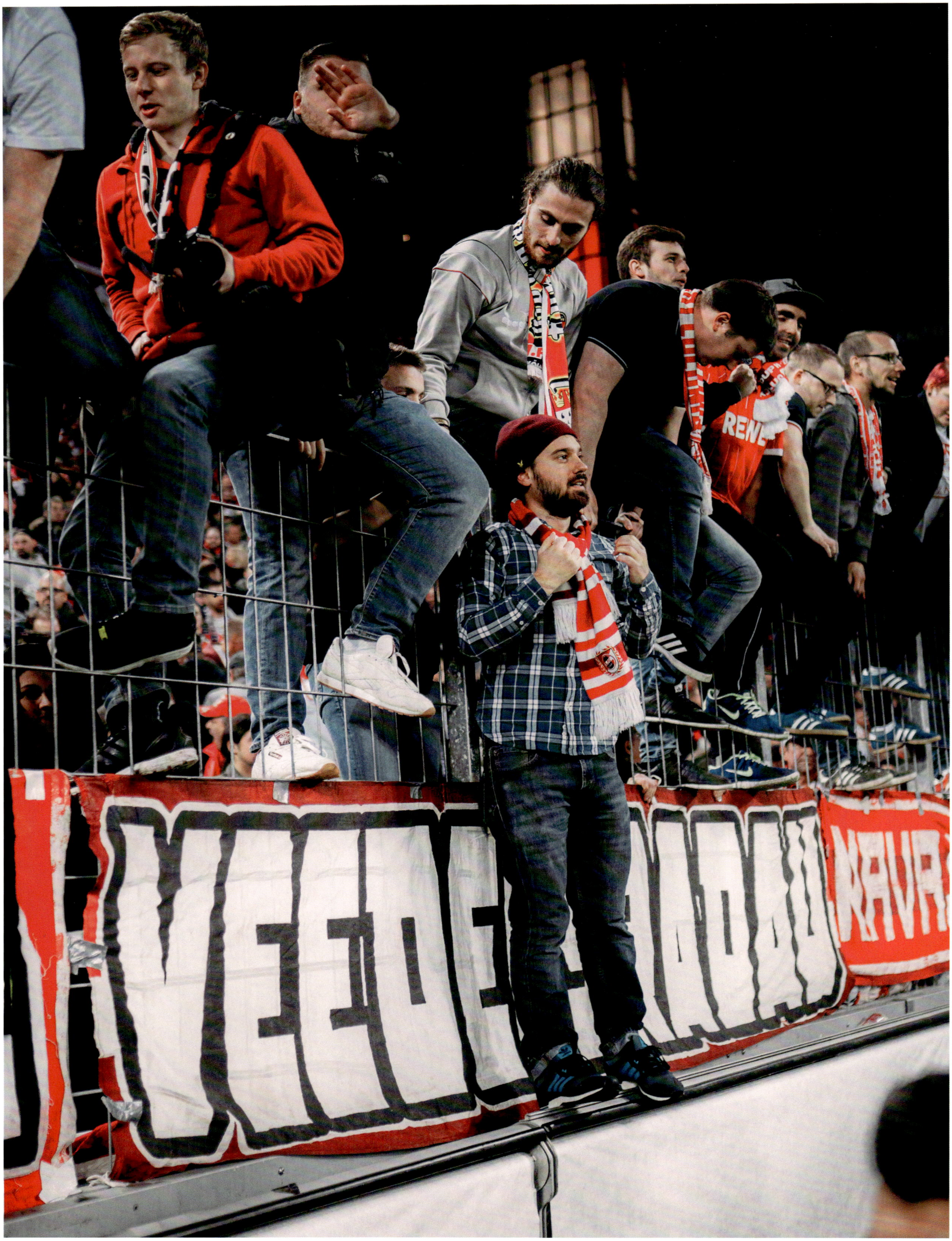

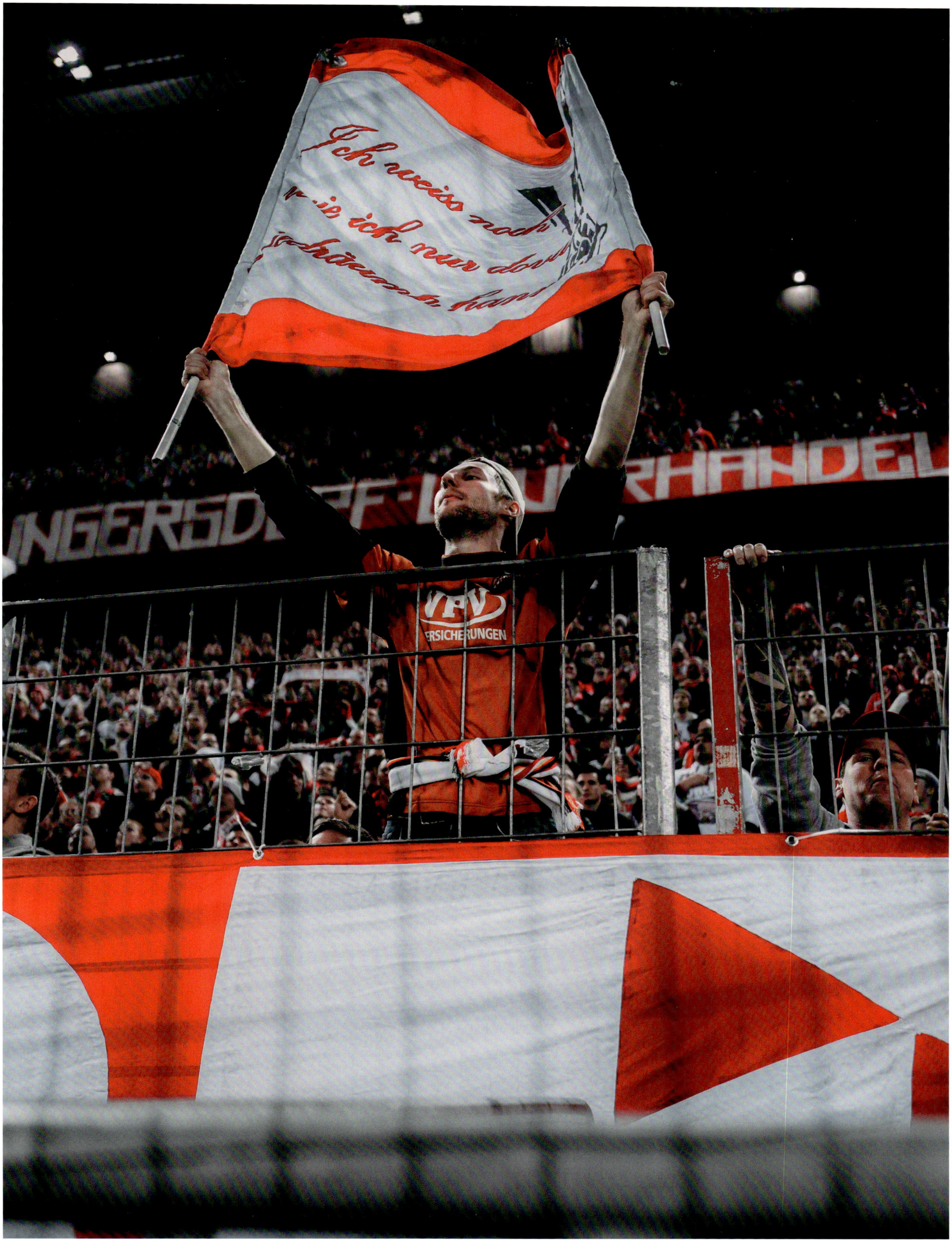
Ich weiss noch
VPV

263

23.11.2017 | 21:14 OZ ENDSTAND 1:0, RHEINENERGIESTADION, KÖLN

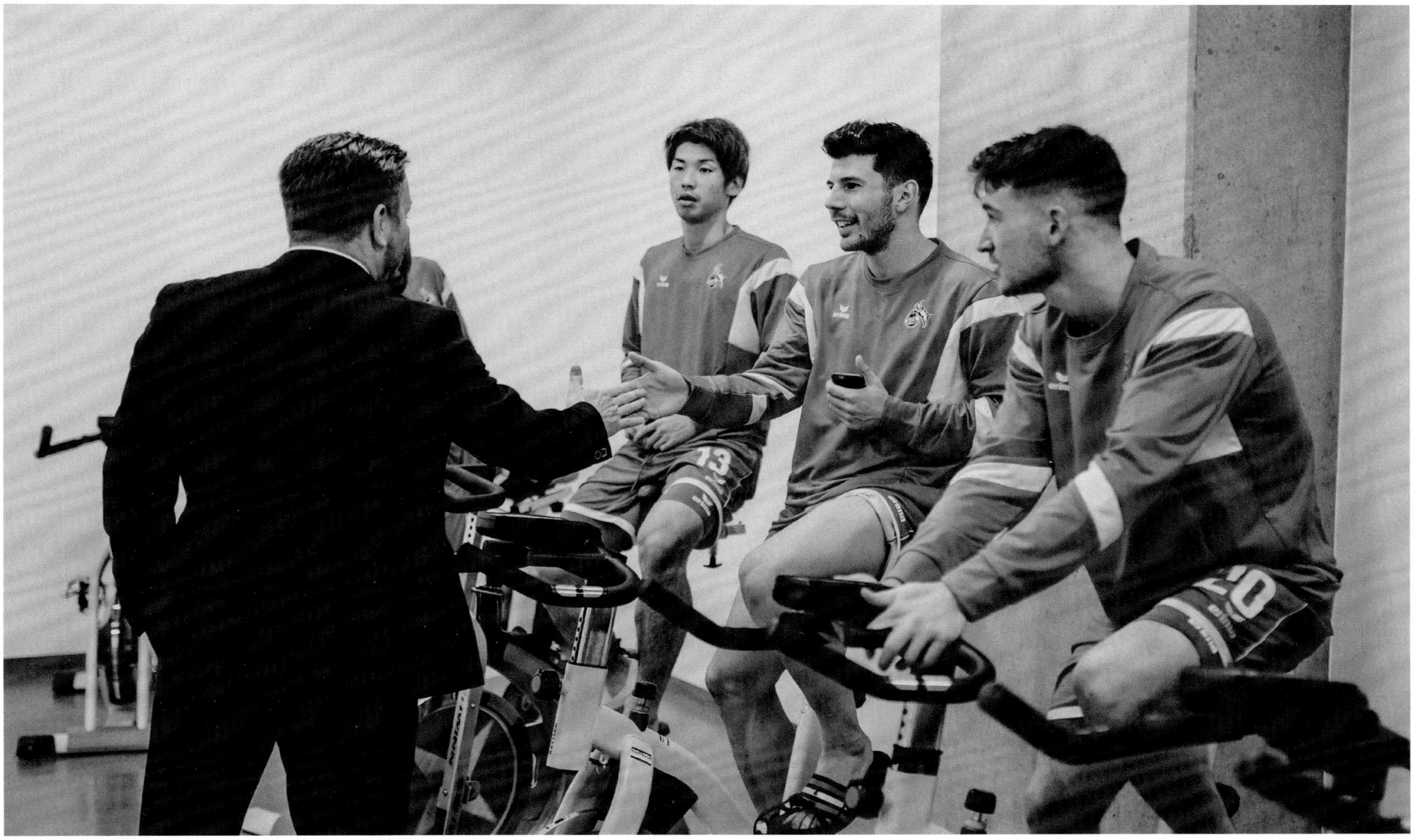

266

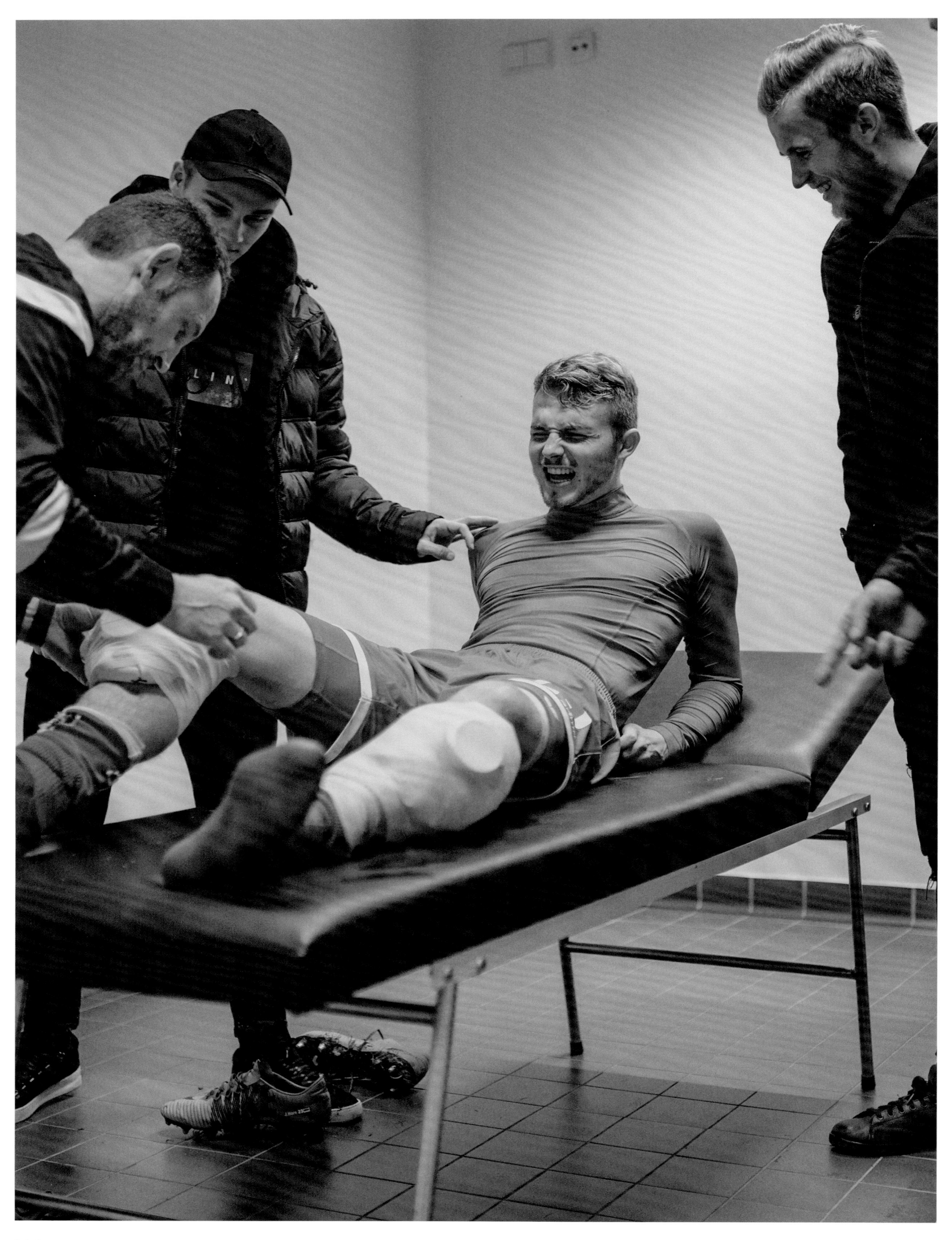

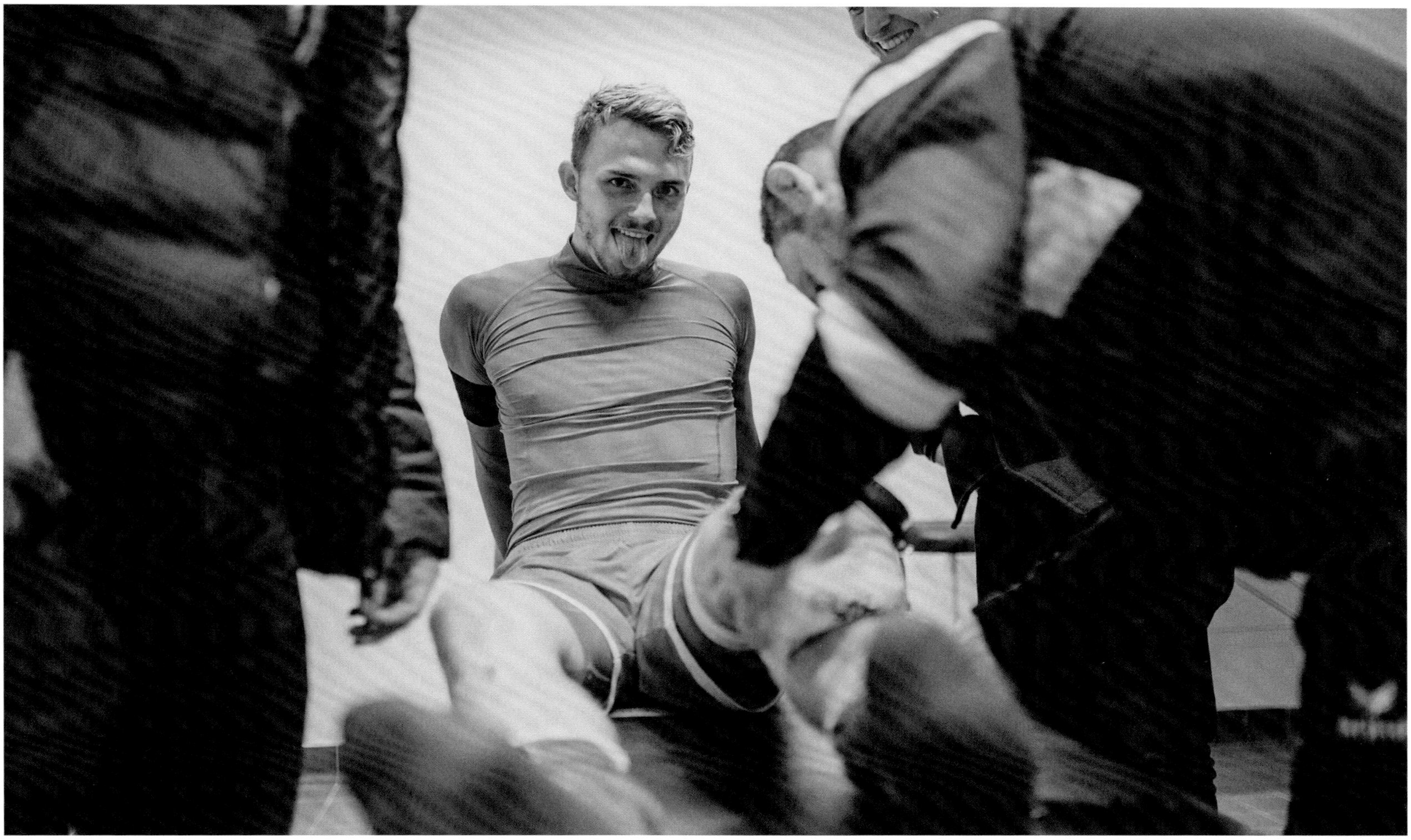

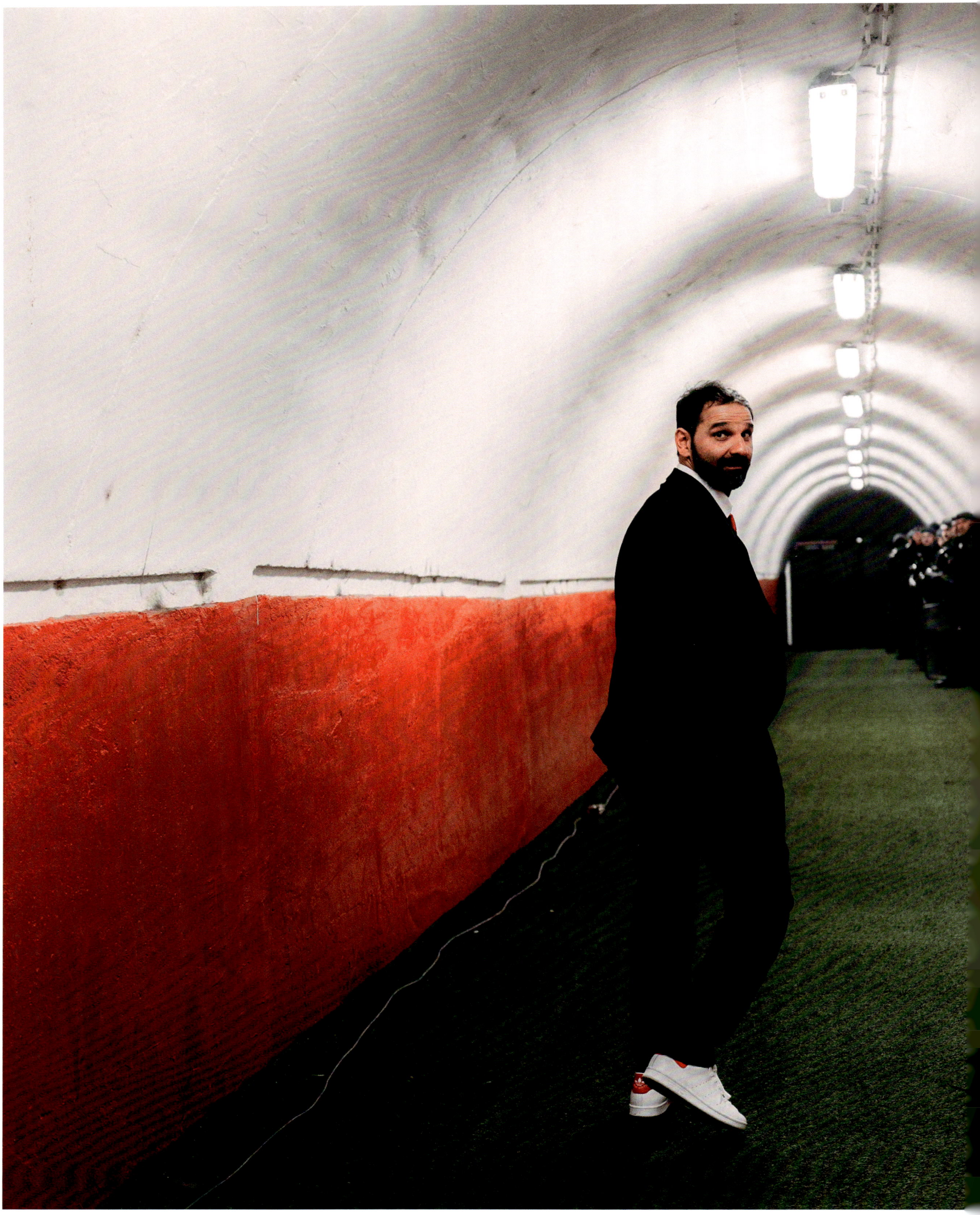

7. DEZEMBER 2017 | 21:05 OZ | MARAKANA VON BELGRAD

ROTER STERN BELGRAD

06.12.2017 | 10:00 OZ ABFLUG NACH BELGRAD, KÖLN / BONN AIRPORT

271

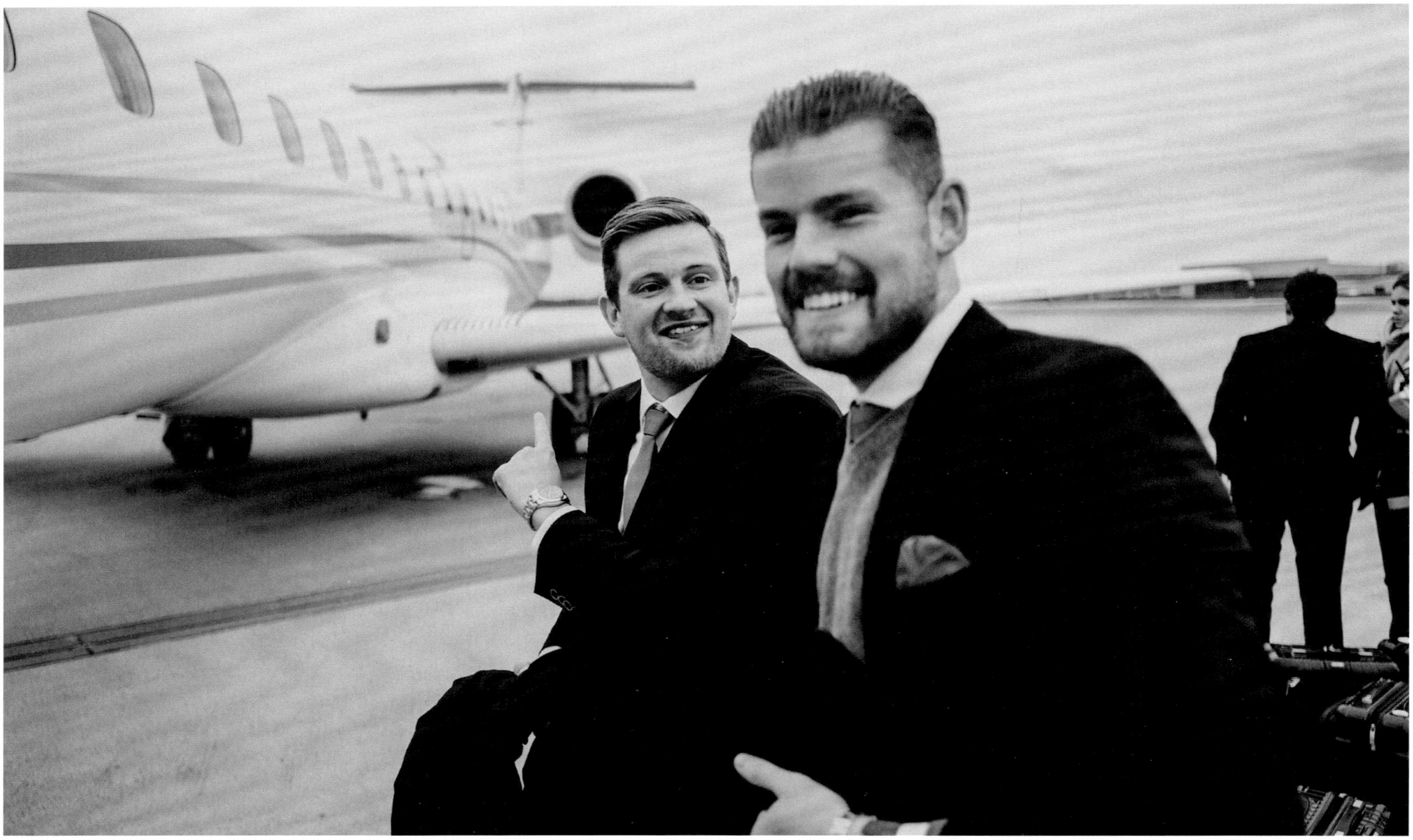

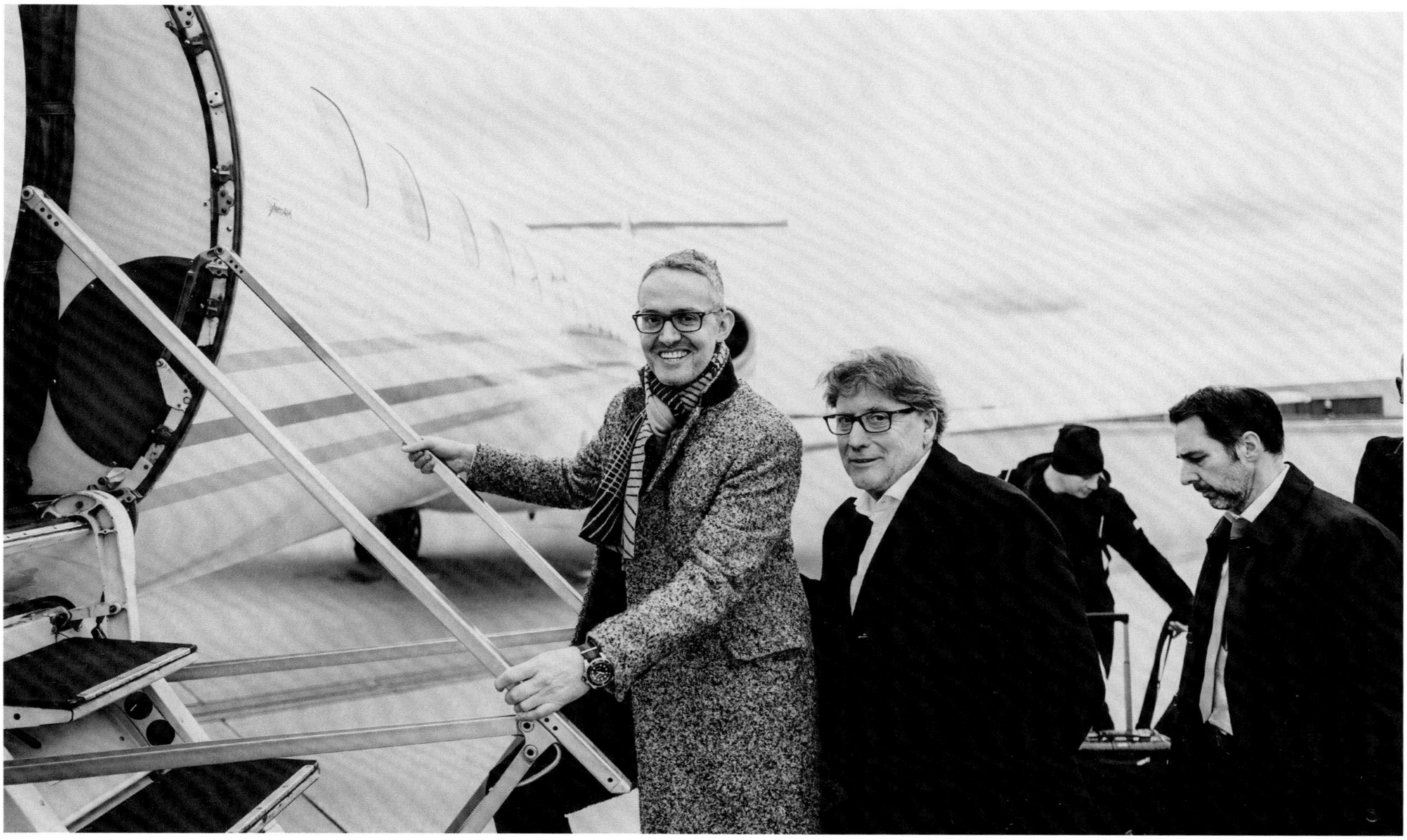

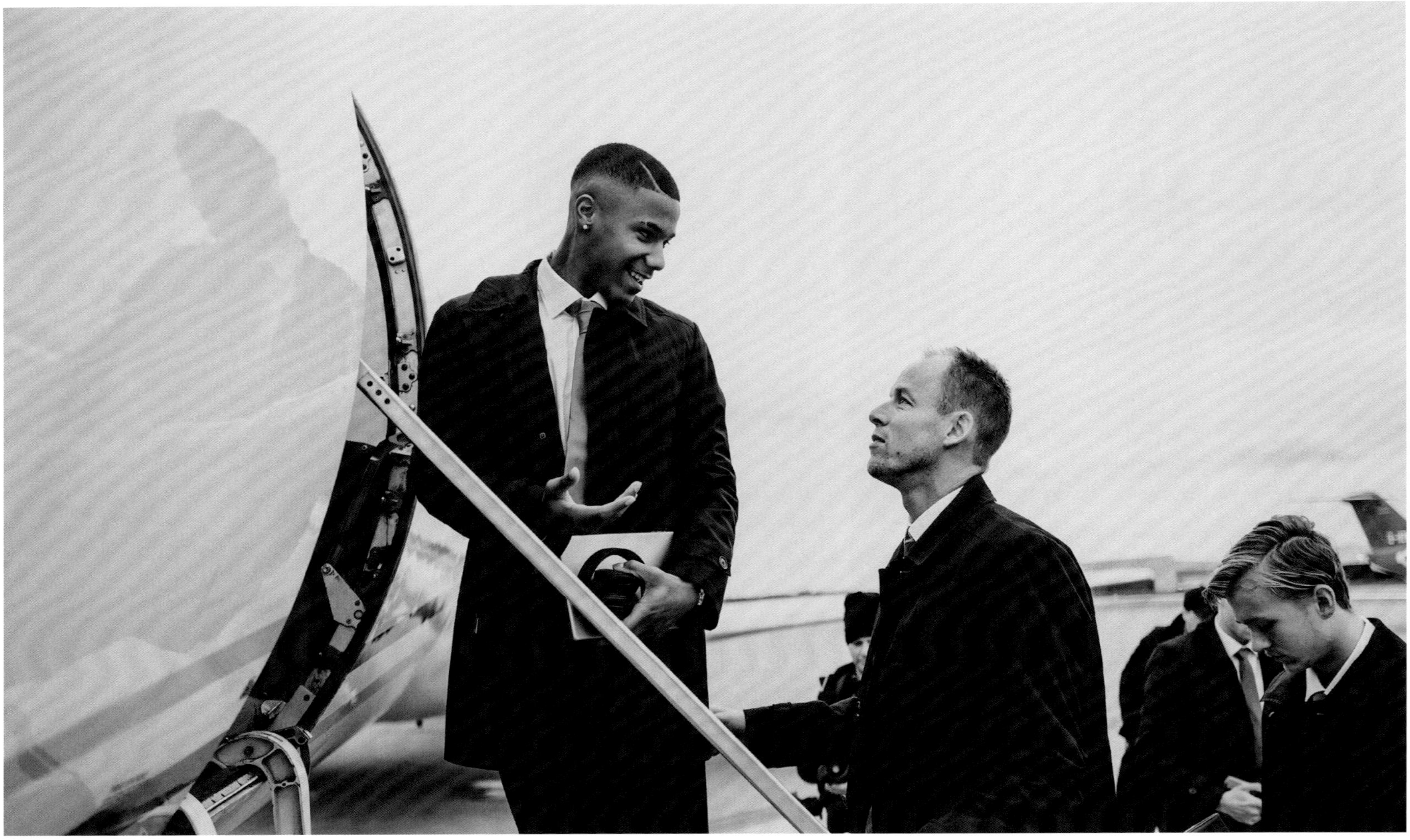

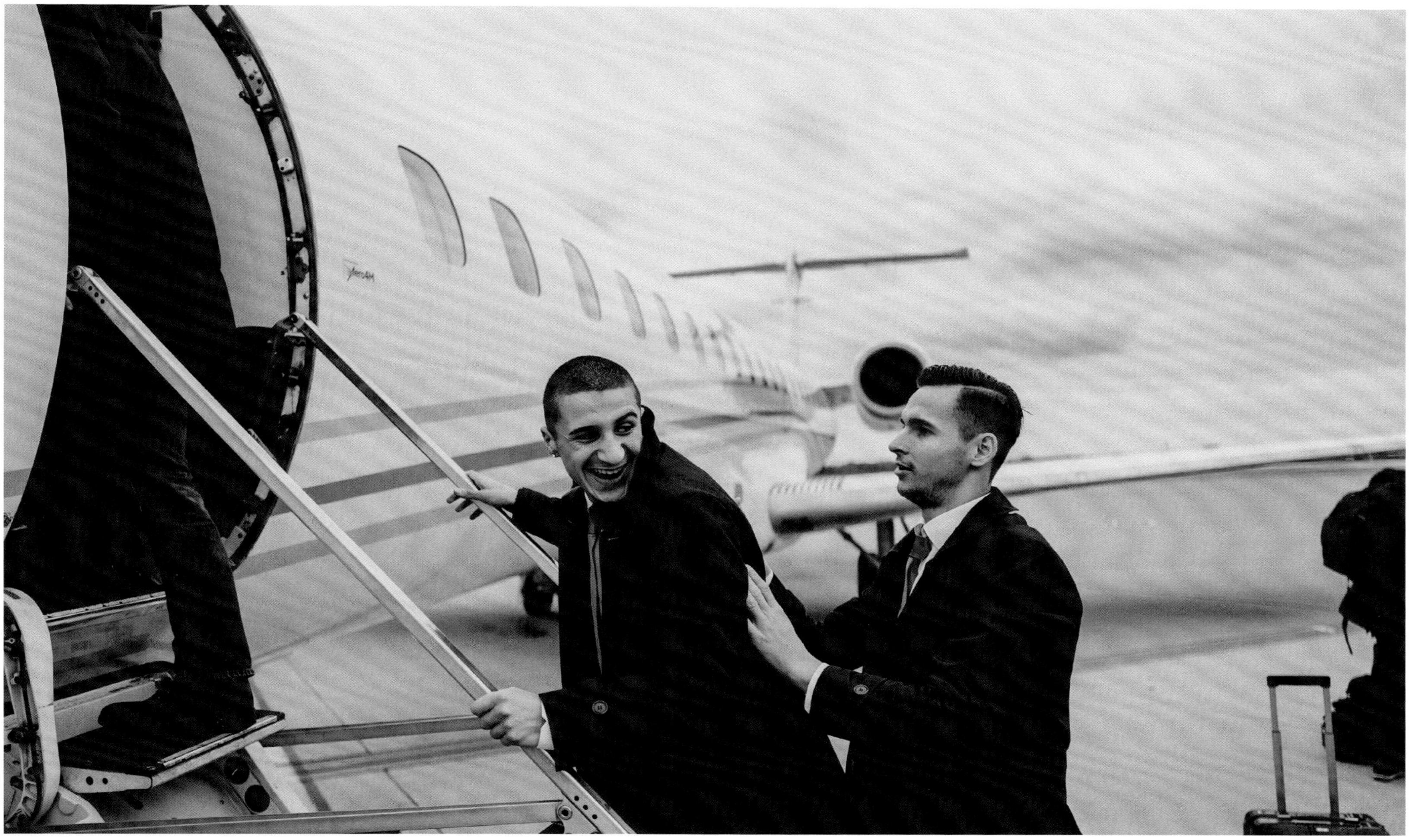

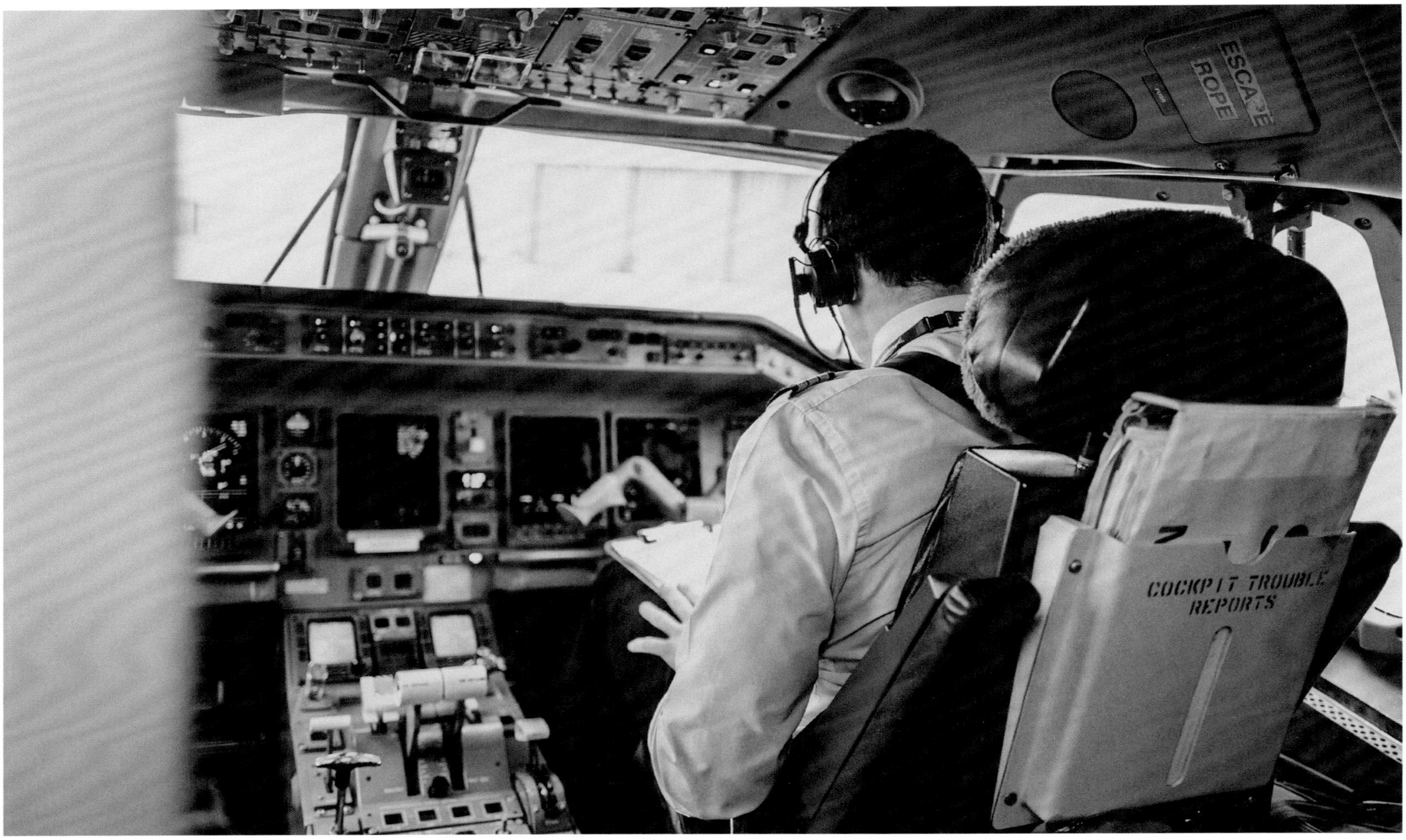
ESCAPE
ROPE
COCKPIT TROUBLE
REPORTS

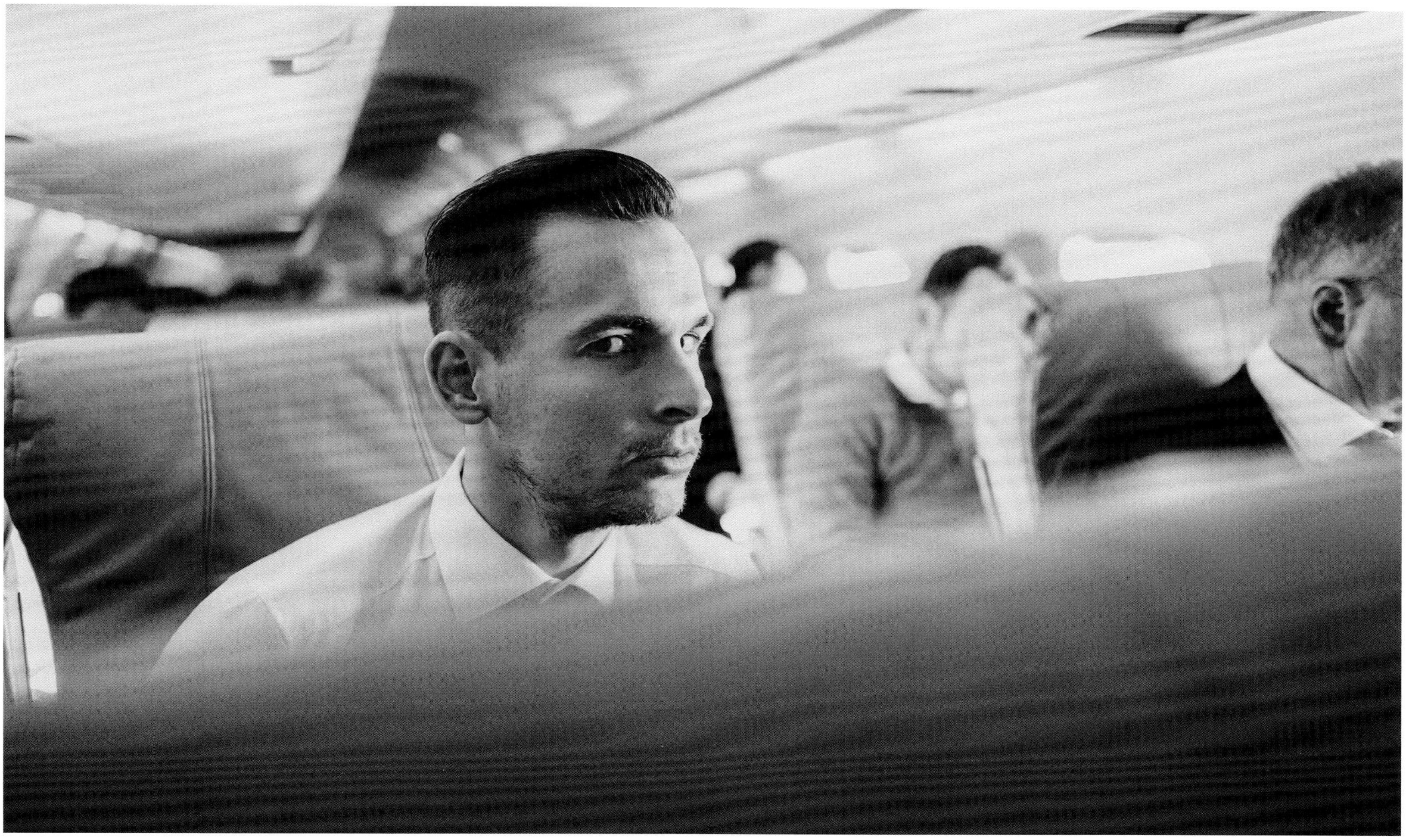

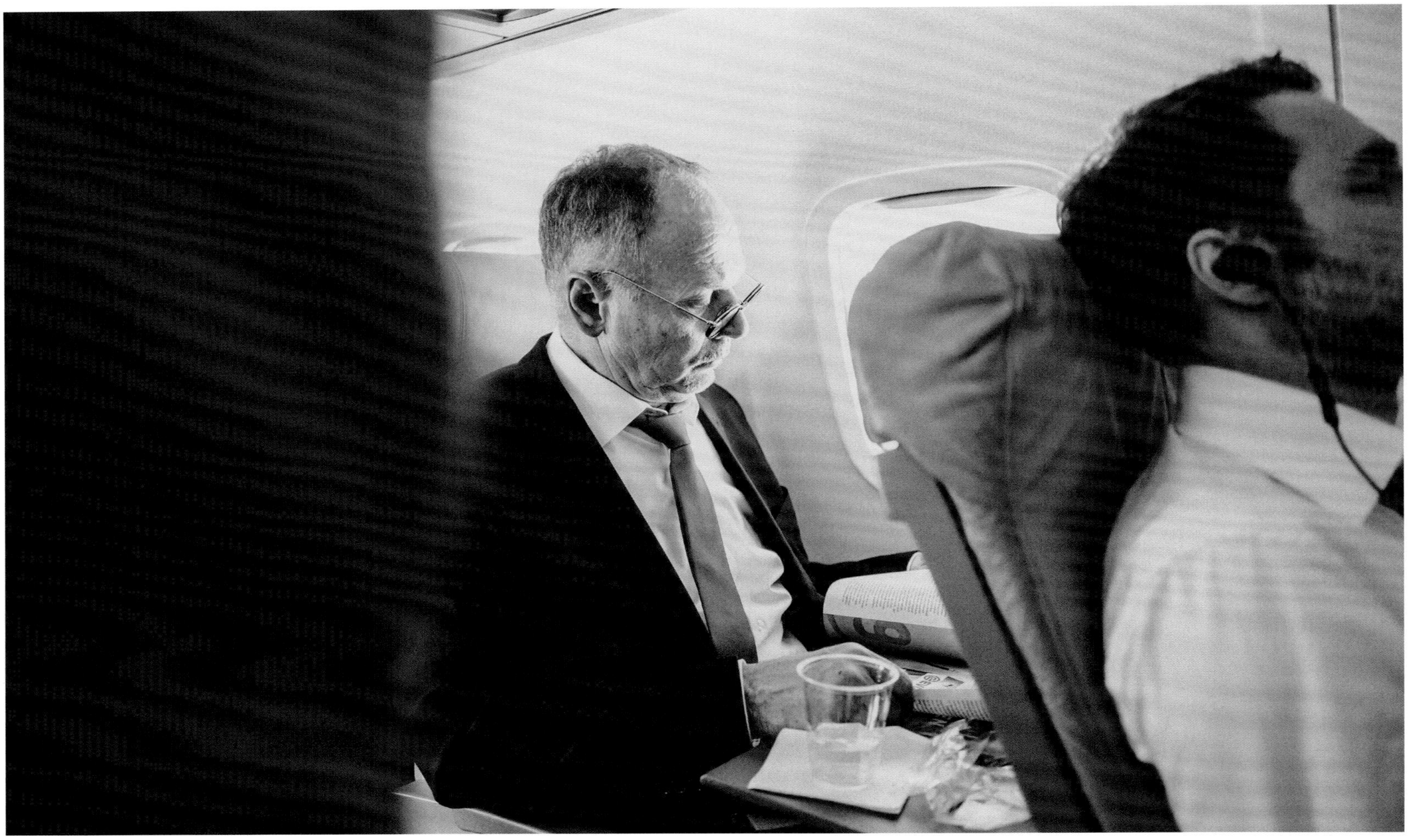

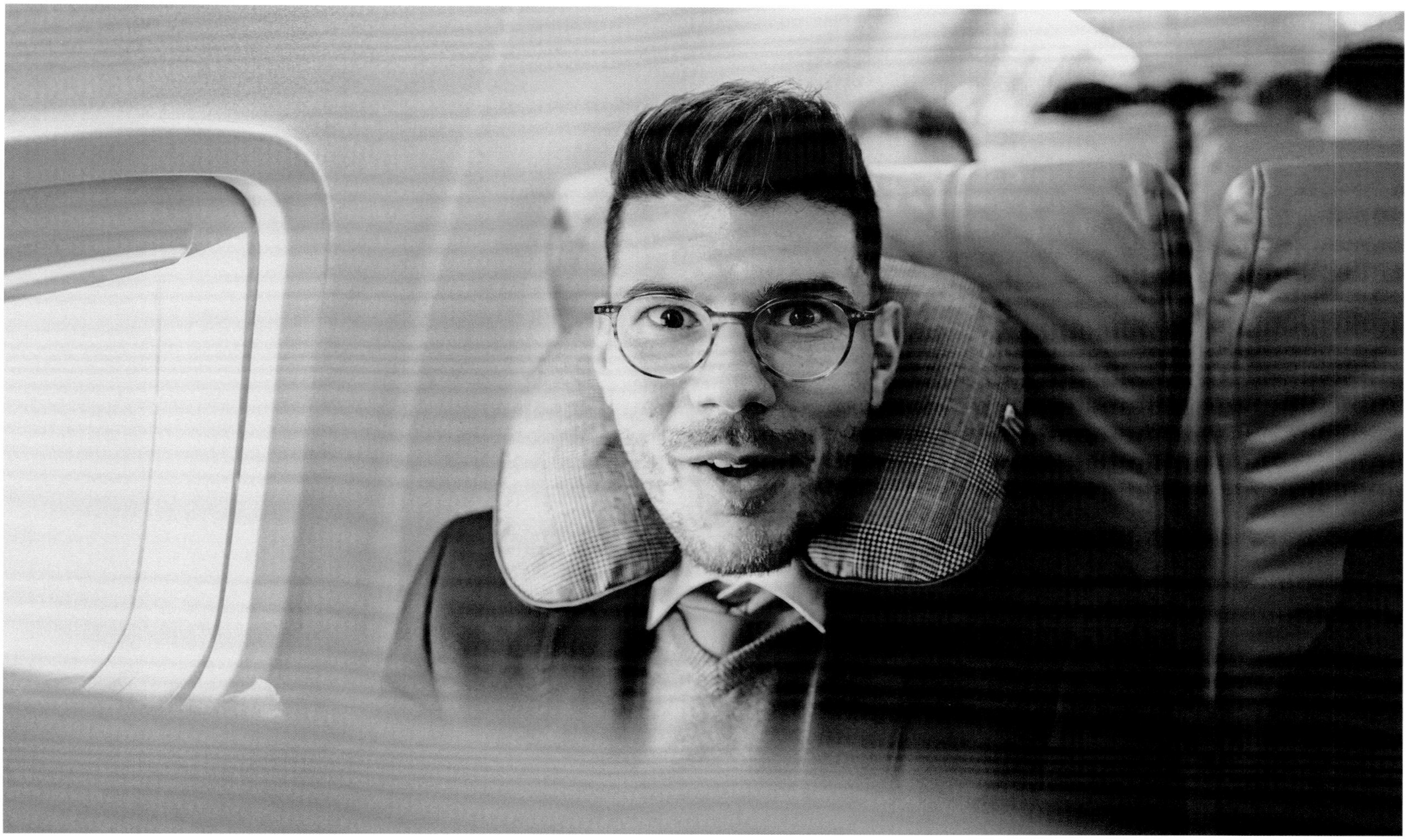

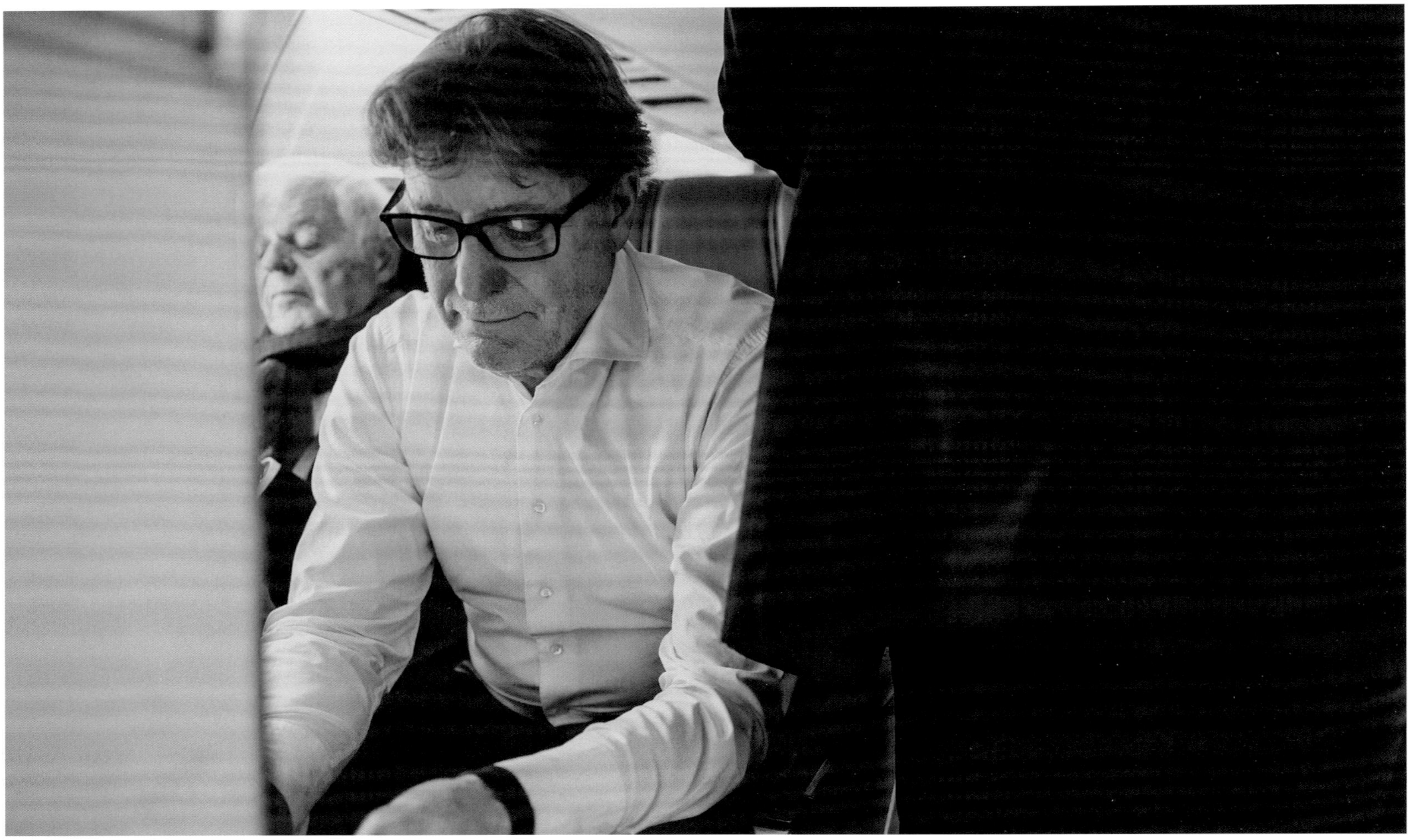

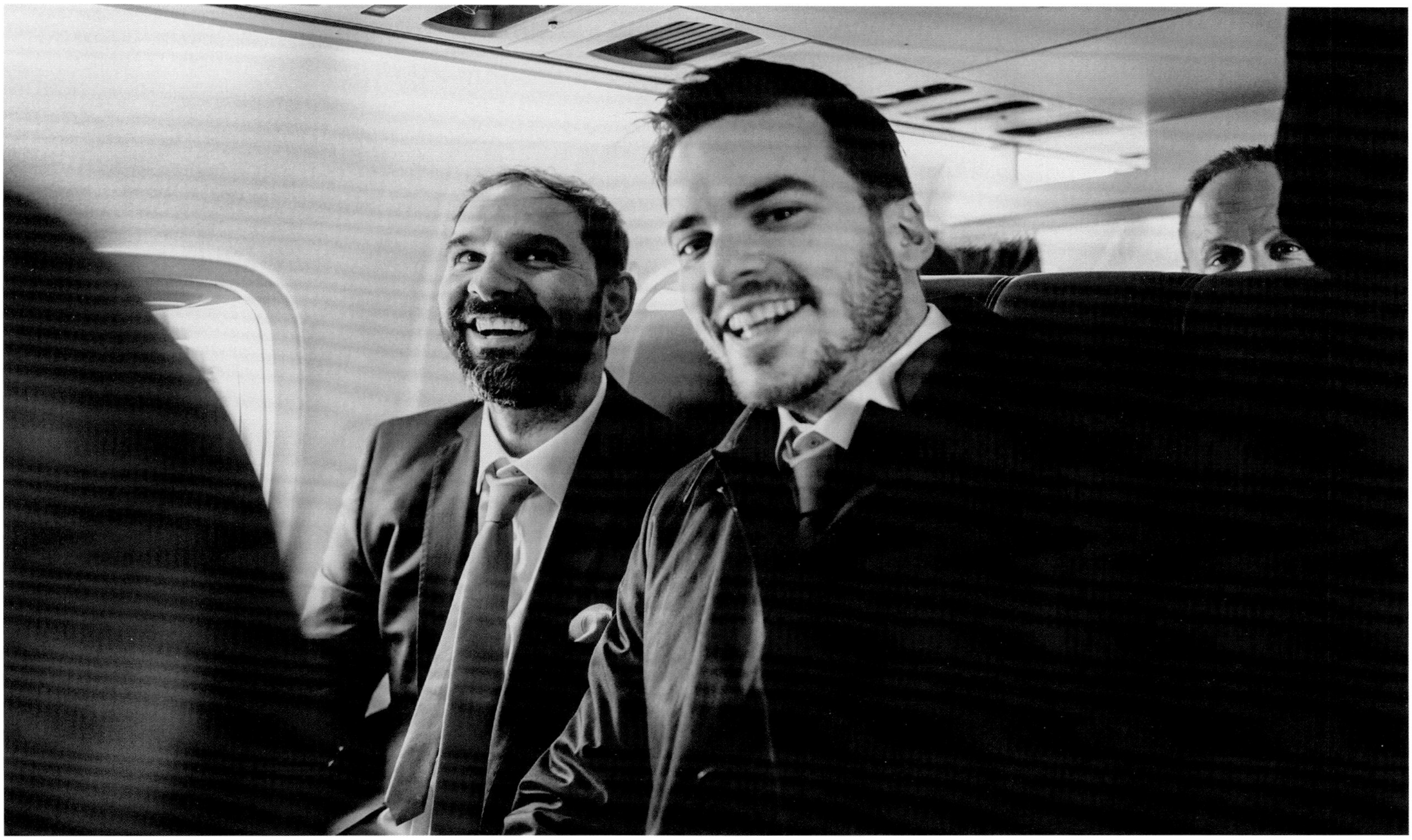

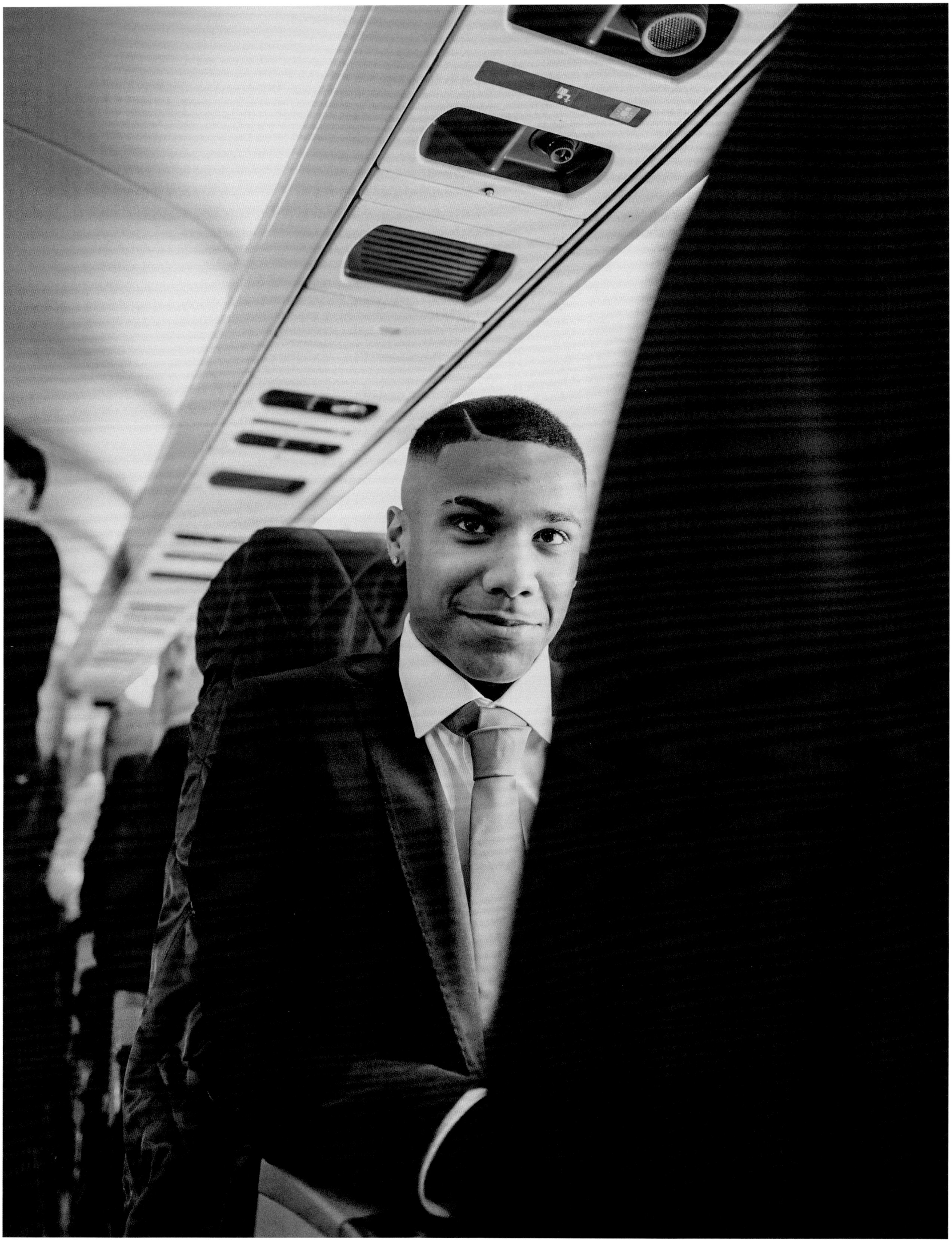

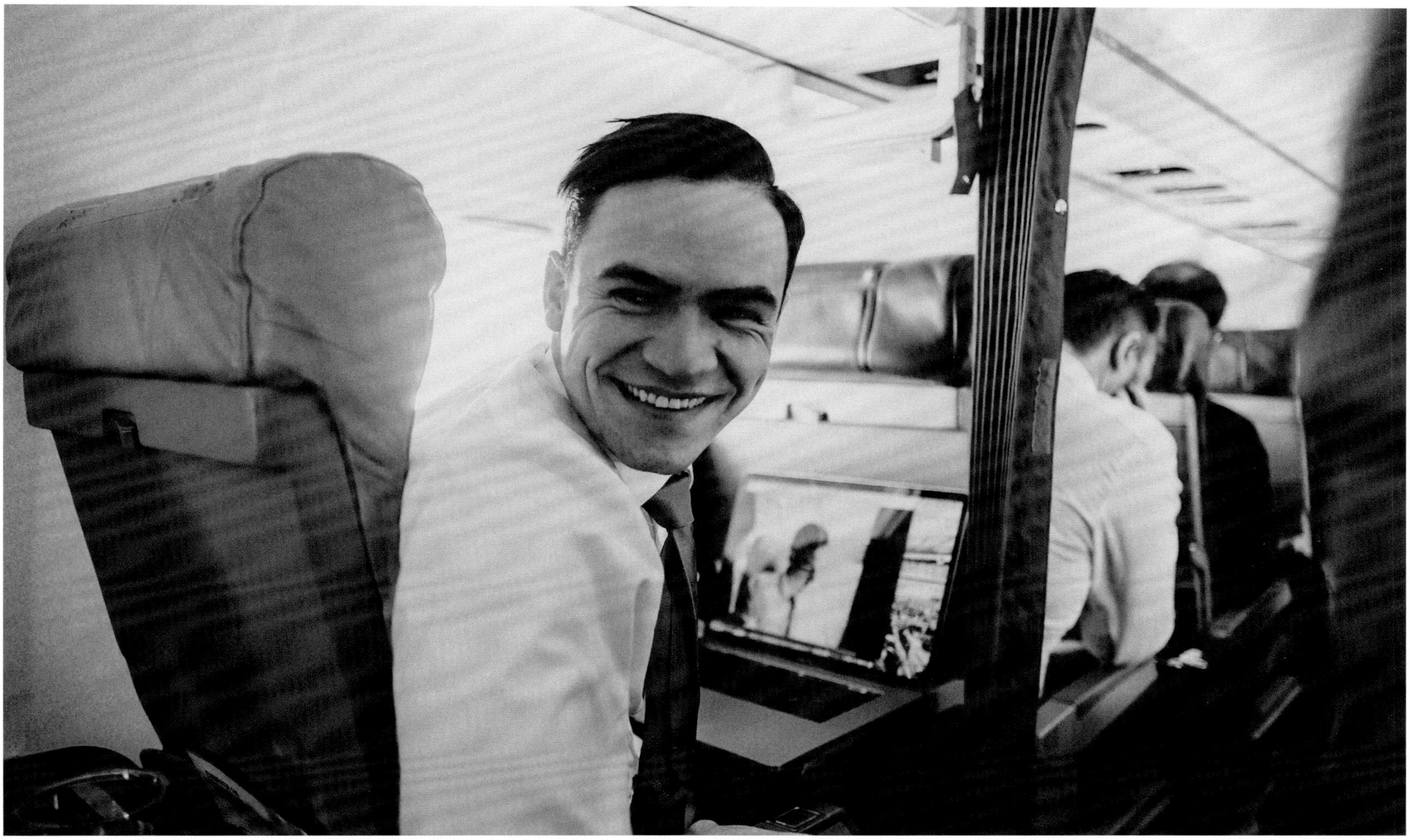

06.12.2017 | 11:58 OZ ANKUNFT, BELGRADE NIKOLA TESLA AIRPORT

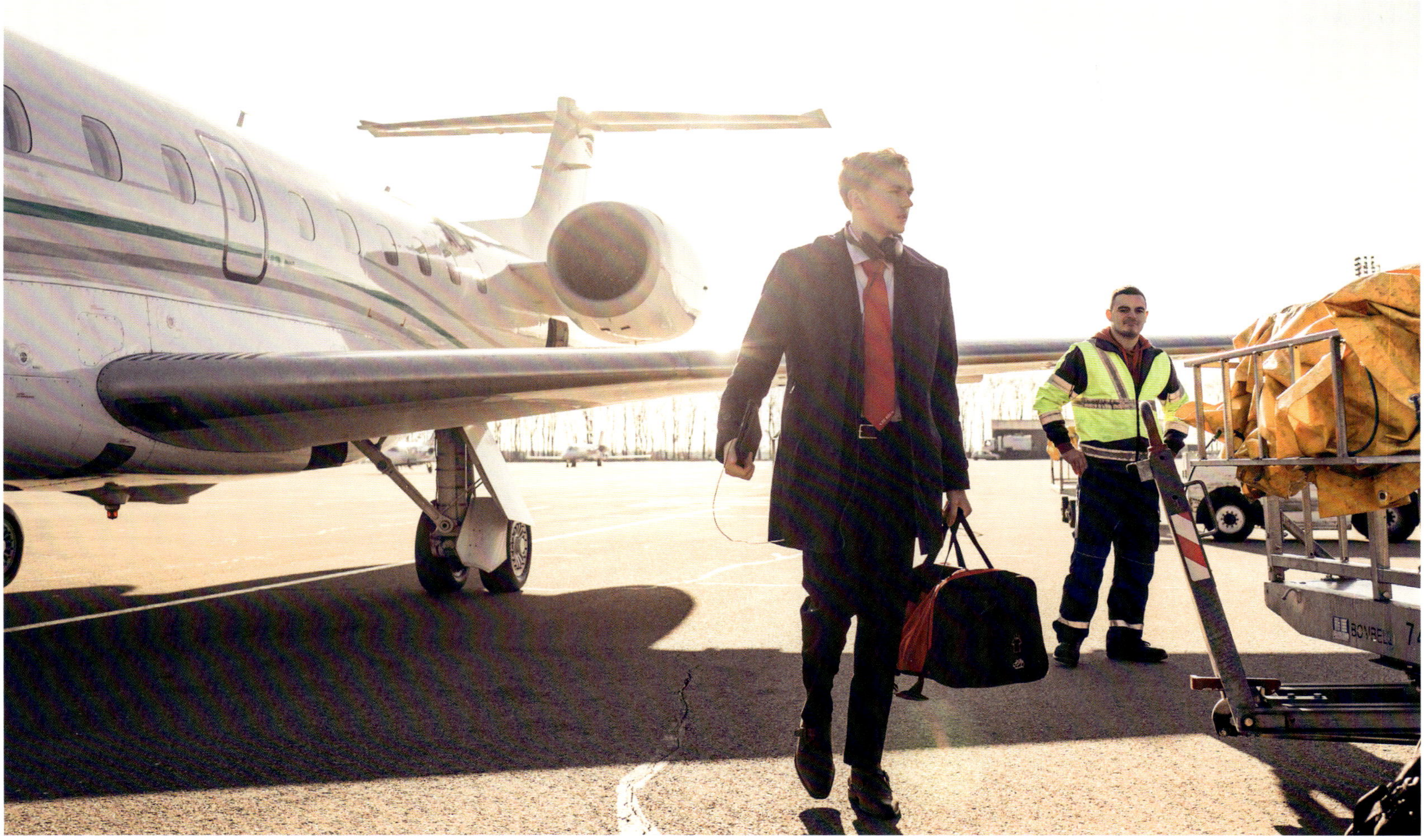

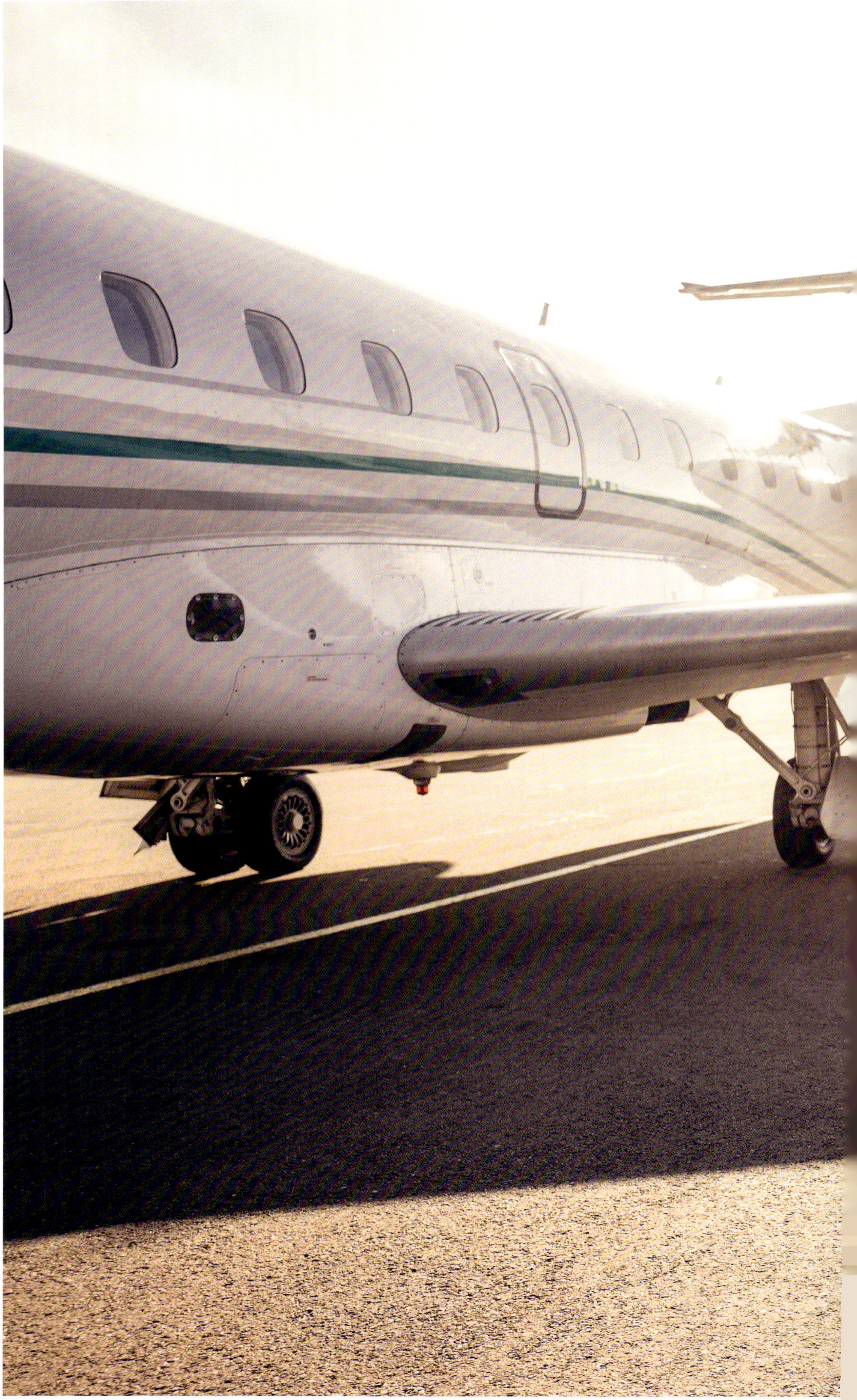

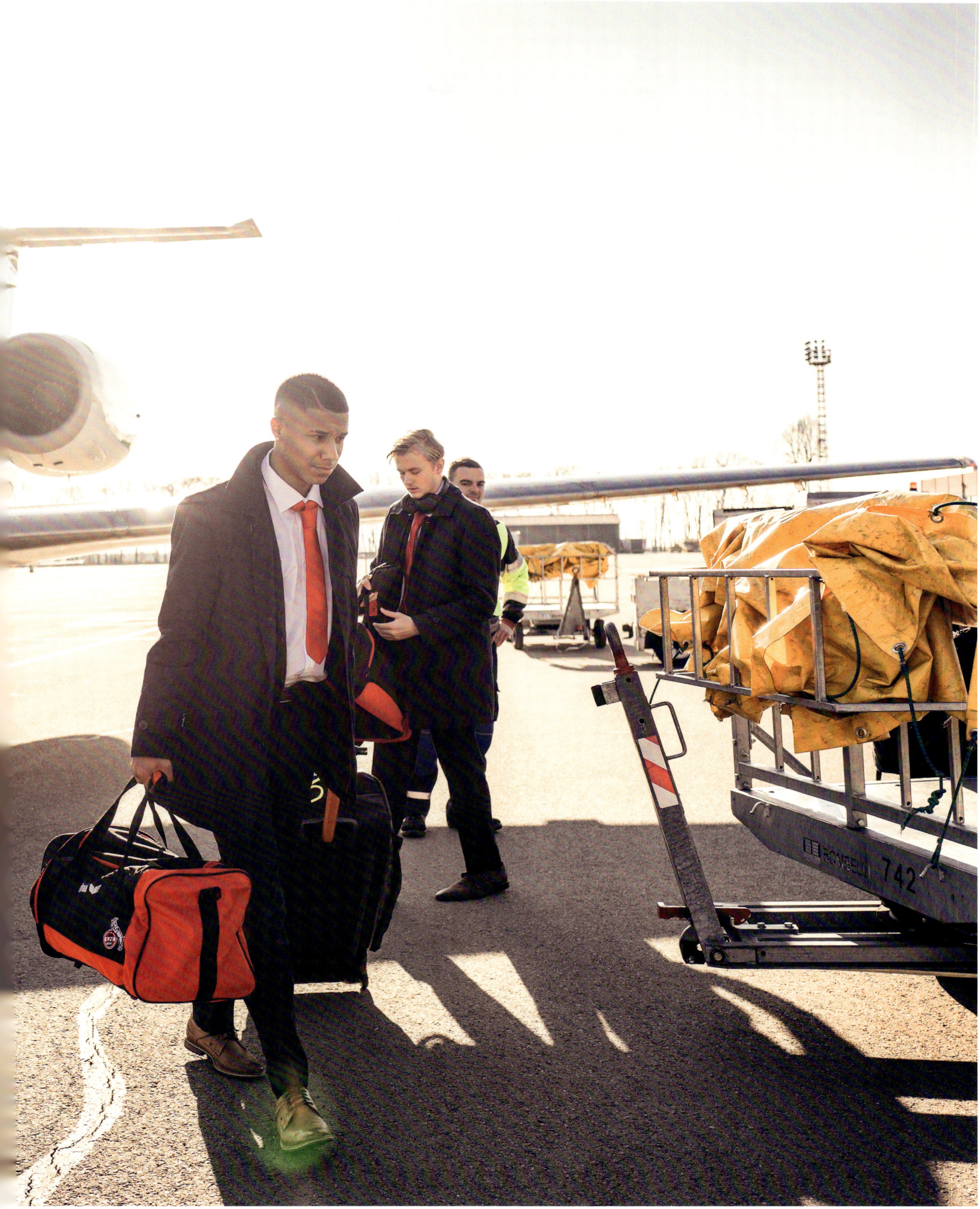
742

06.12.2017 | 12:05 OZ GESCHÄFTSFÜHRER ALEXANDER WEHRLE INFORMIERT DEN MANNSCHAFTSRAT ÜBER DAS ZUKÜNFTIGE ENGAGEMENT ARMIN VEHS ALS NEUER GESCHÄFTSFÜHRER DES 1. FC KÖLN

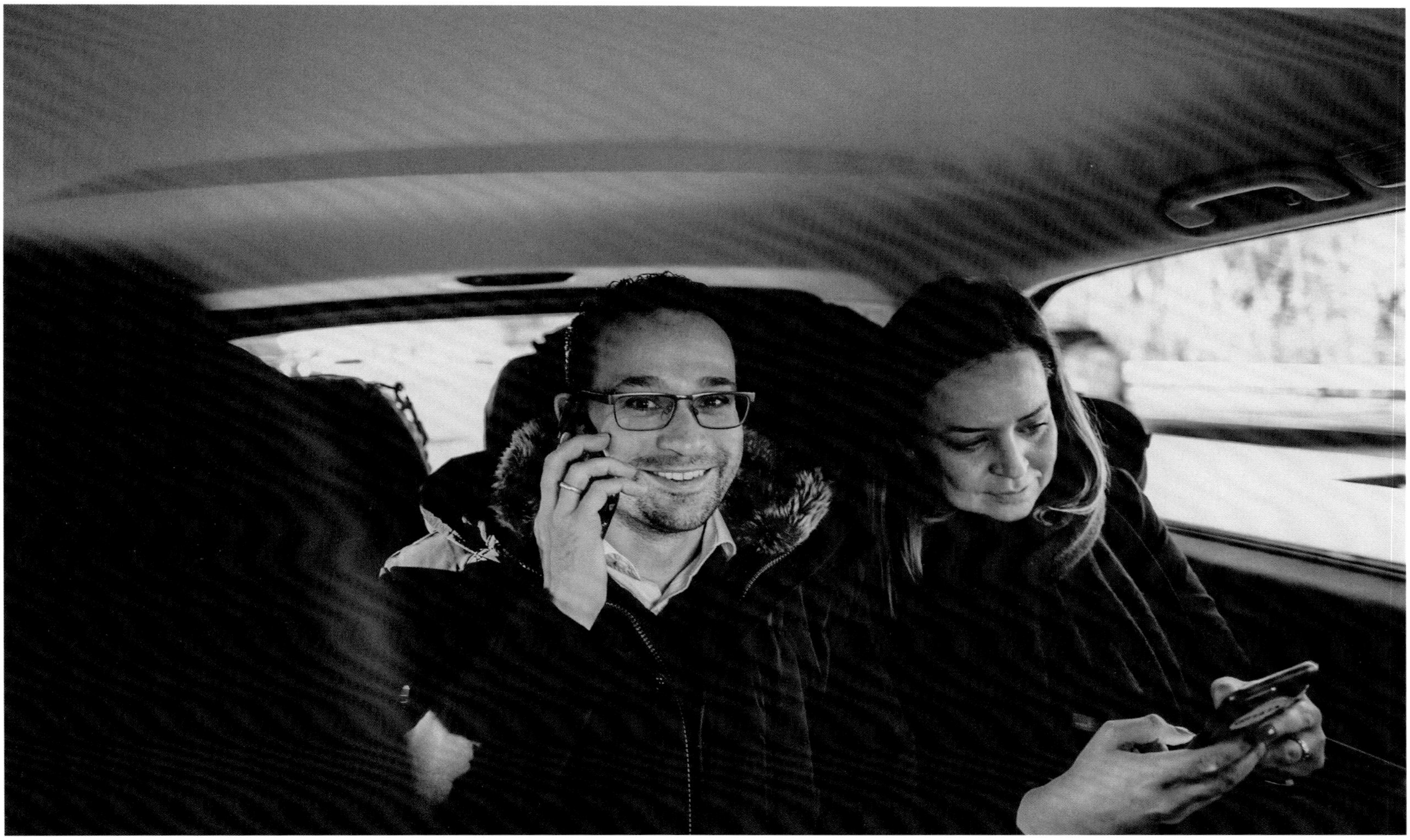

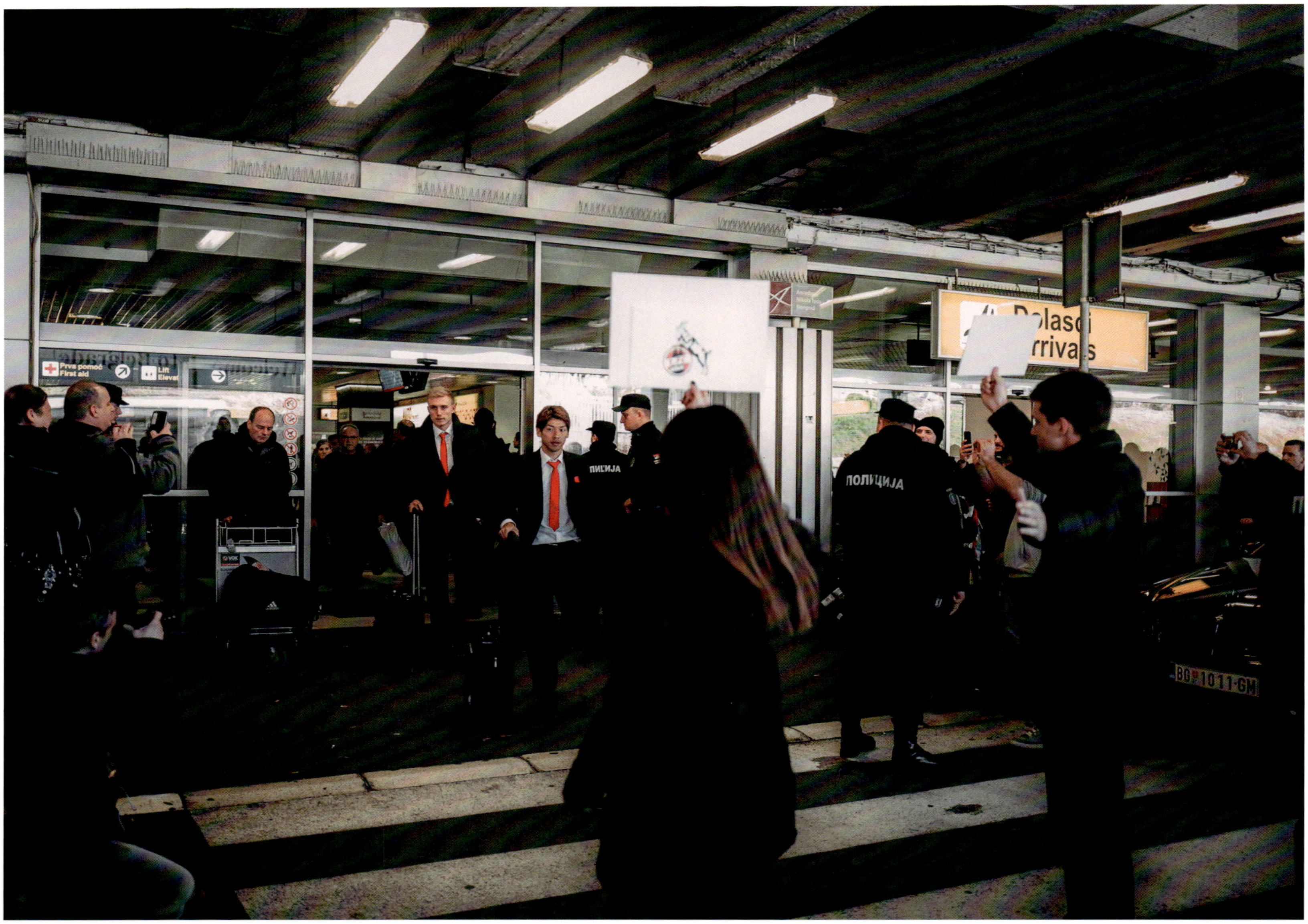
ПОЛИЦИЈА

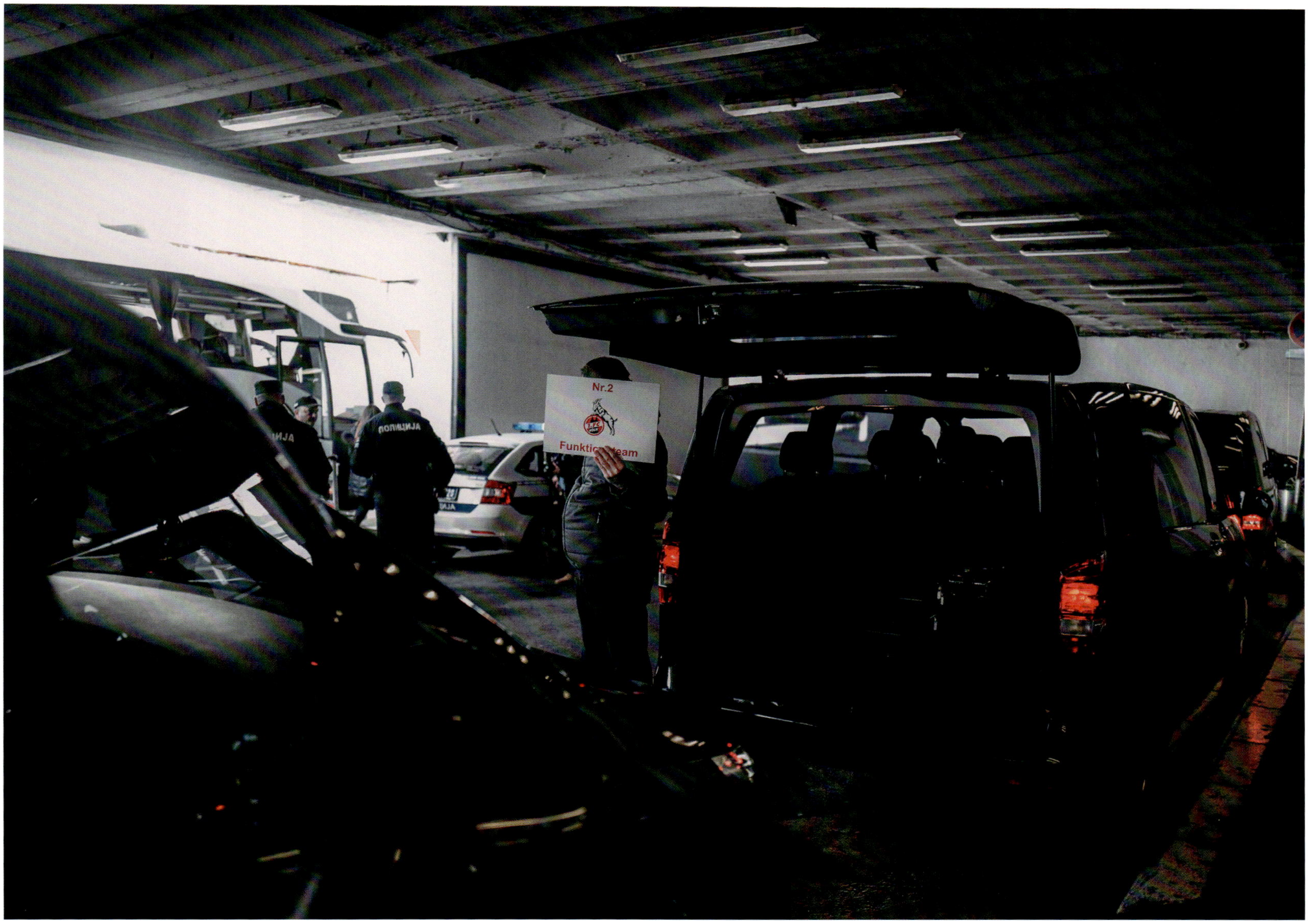
Nr.2
ПОЛИЦИЈА

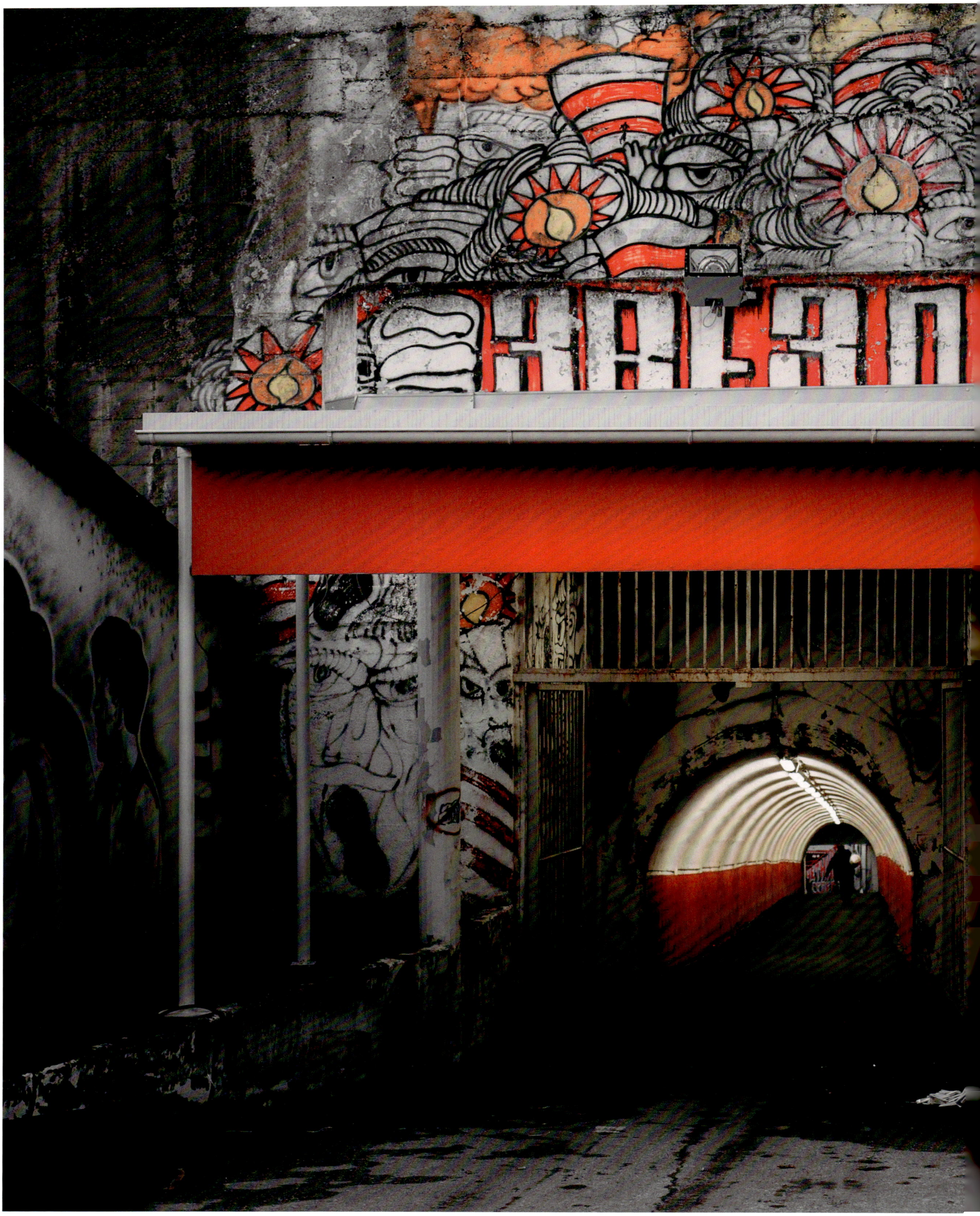

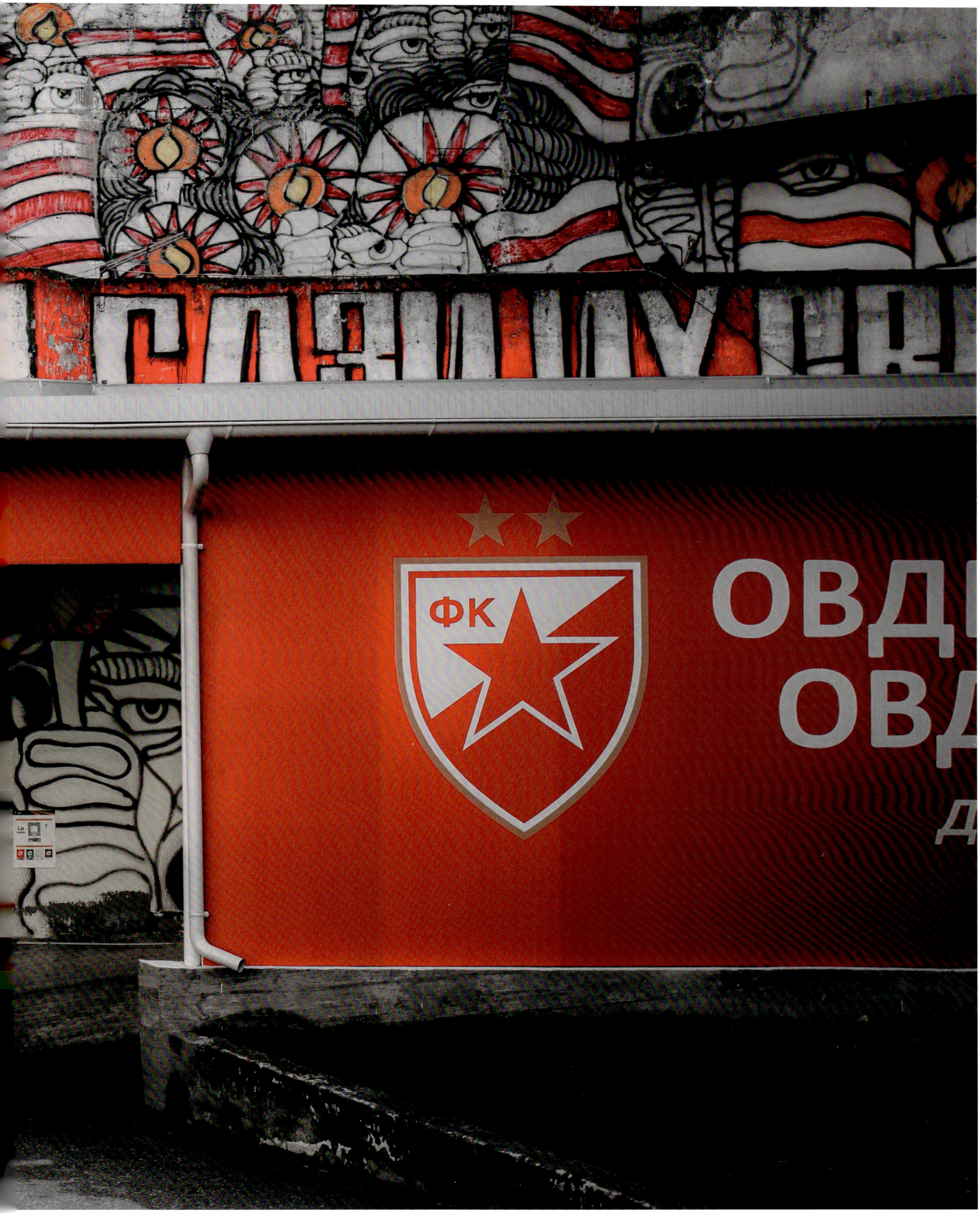
ФК

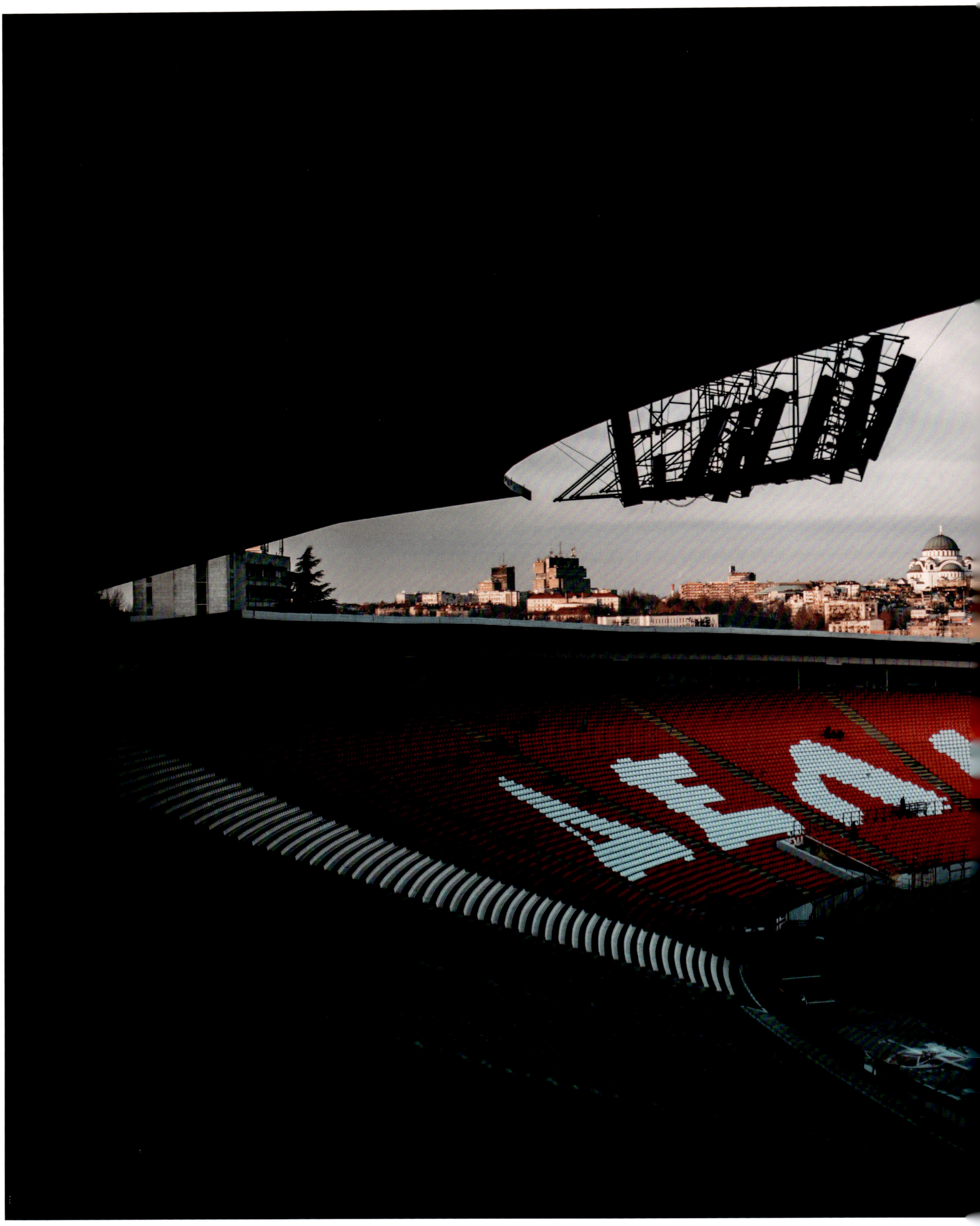

AMSTEL
Hankook
FedEx
FedEx
FedEx
UniCredit Bank
UniCredit Bank
enterprise

06.12.2017 | 17:12 OZ ABSCHLUSSTRAINING, MARAKANA VON BELGRAD

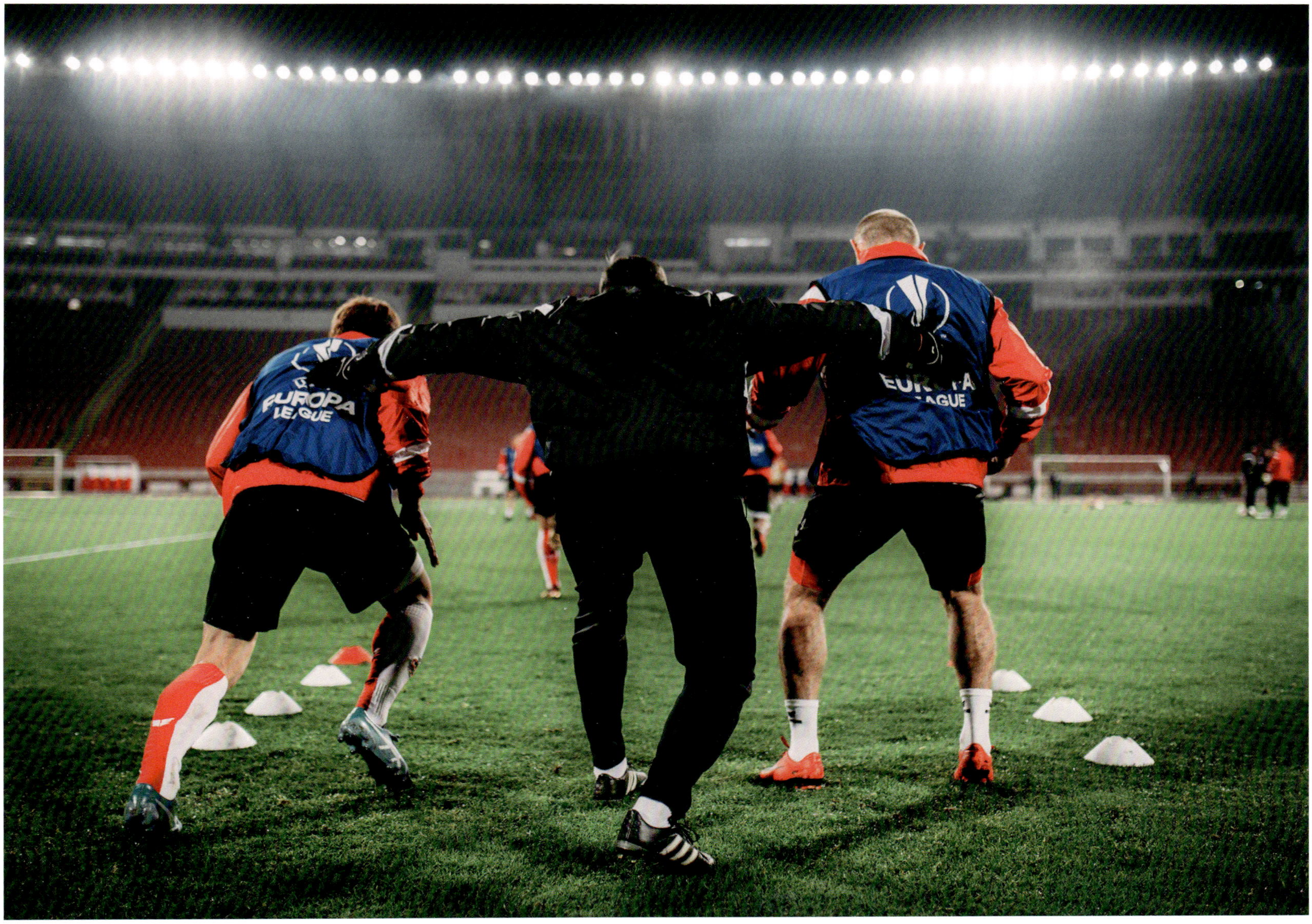
EUROPA
LEAGUE

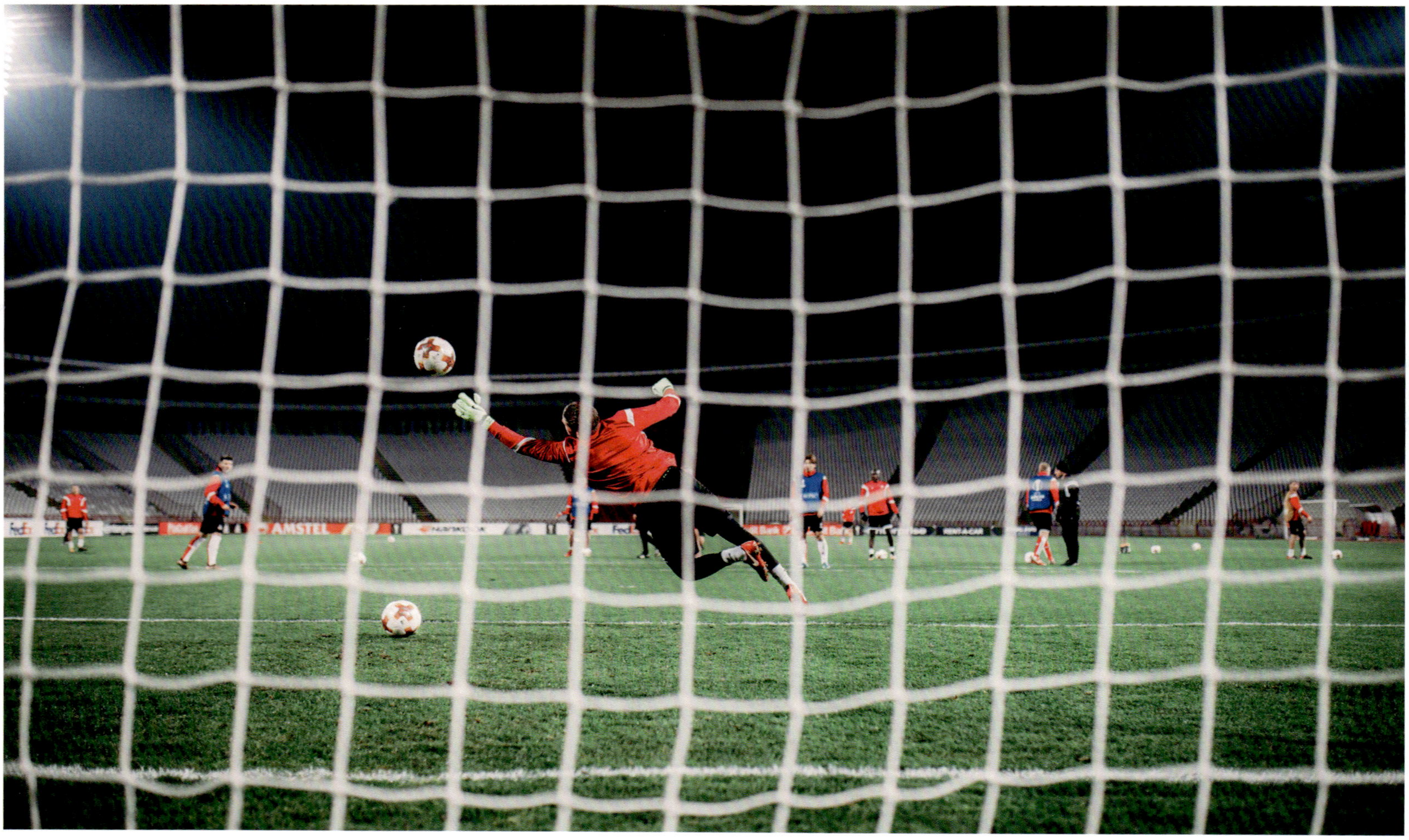
AMSTEL

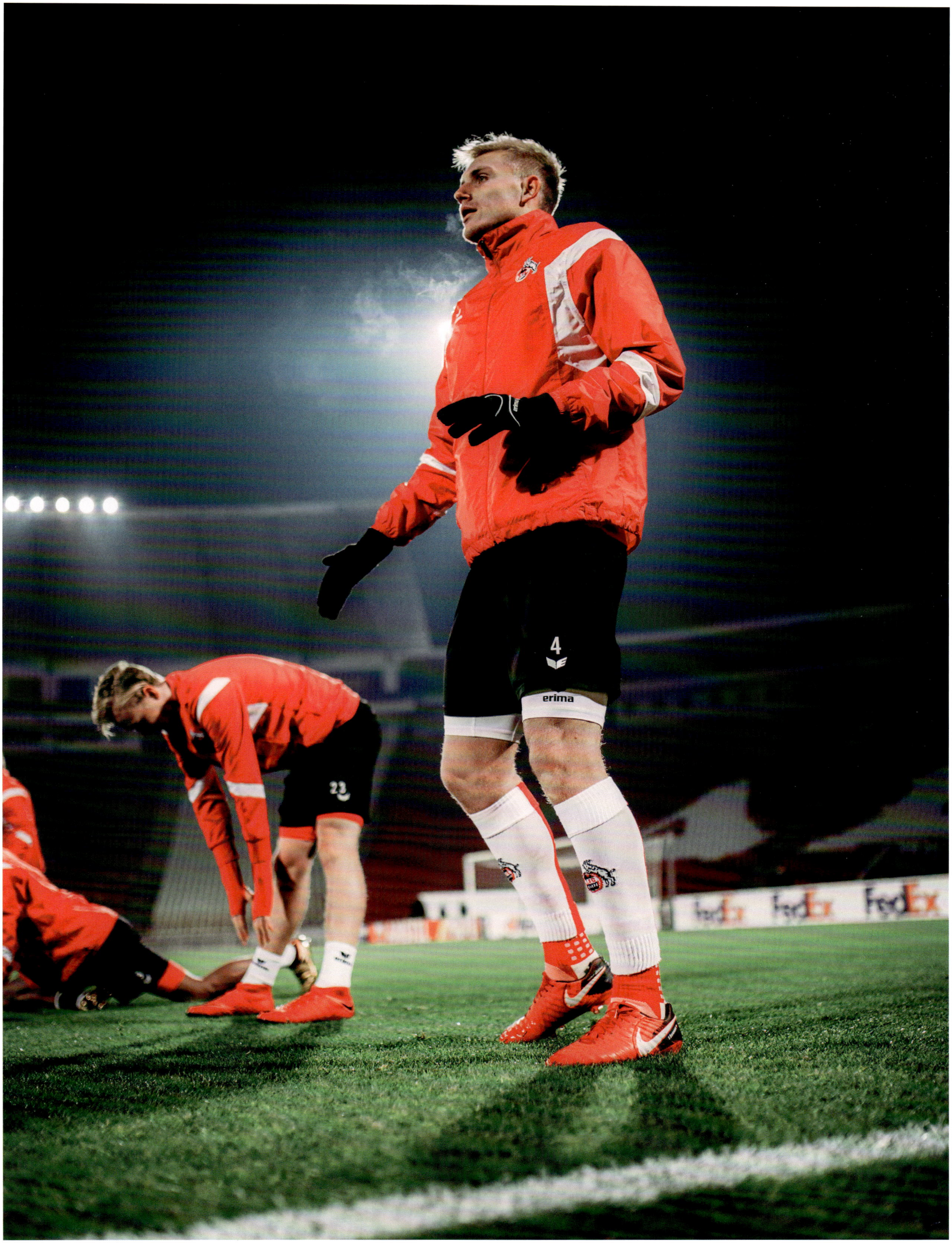
4
erima
23
FedEx

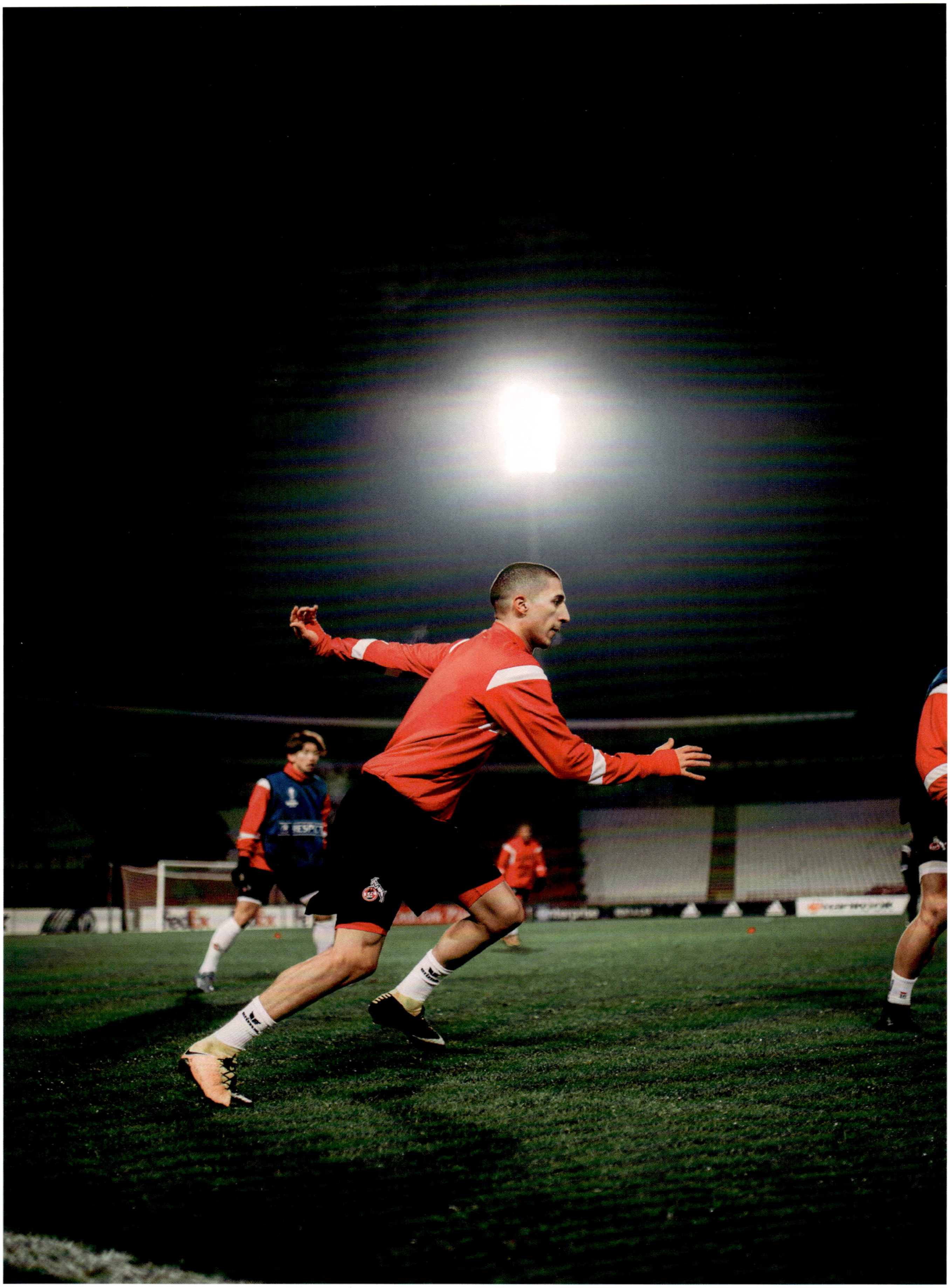

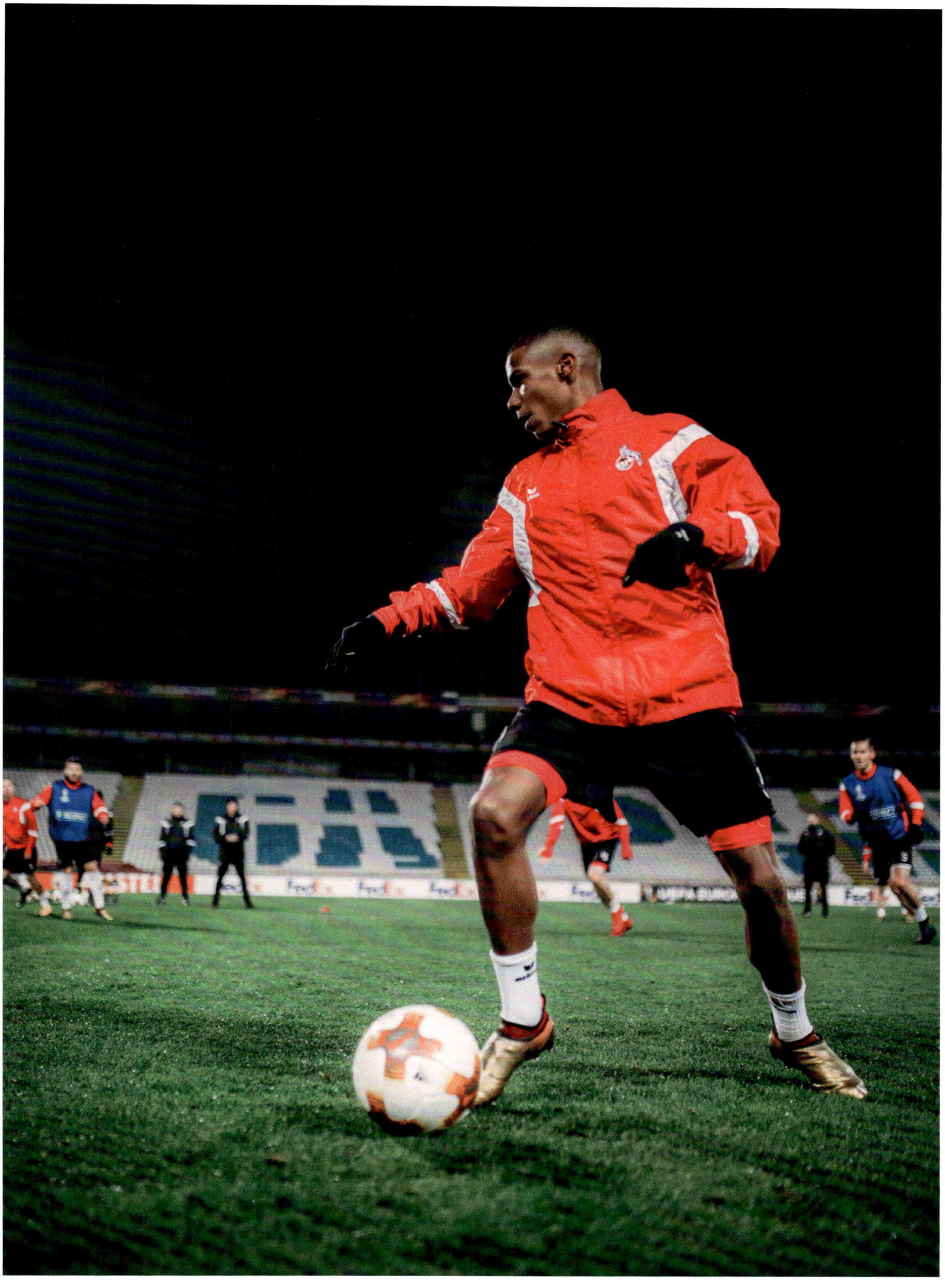

302

303

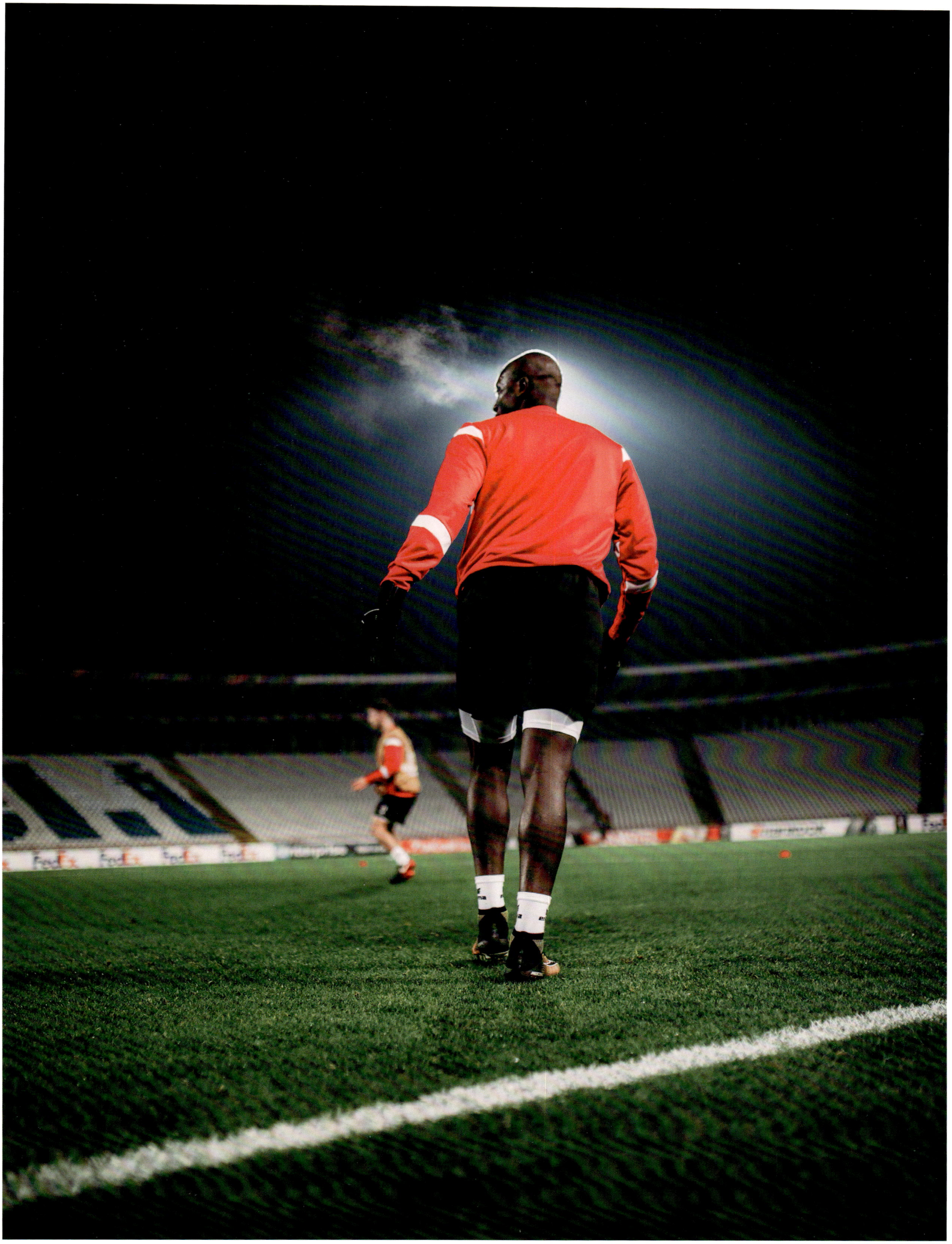

07.12.2017 | 11:36 OZ ANSCHWITZEN, TRAININGSPLATZ BELGRAD

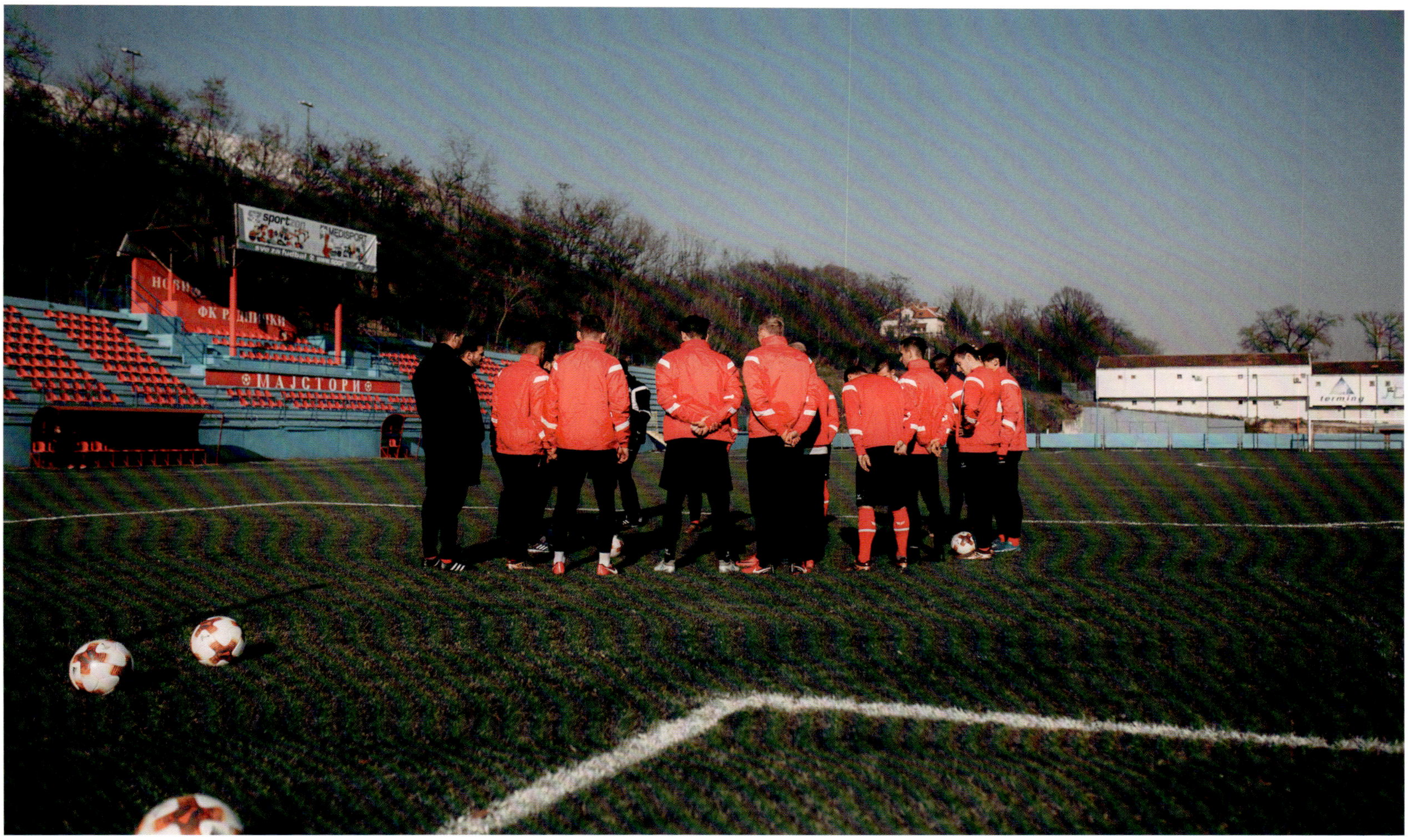
МАЈСТОРИ

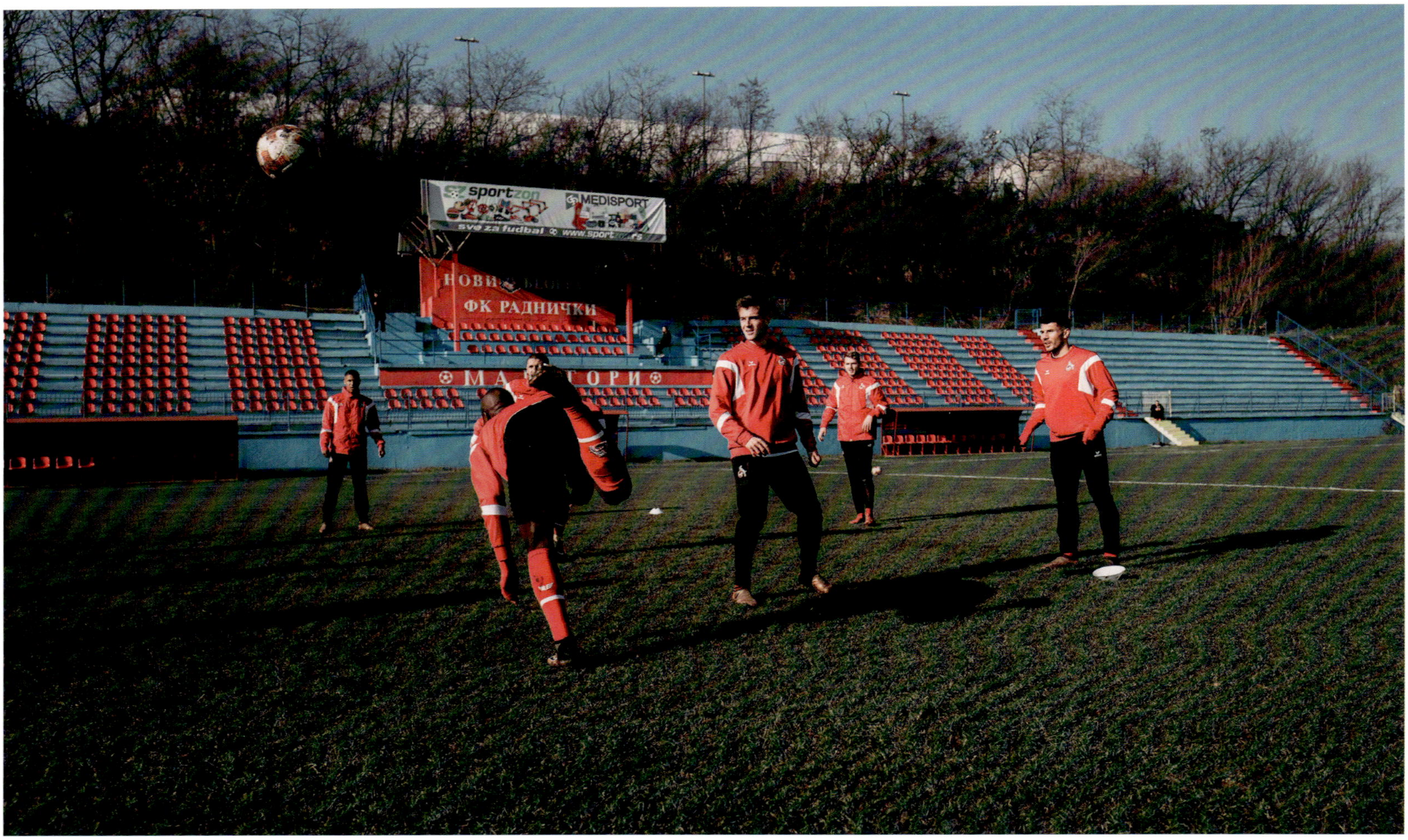
sportzon
MEDISPORT
sve za fudbal
ФК РАДНИЧКИ

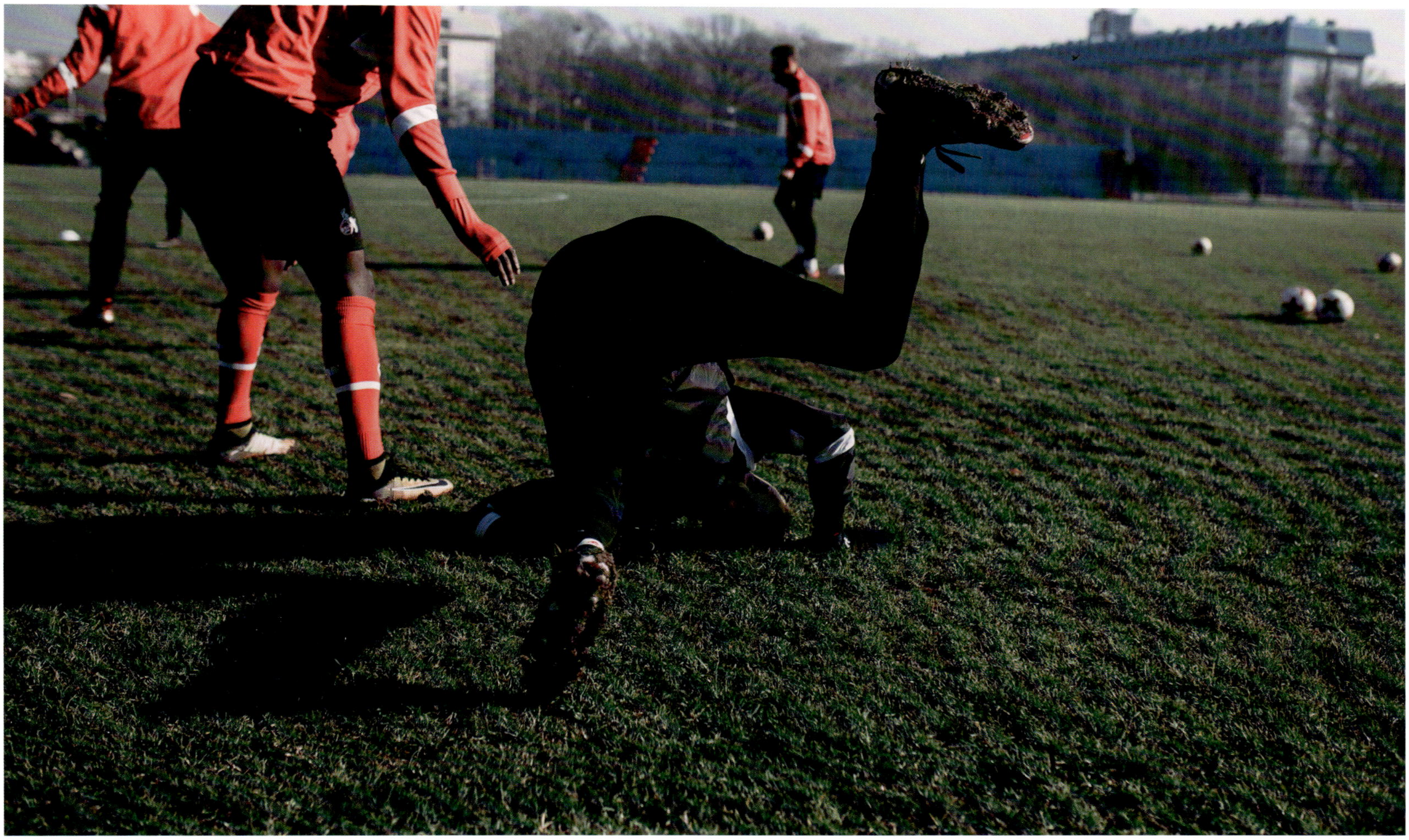

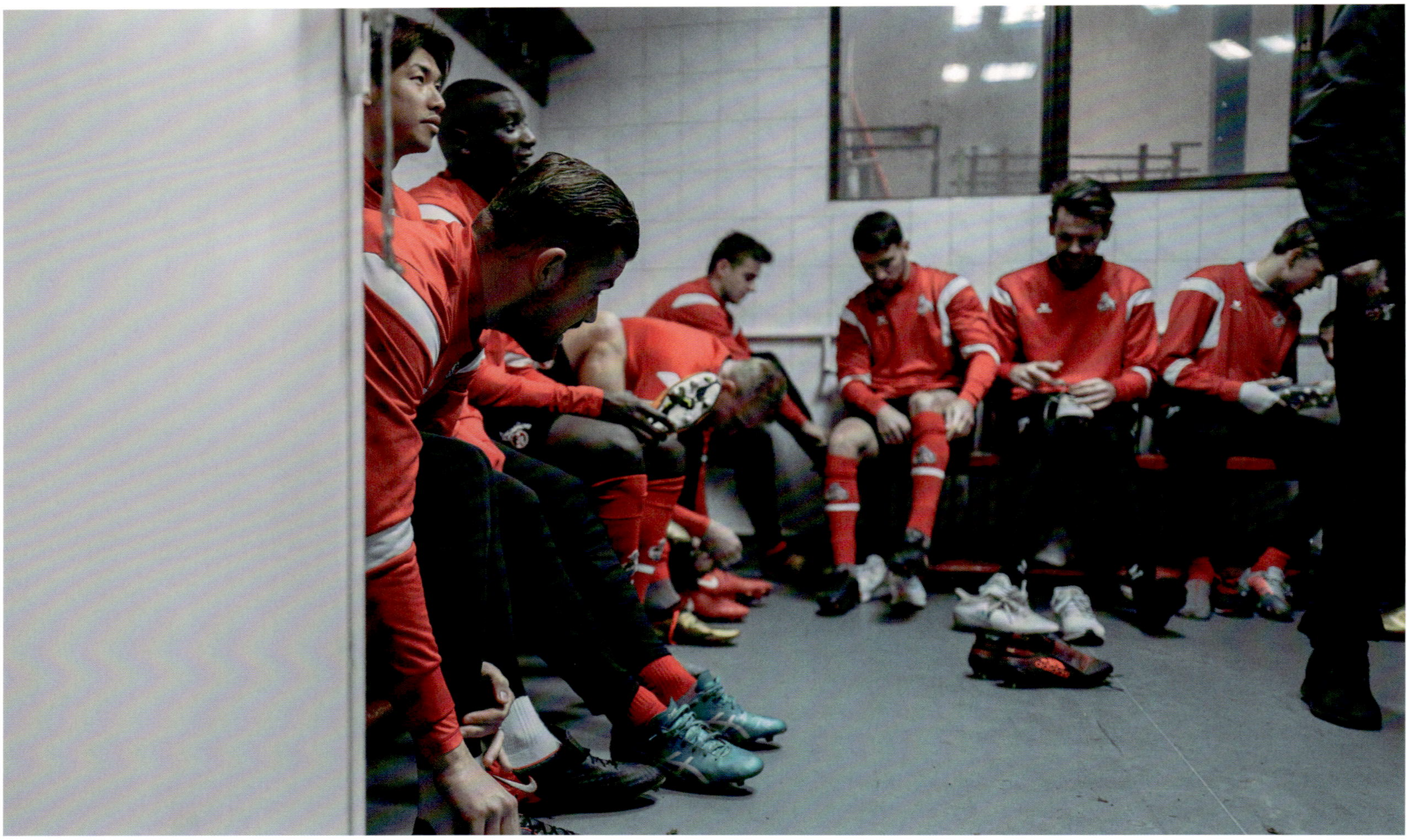

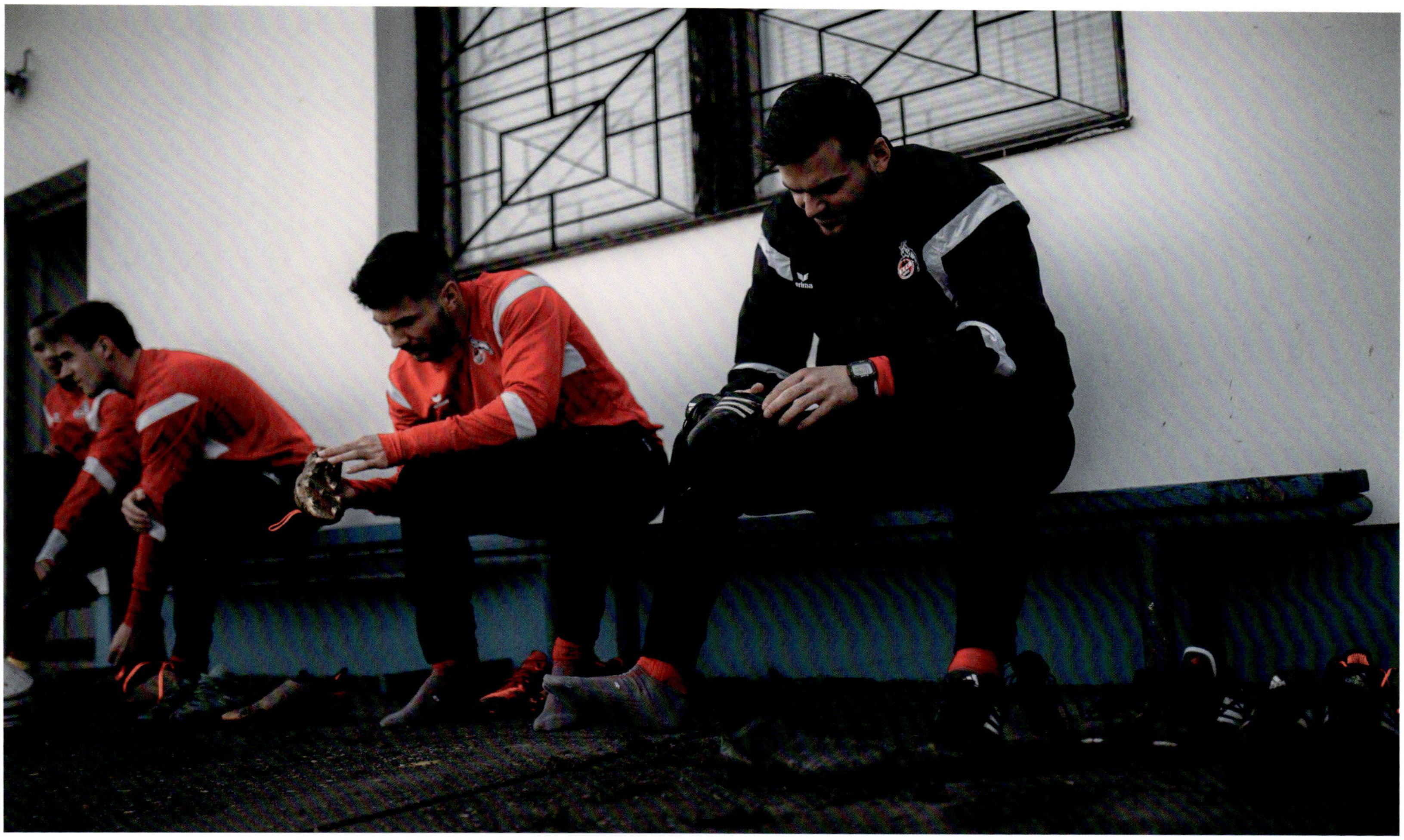

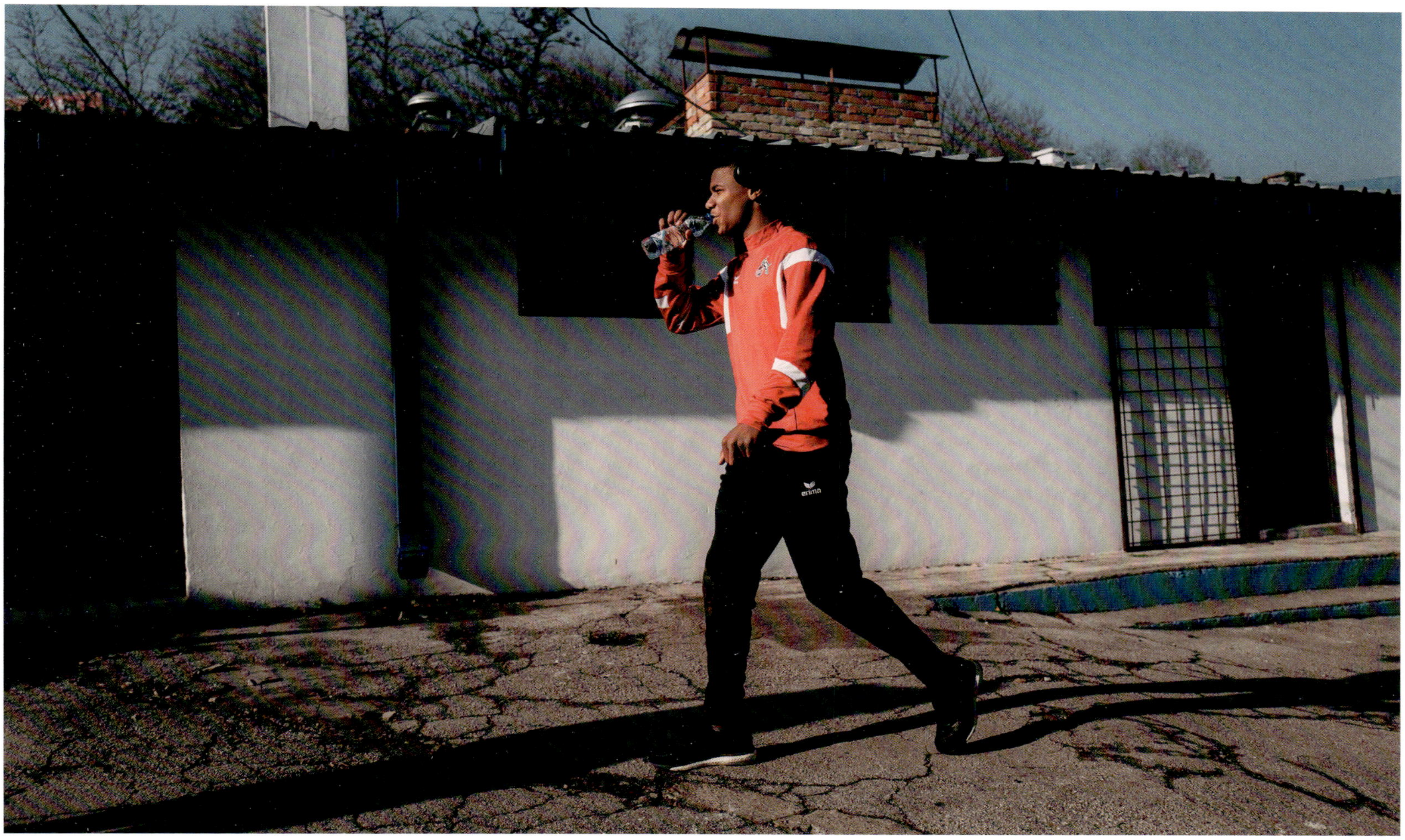

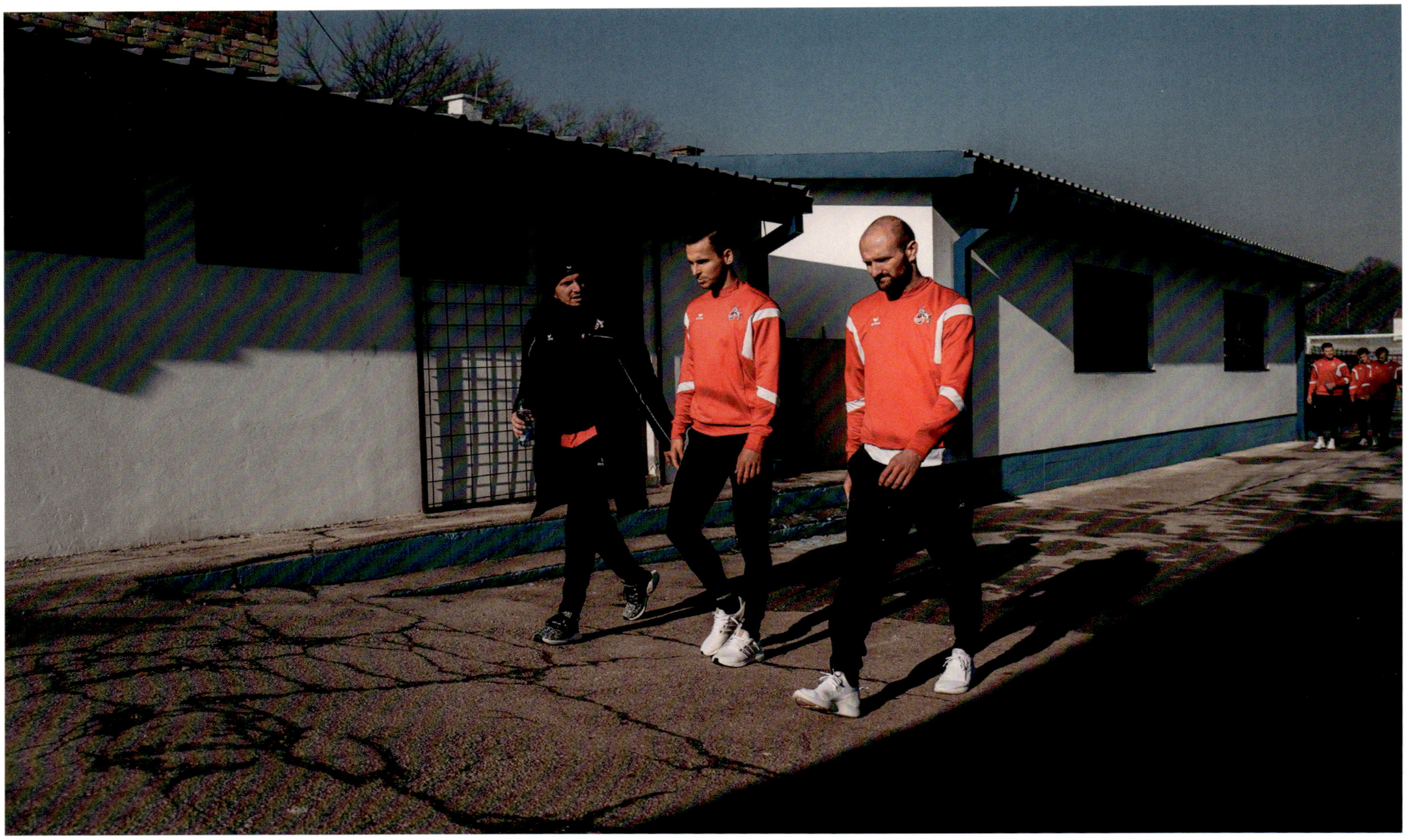

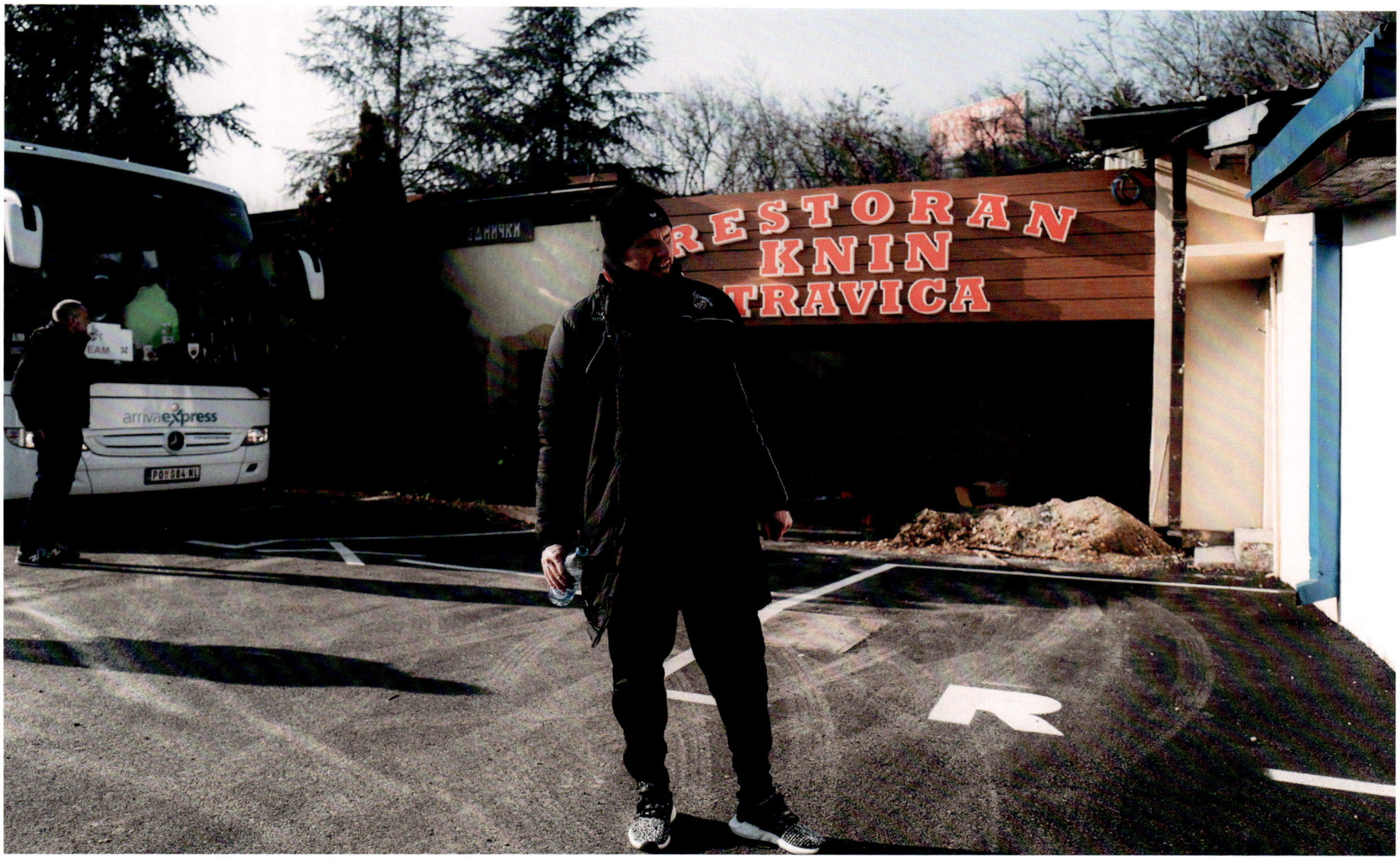
RESTORAN
KNIN
TRAVICA
arrivaexpress

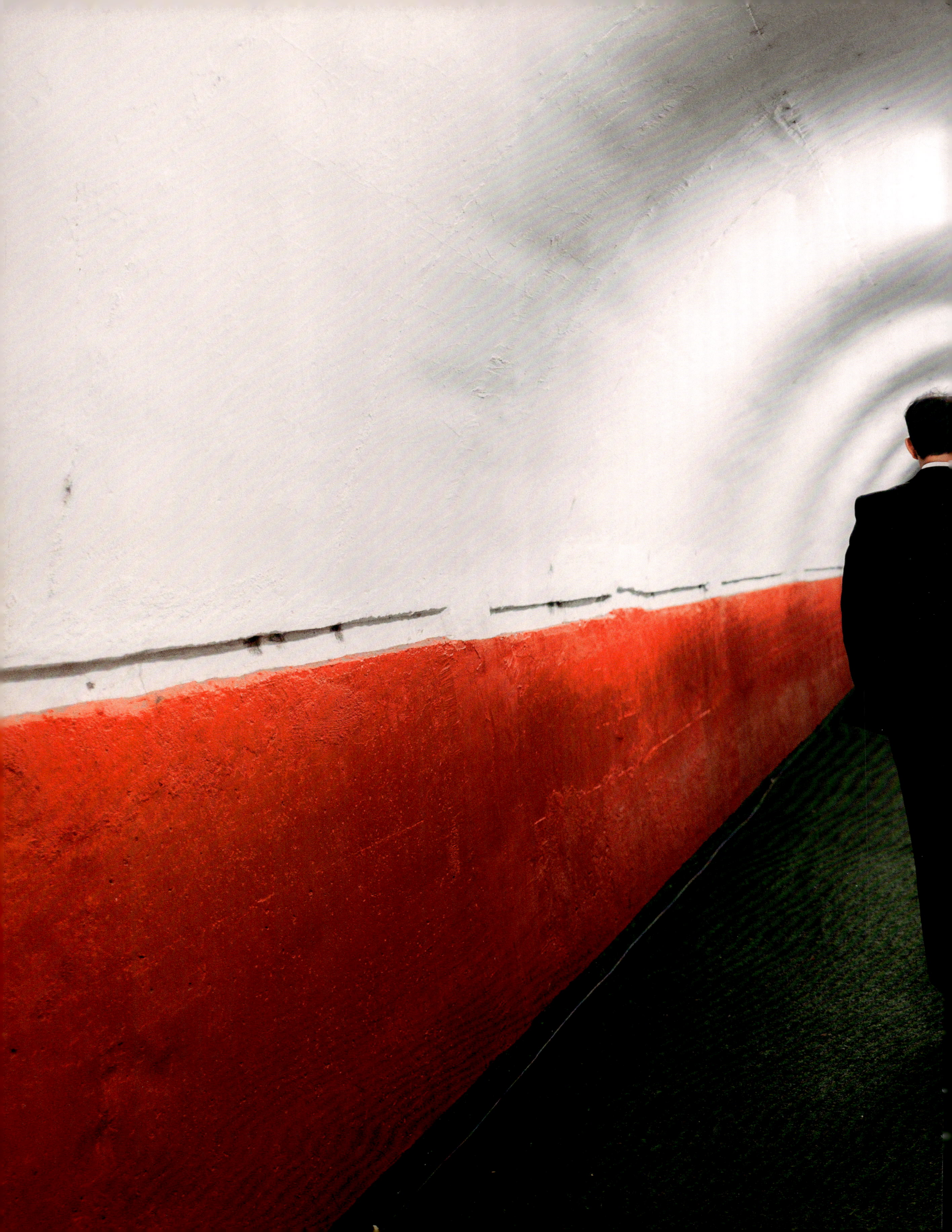

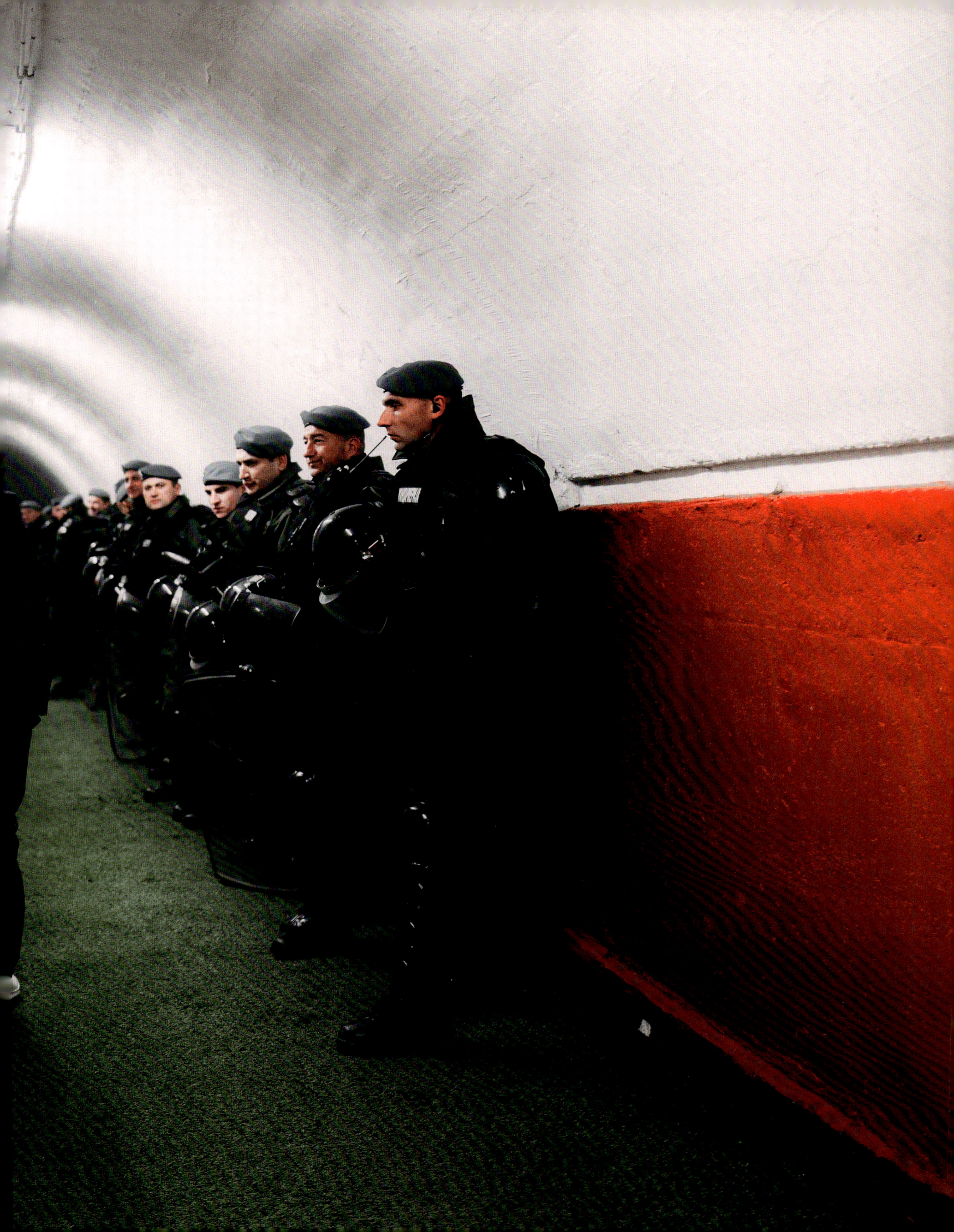

07.12.2017 | 20:03 OZ KABINE, MARAKANA VON BELGRAD

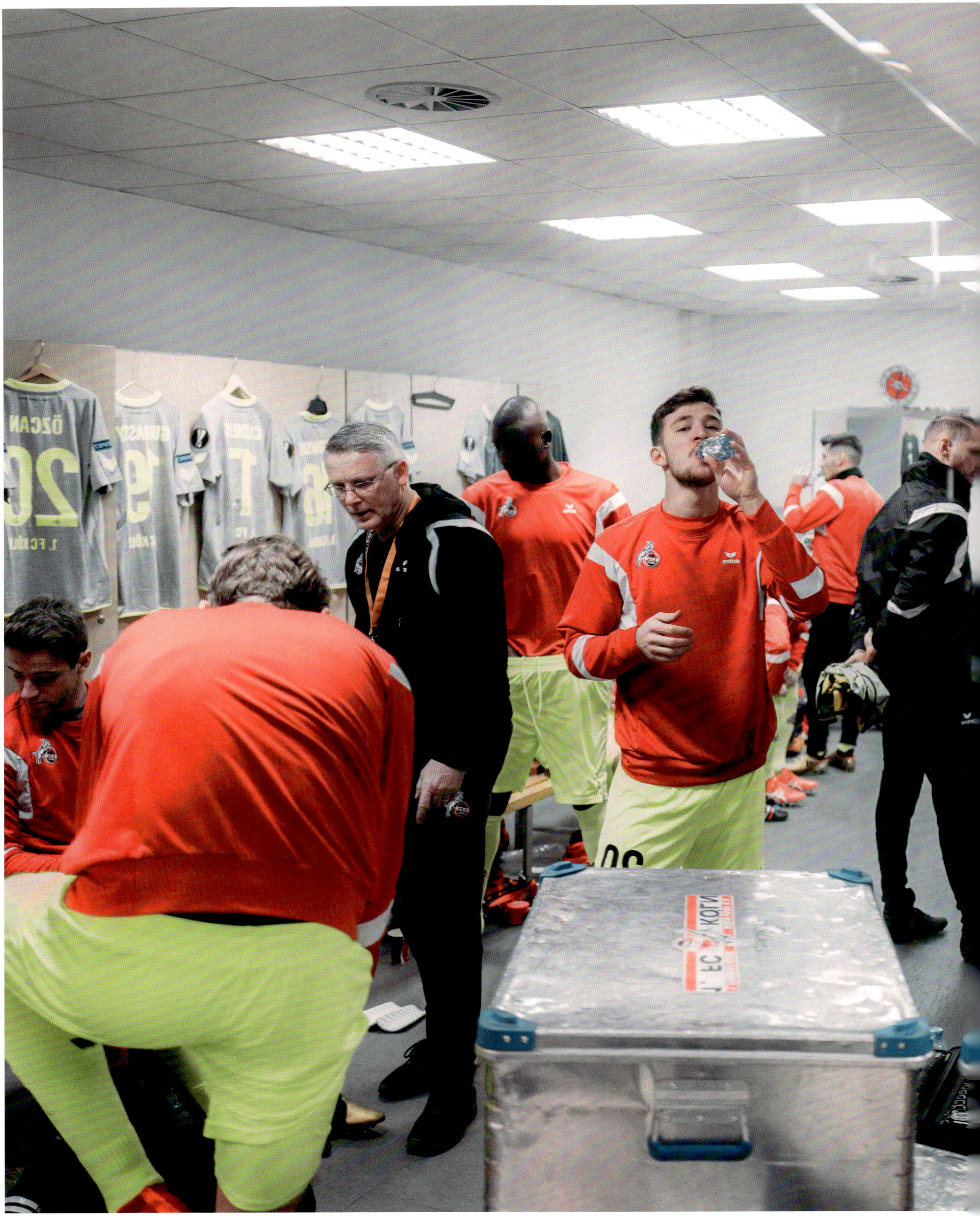
ÖZCAN

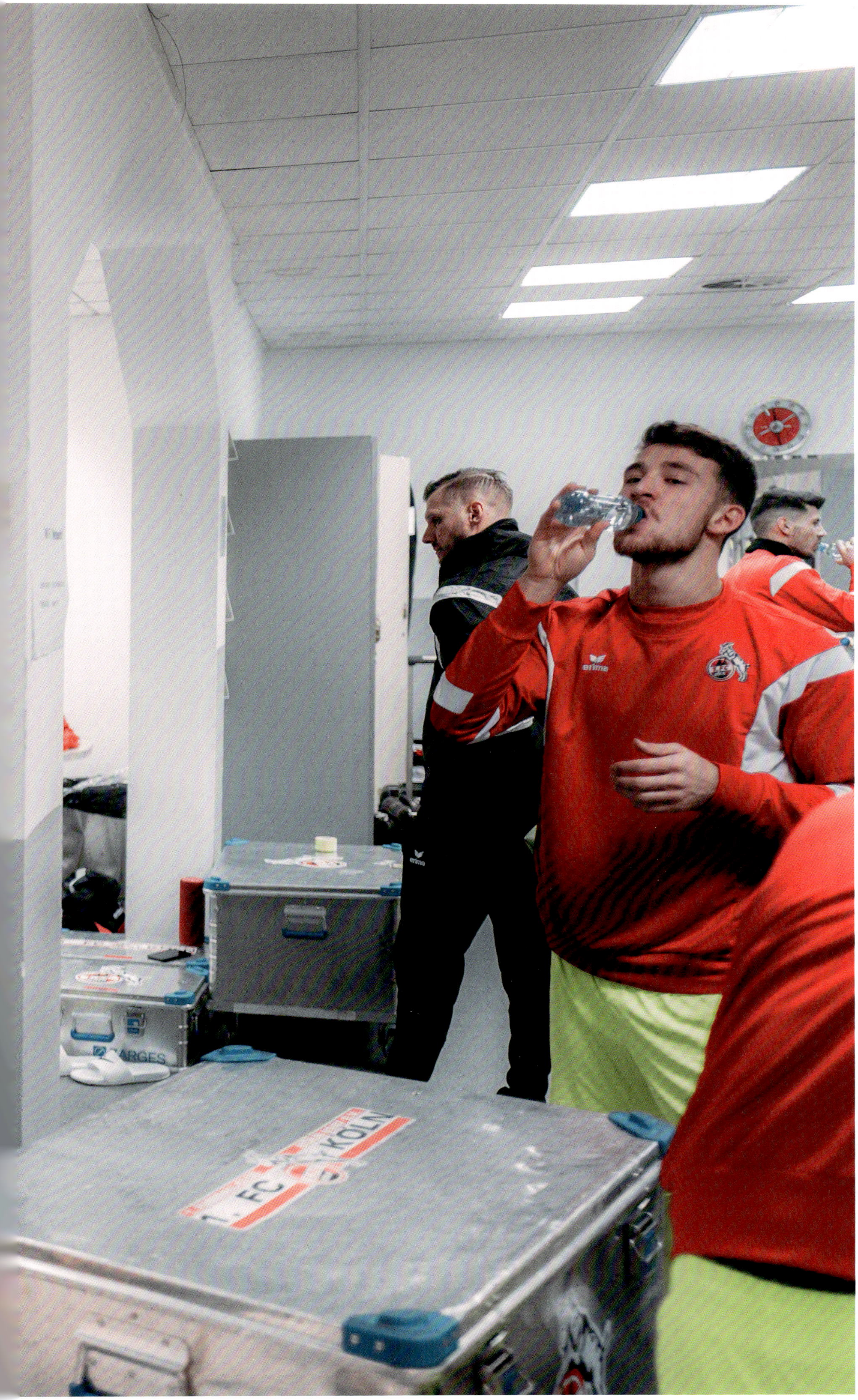
erima
1. FC

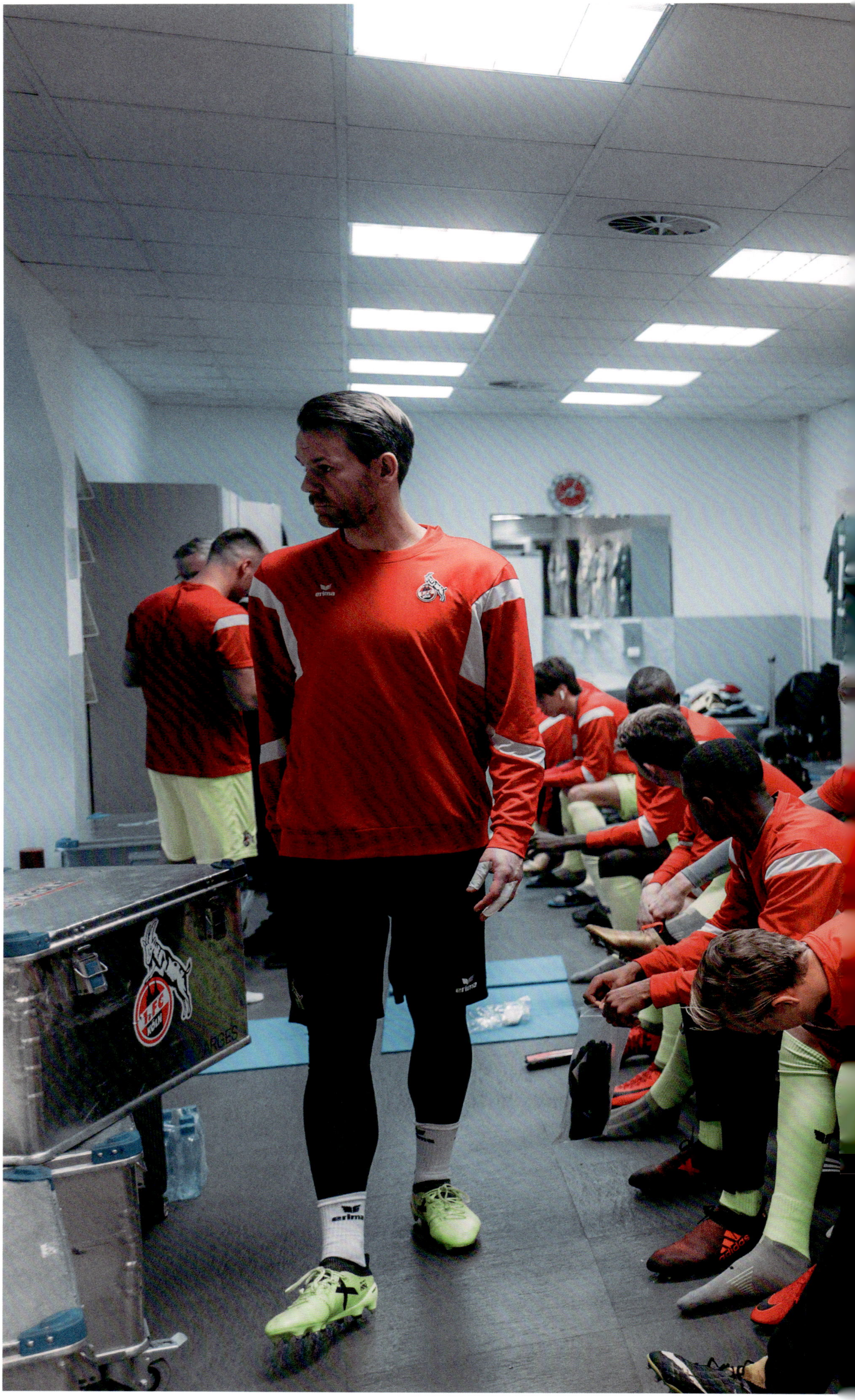
erima

323

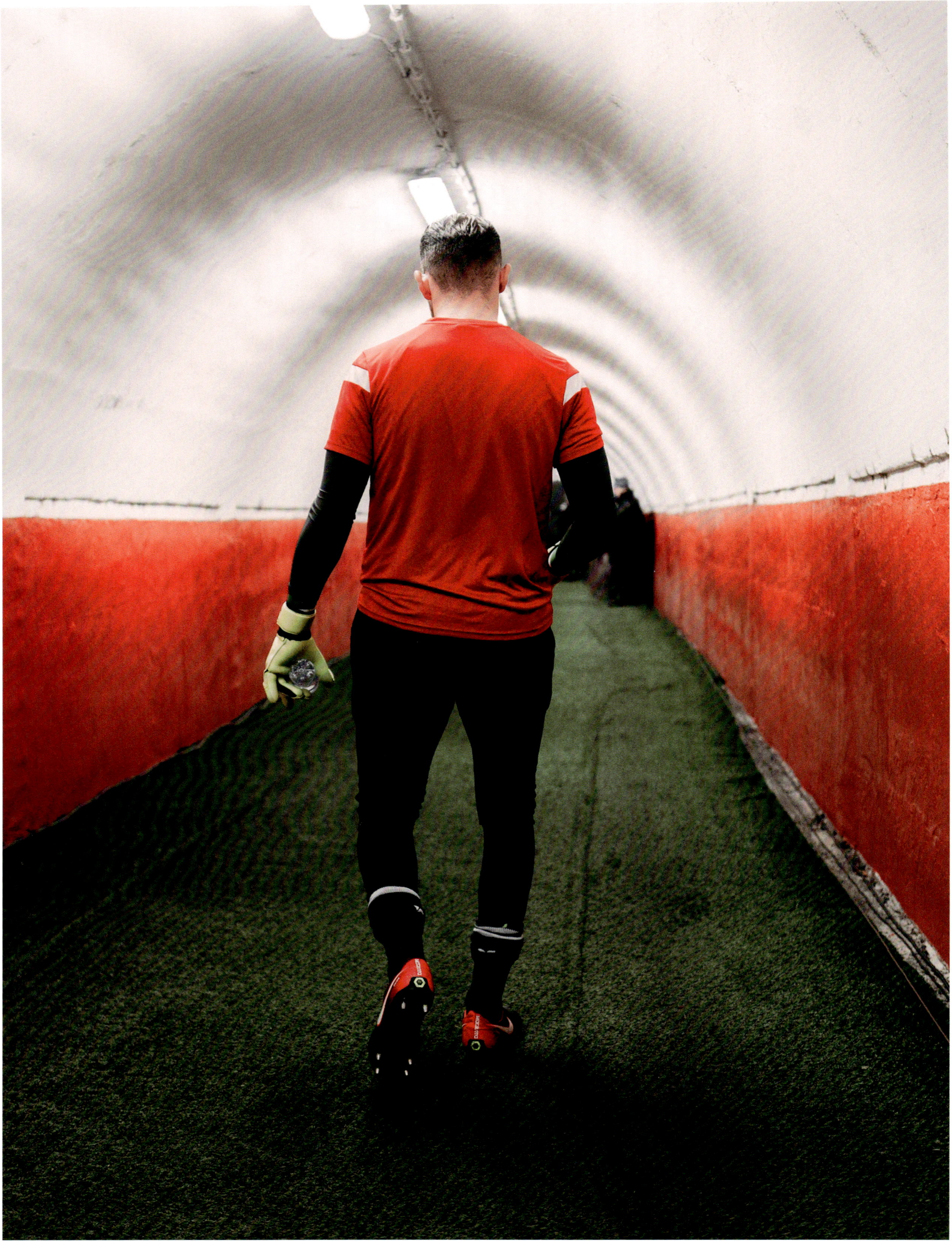

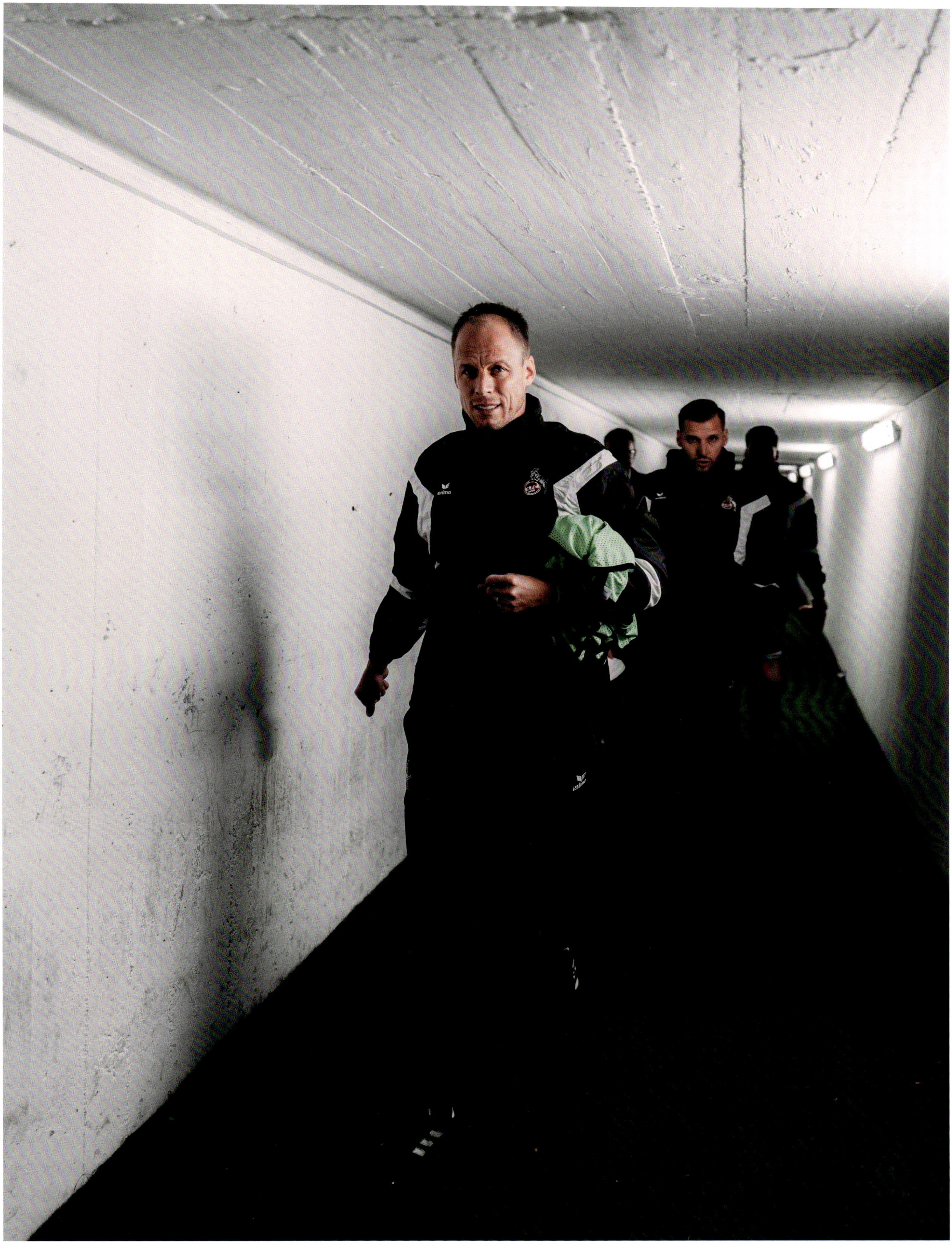

07.12.2017 | 20:14 OZ MARAKANA VON BELGRAD

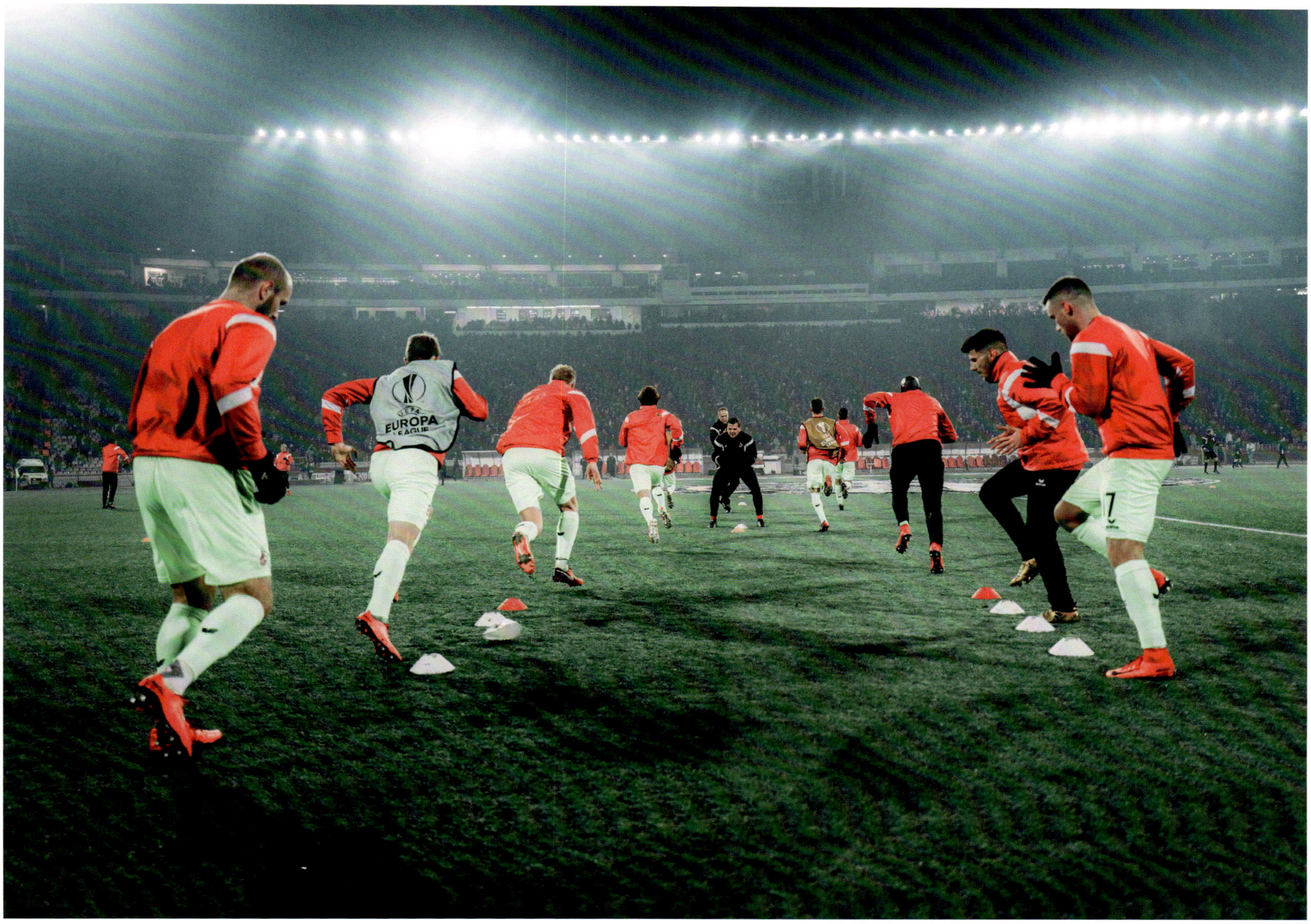
EUROPA

07.12.2017 | 20:38 OZ AUFWÄRMEN, MARAKANA VON BELGRAD

329

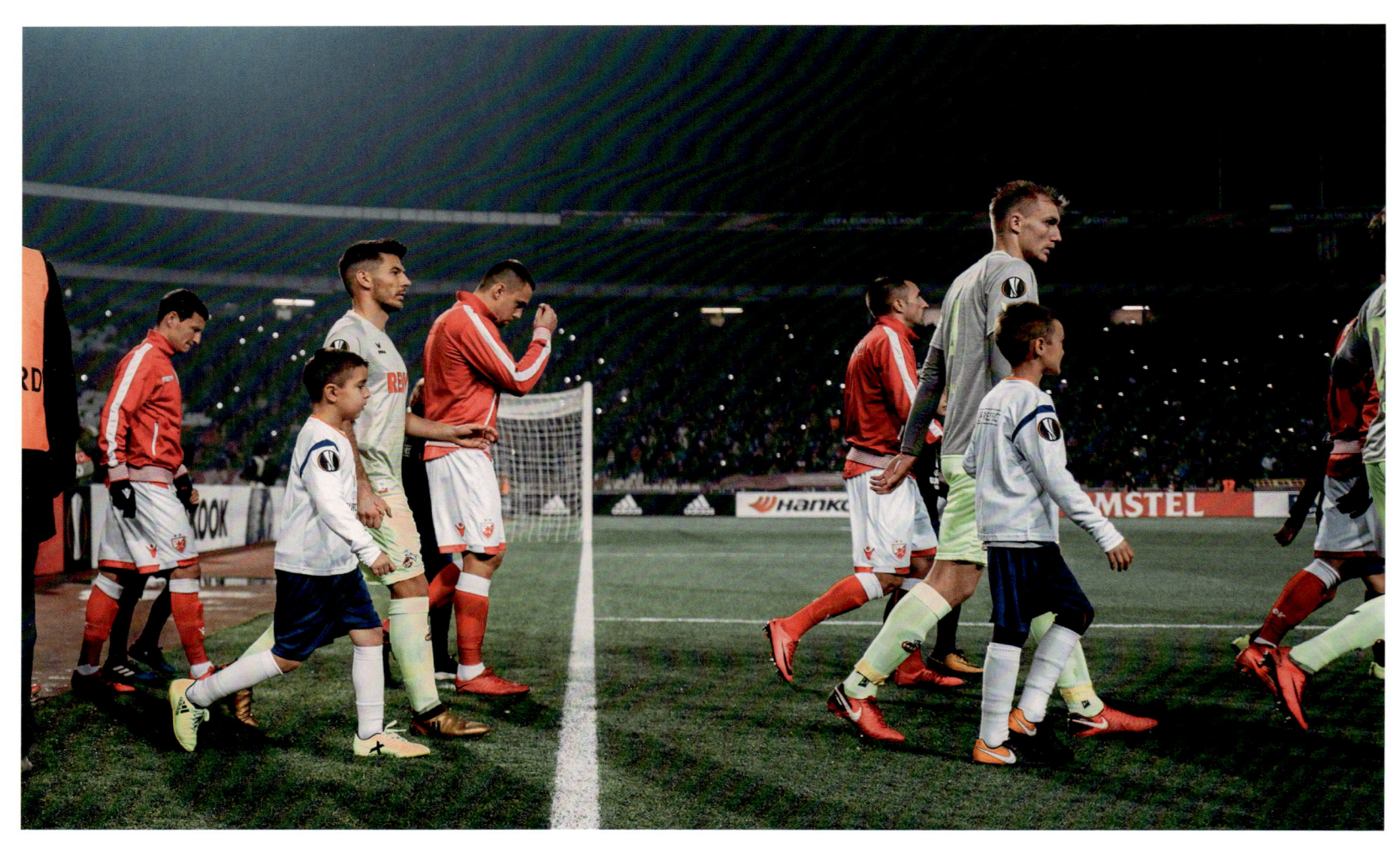

07.12.2017 | 21:02 OZ MARAKANA VON BELGRAD

331

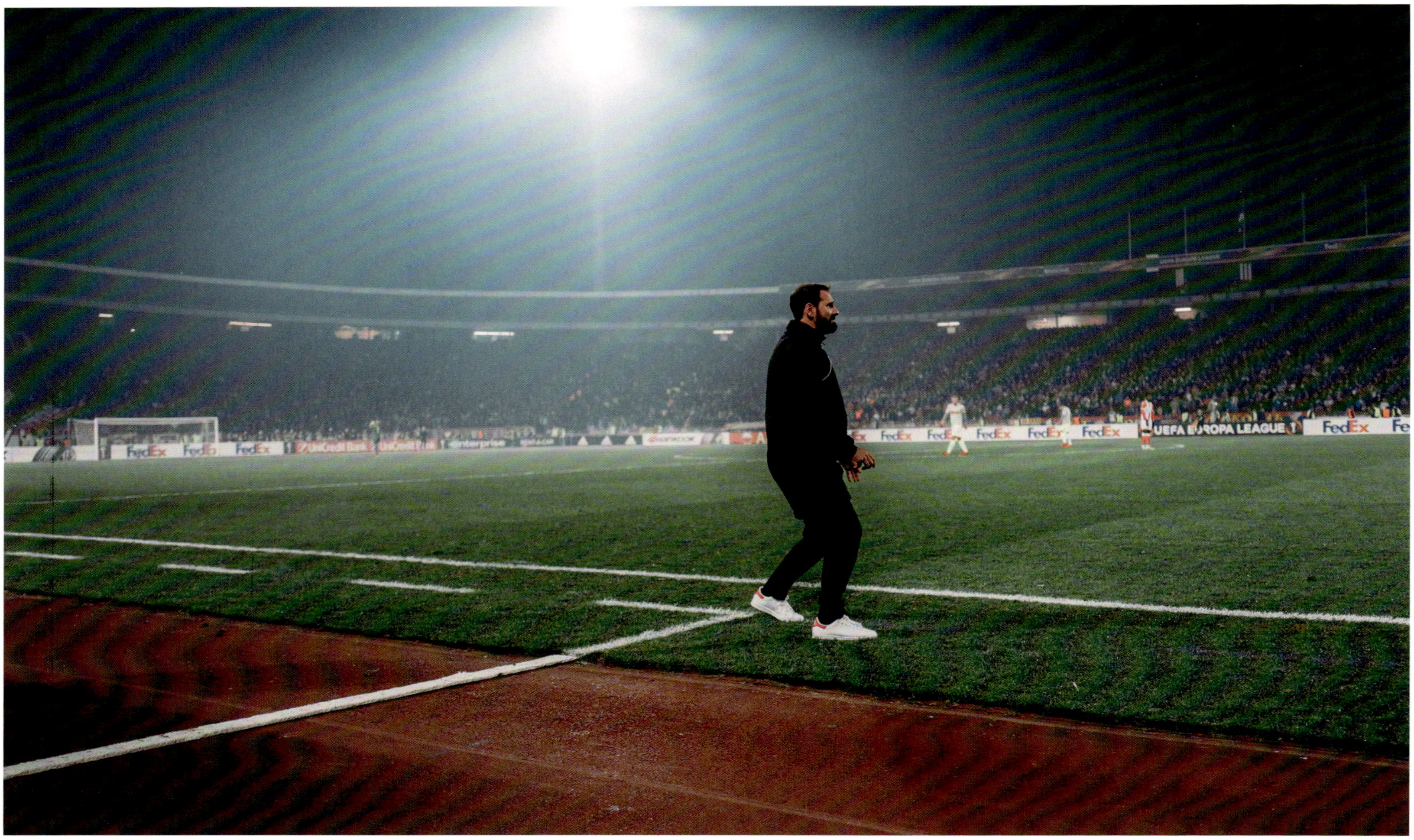
UEFA EUROPA LEAGUE
FedEx

333

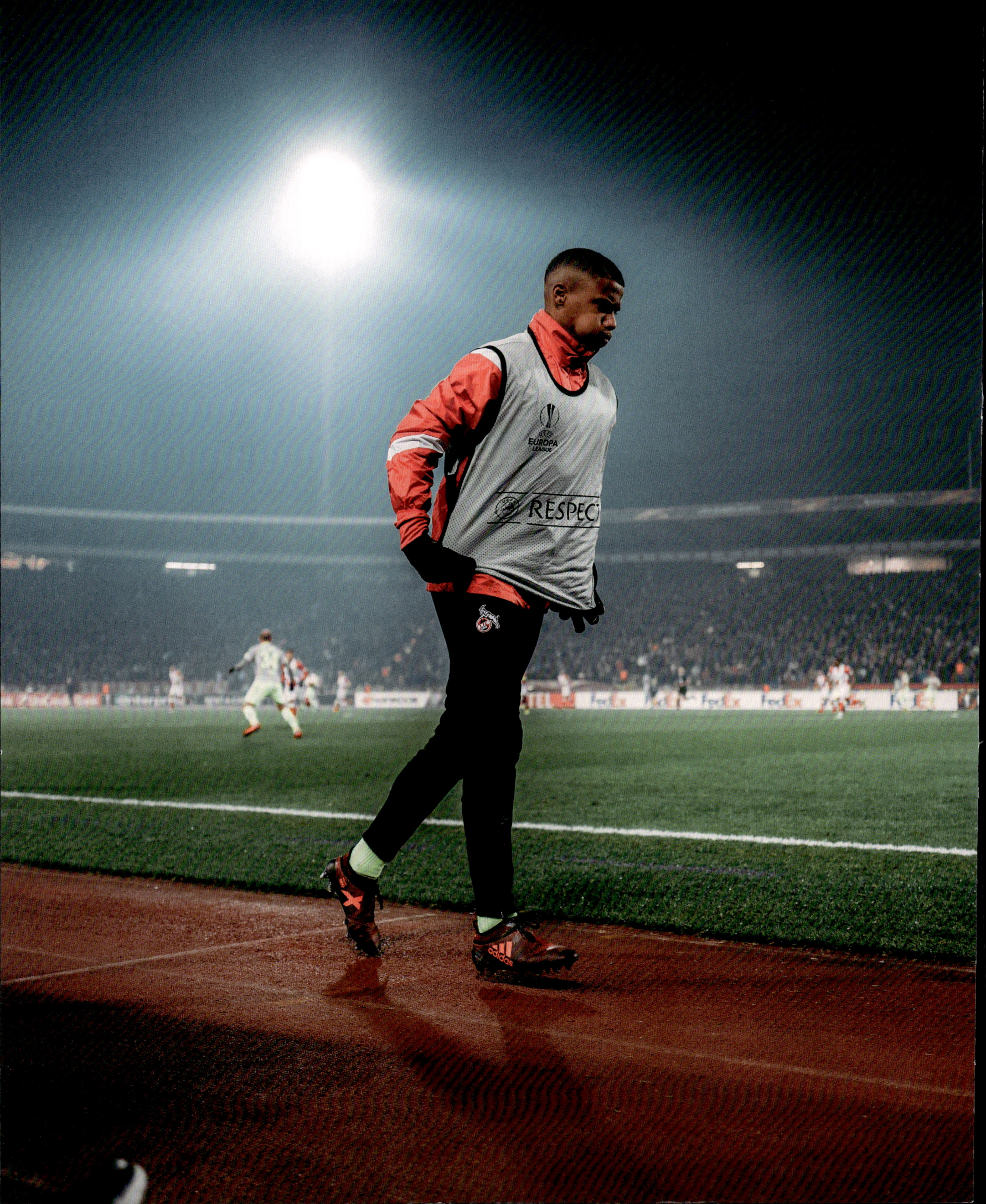
EUROPA LEAGUE
RESPECT
FedEx

335

07.12.2017 | 21:57 OZ HALBZEITSTAND 1:0, MARAKANA VON BELGRAD

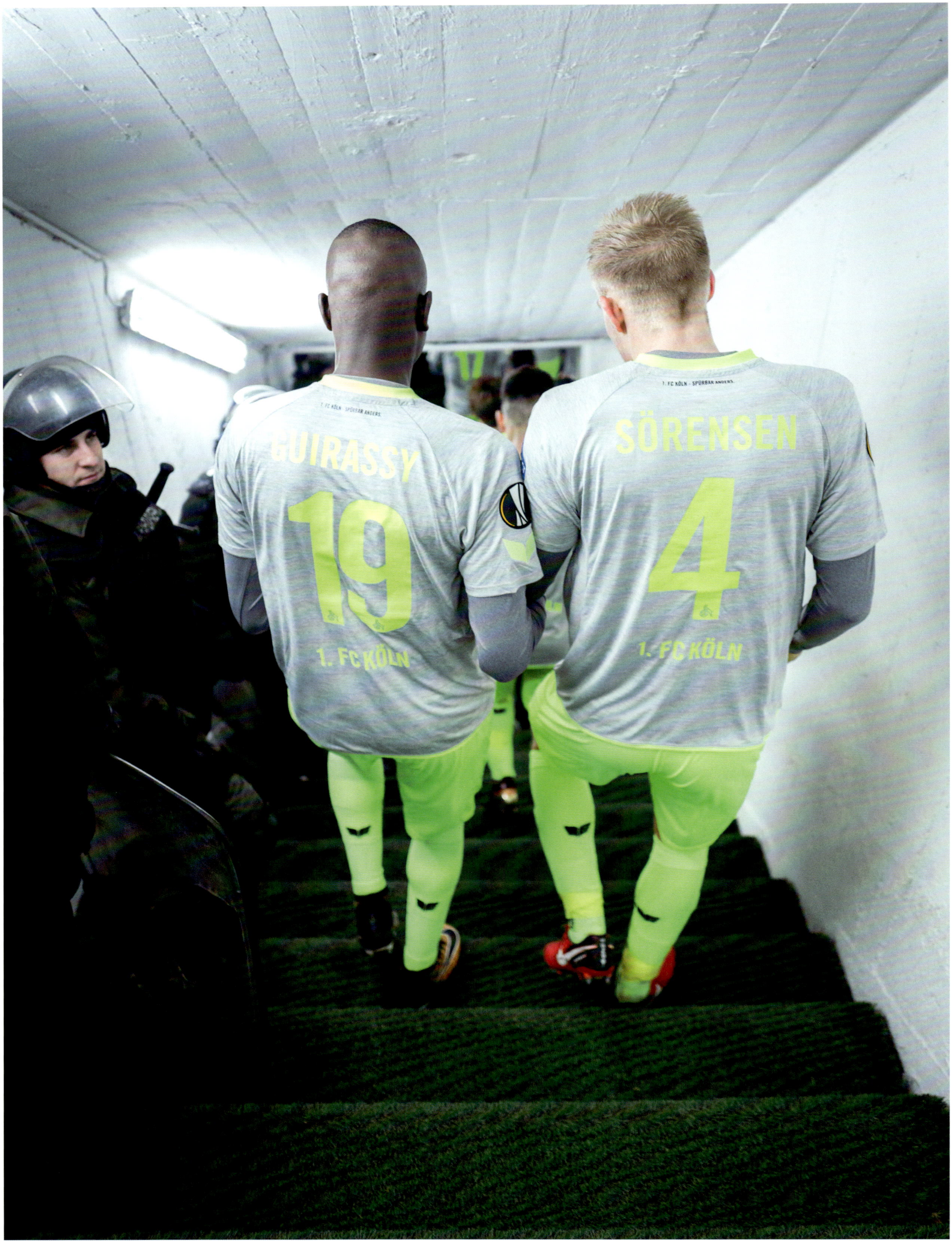

GUIRASSY
19
1. FC KÖLN
SÖRENSEN
4
1. FC KÖLN

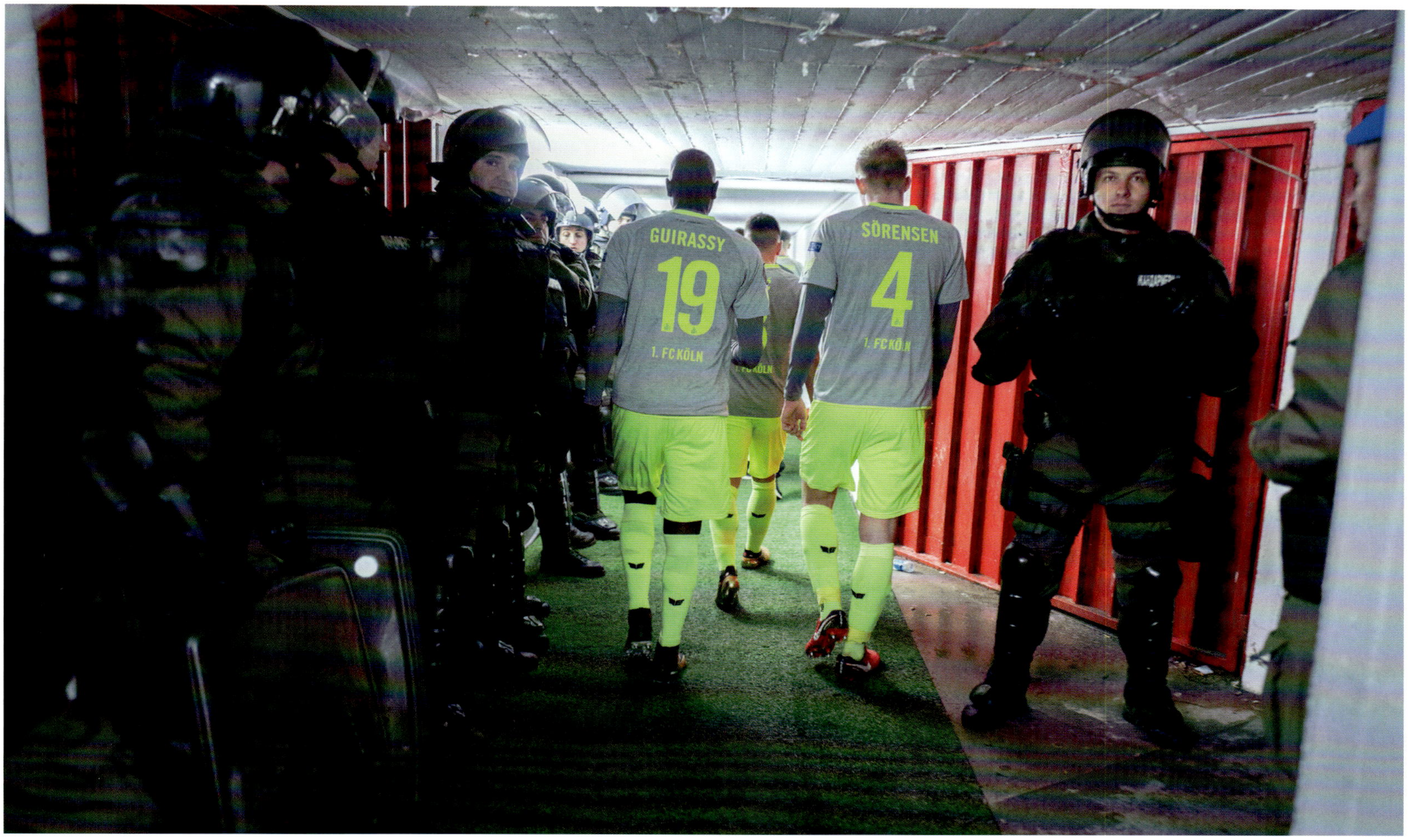
GUIRASSY
19
1. FC KÖLN
SÖRENSEN
4
1. FC KÖLN

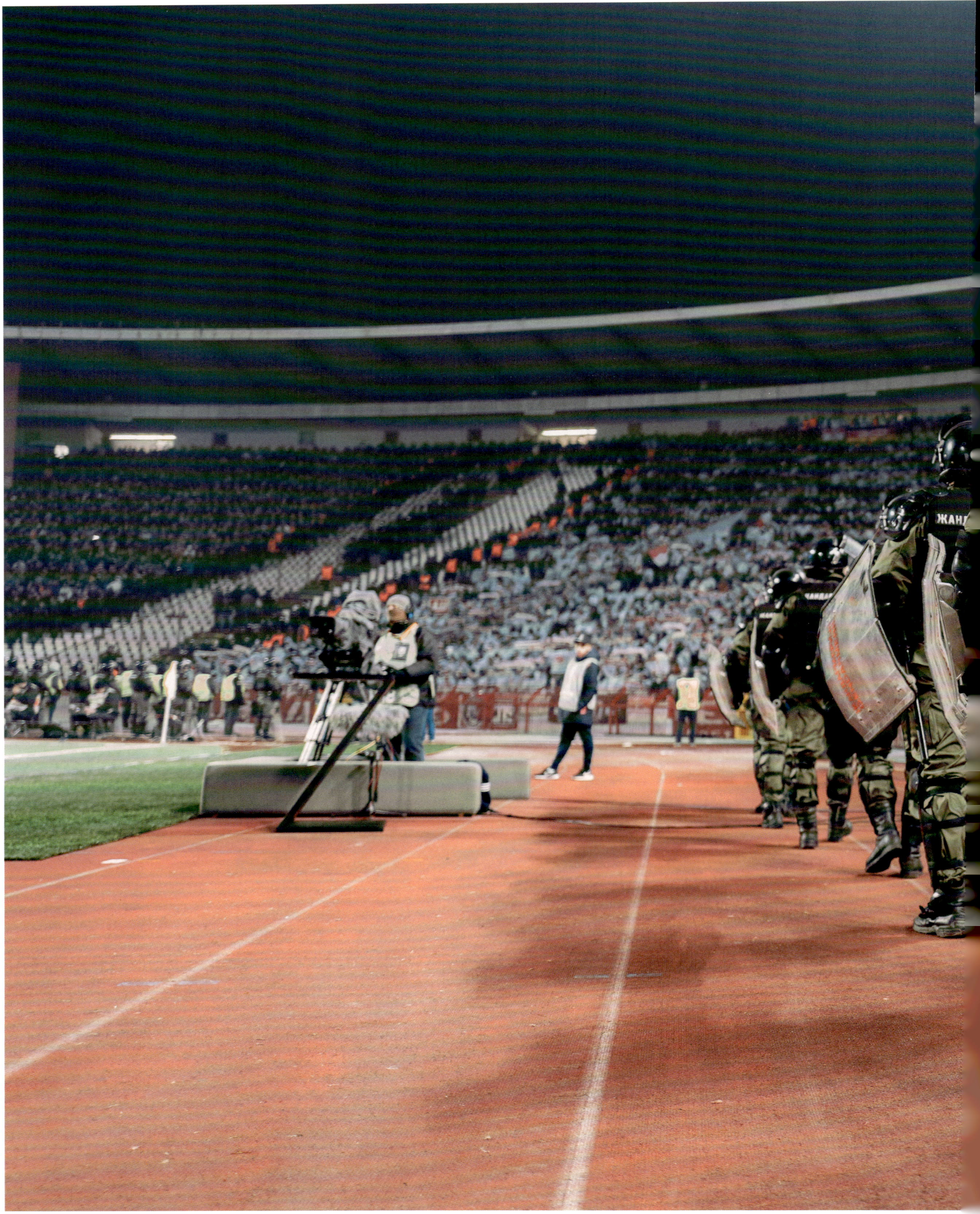

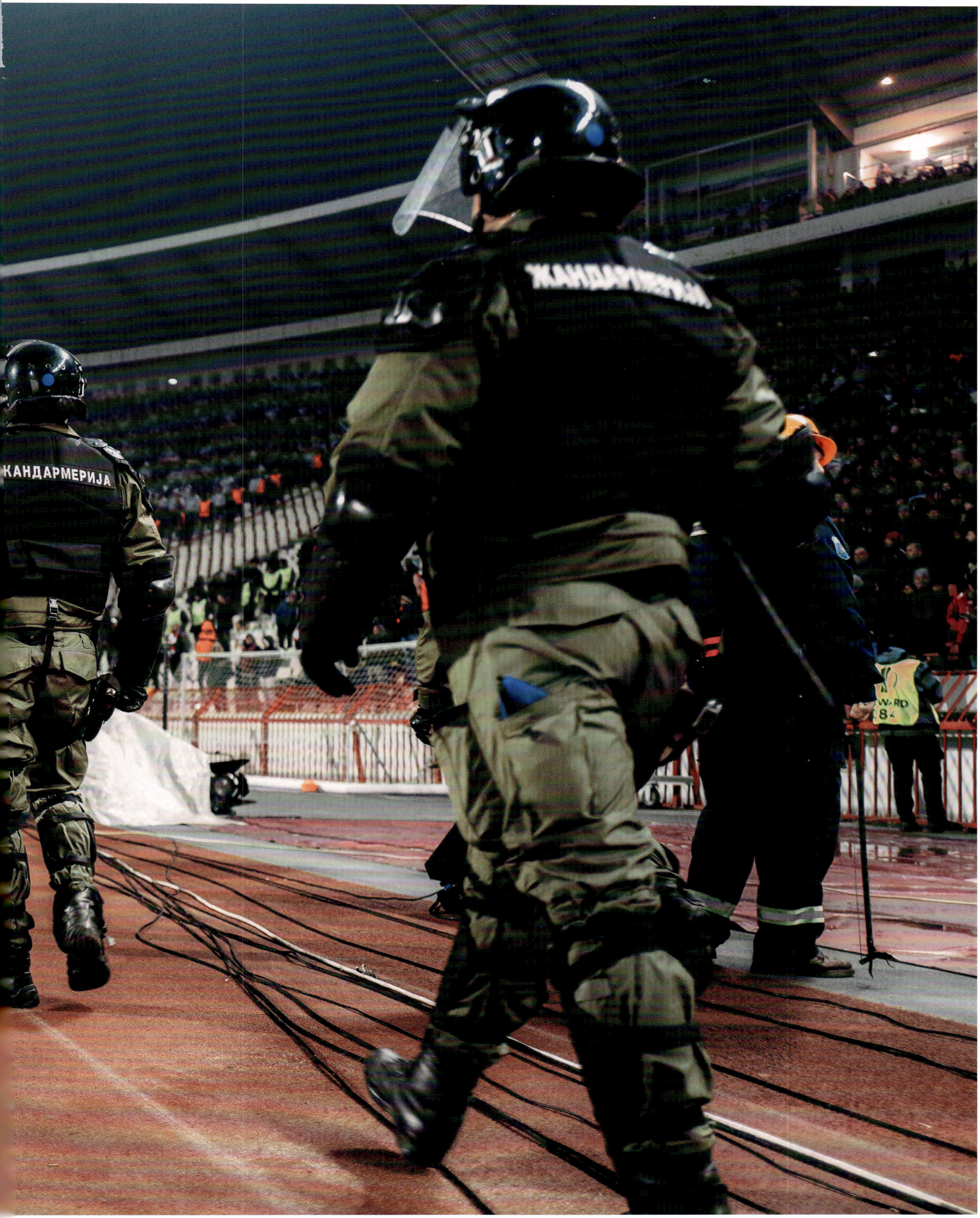
ЖАНДАРМЕРИЈА
ЖАНДАРМЕРИЈА

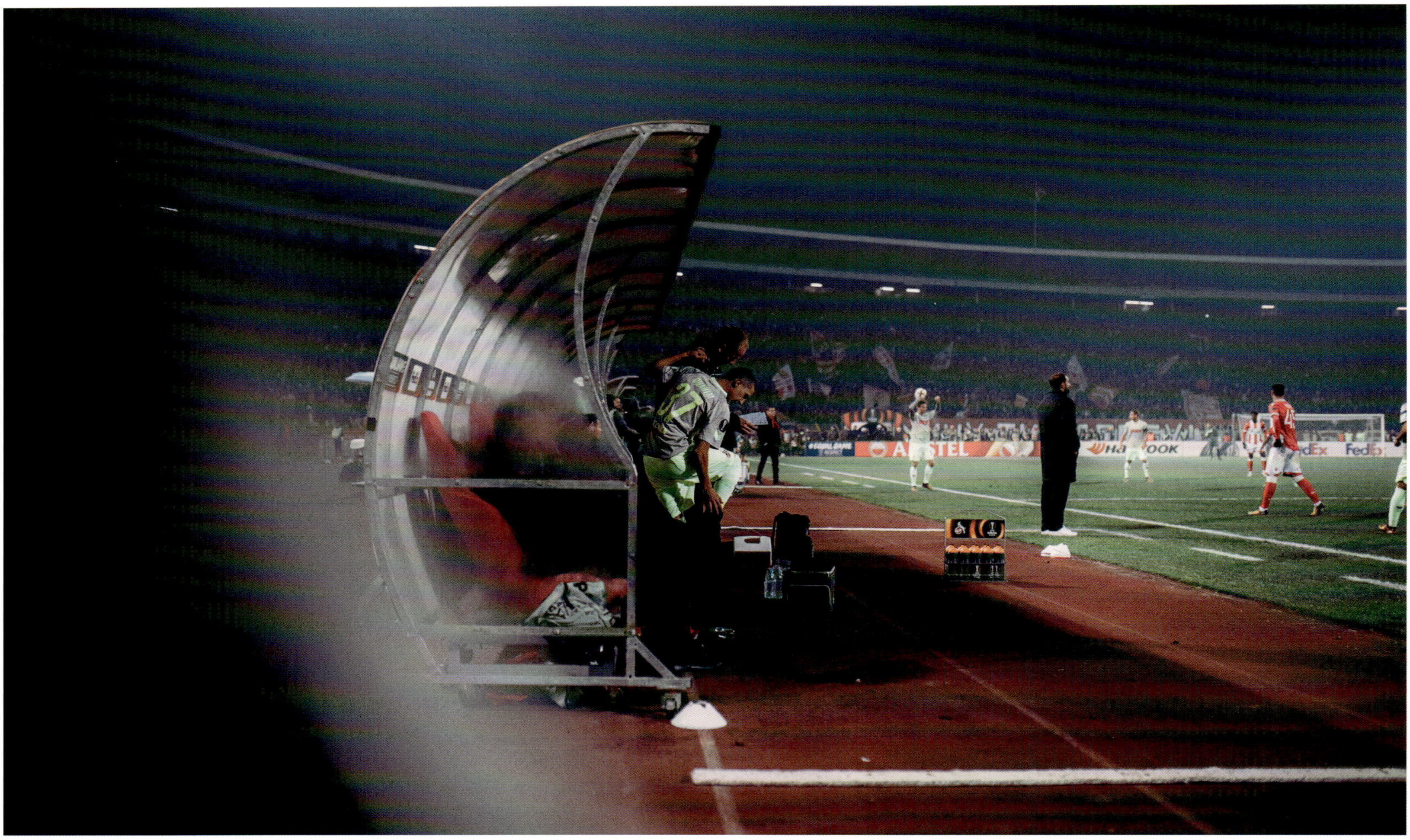

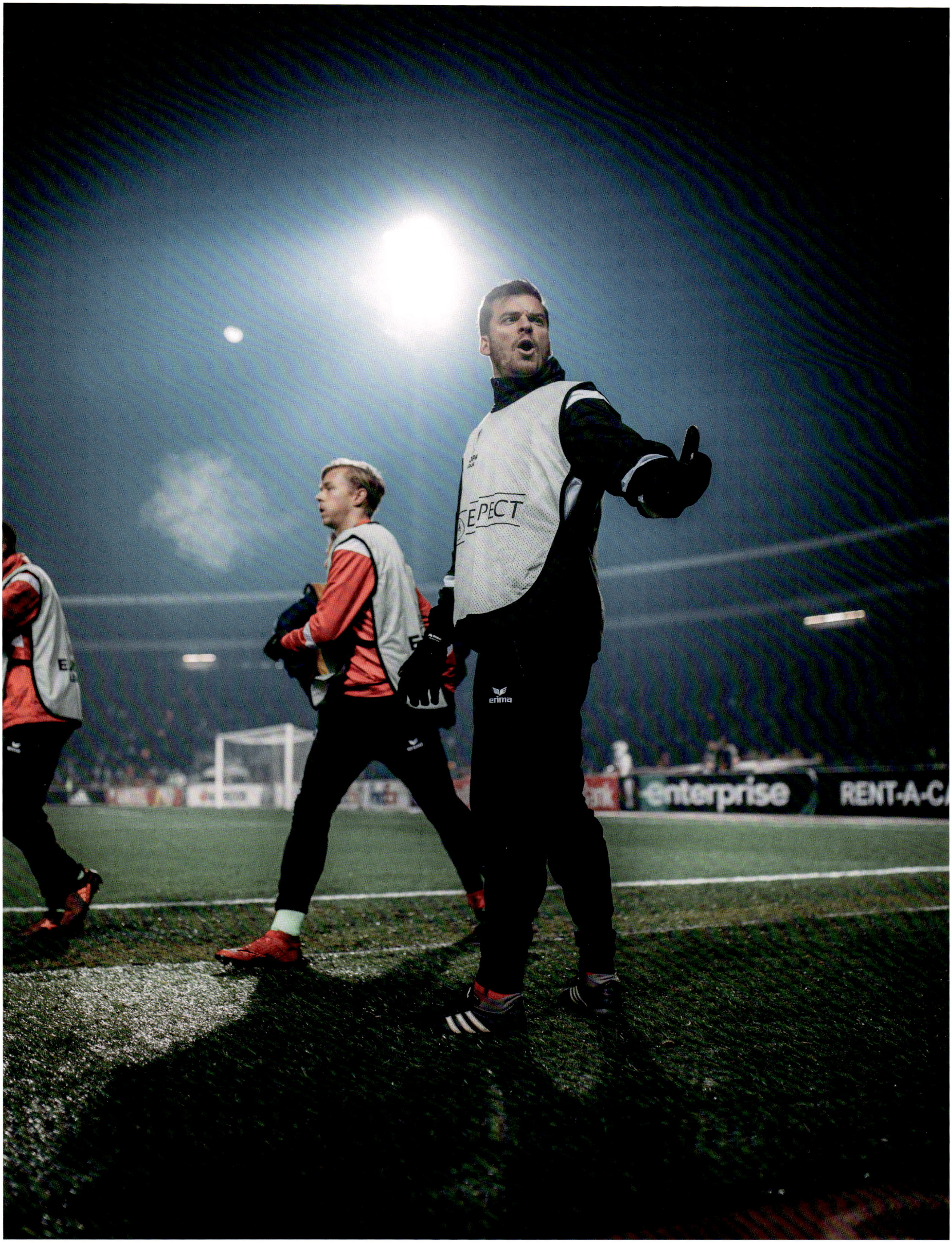
enterprise
erima

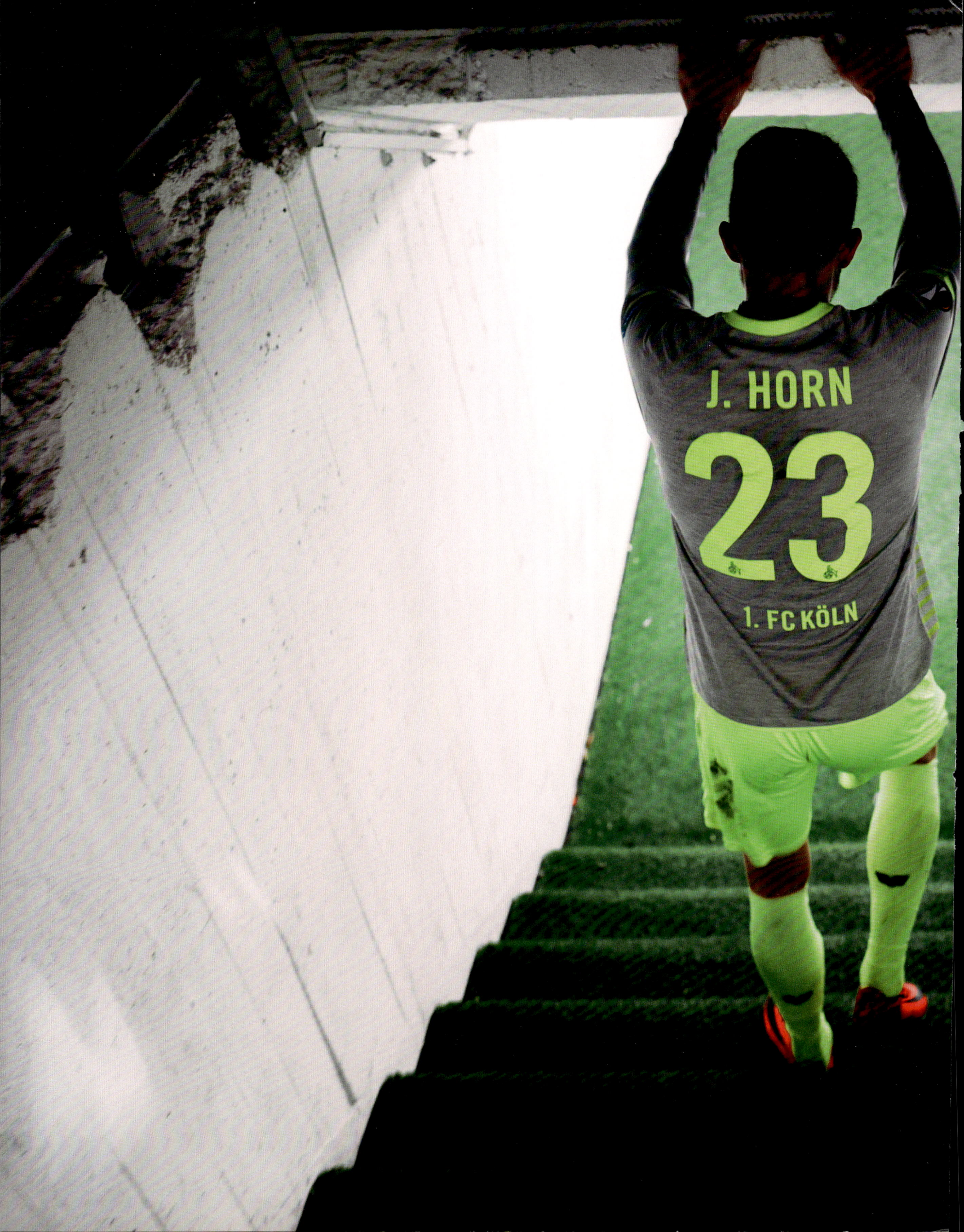
J. HORN
23
1. FC KÖLN

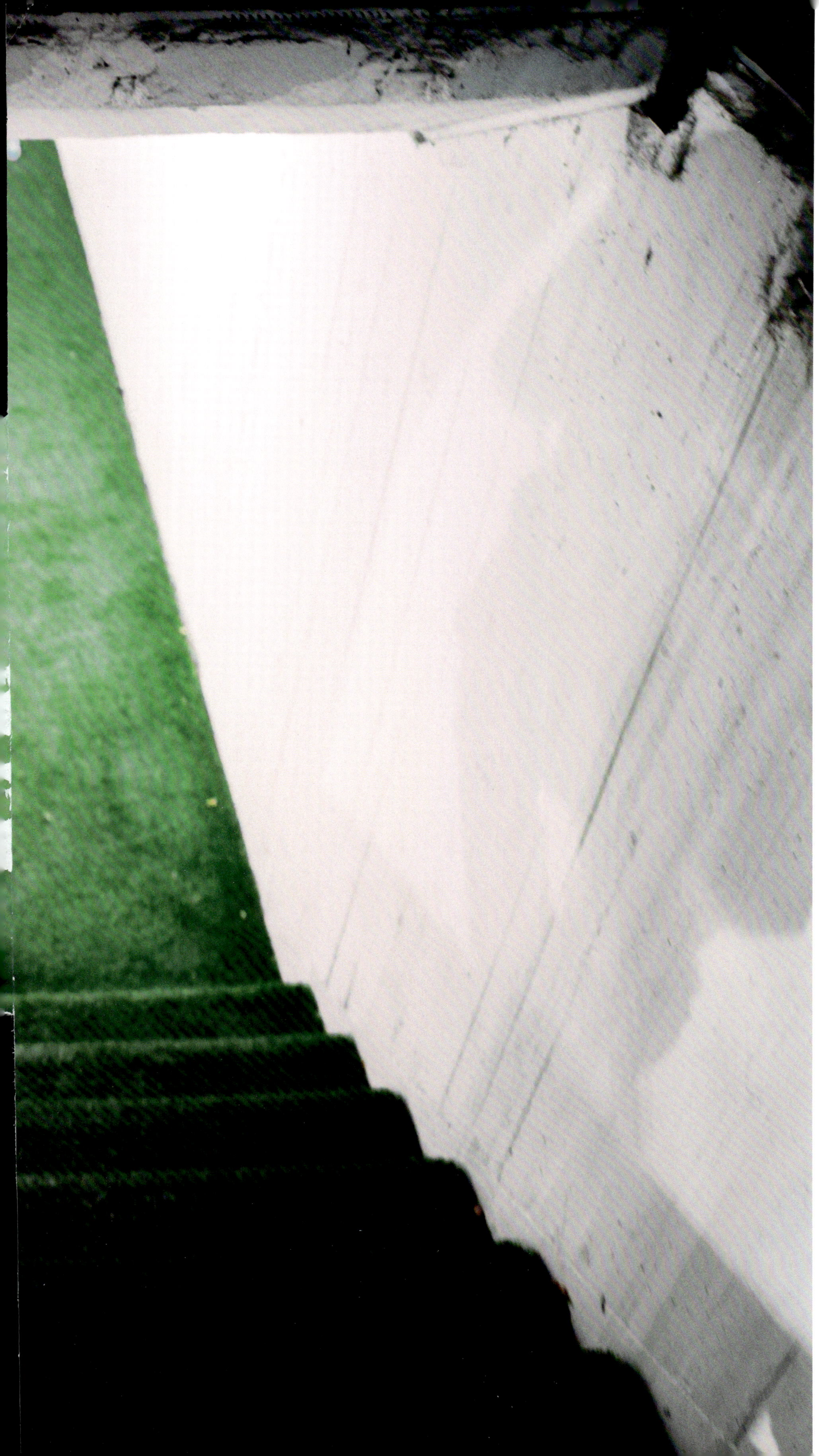

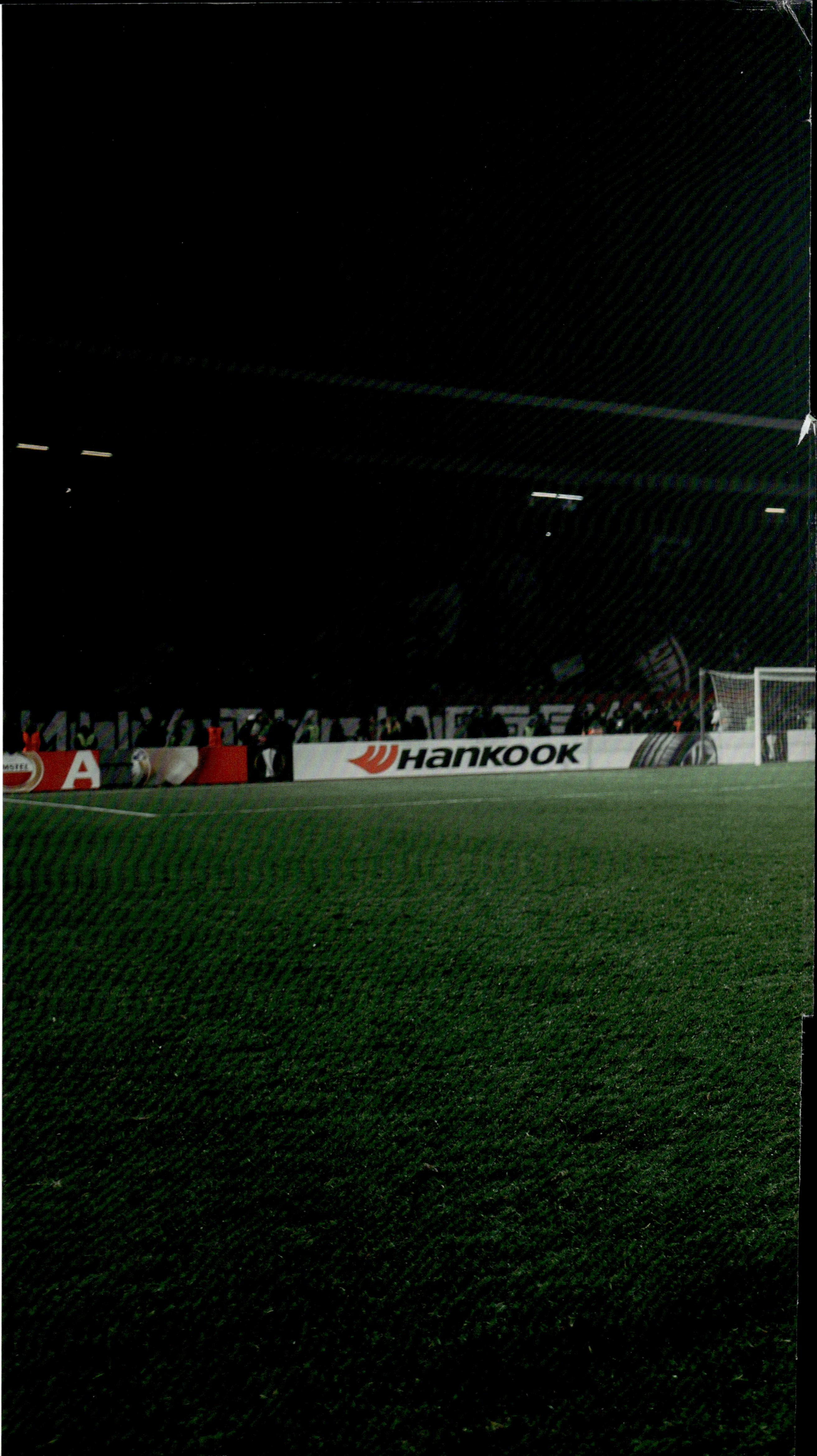
Hankook

07.12.2017 | 23:02 OZ ENDSTAND 1:0, MARAKANA VON BELGRAD

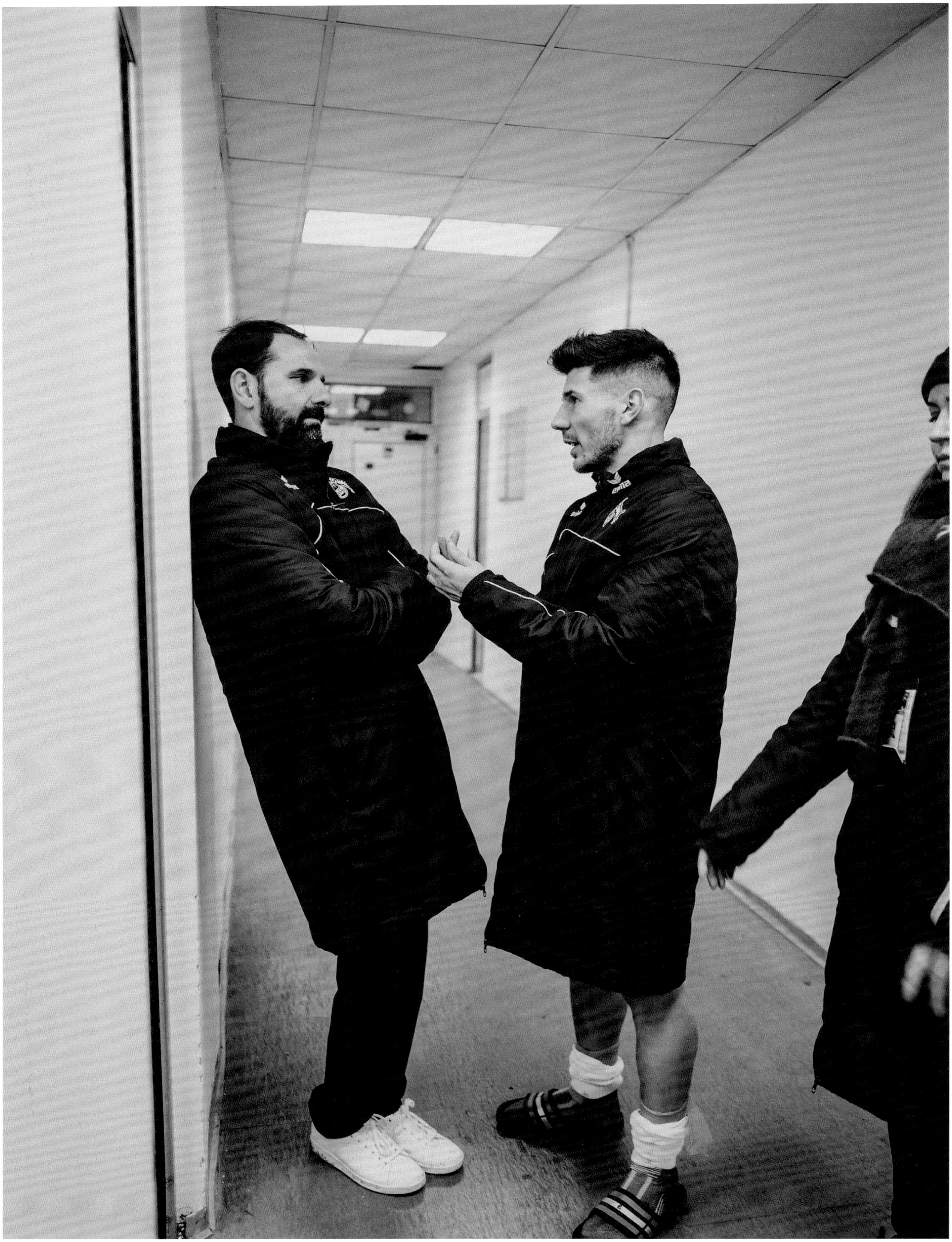

08.12.2017 | 00:18 OZ KABINE, MARAKANA VON BELGRAD

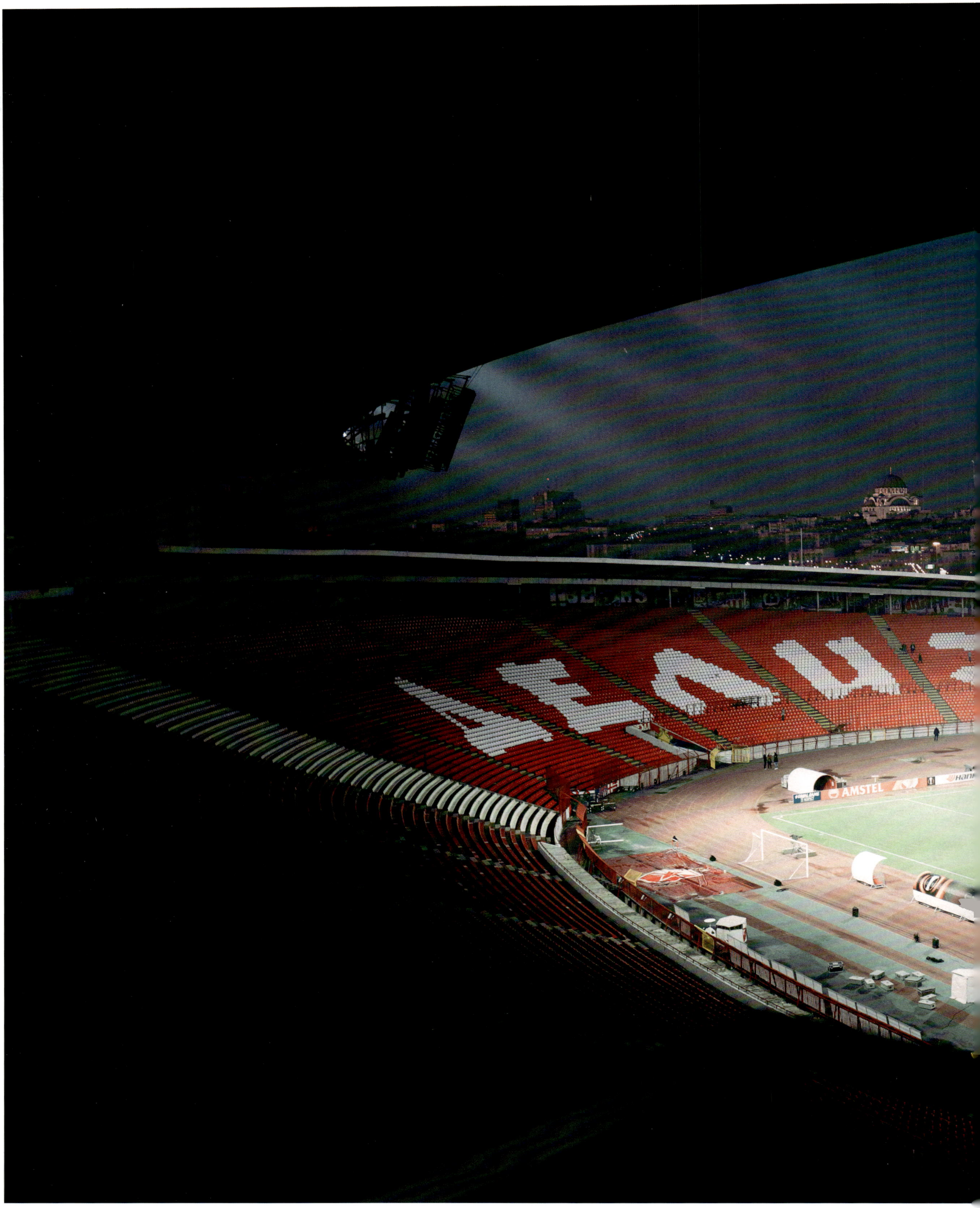
AMSTEL

DANKE

NUN, AM ENDE DIESES BUCHES, MEINER REISE MIT DEM 1. FC KÖLN DURCH EUROPA, ÜBER 13.000 GESCHOSSENEN BILDERN UND NOCH MEHR UNVERGESSLICHEN MOMENTEN, MÖCHTE ICH MICH VON GANZEM HERZEN BEDANKEN. DANKE AN ALLE, DIE MICH UND MEIN PROJEKT ZU JEDERZEIT UNTERSTÜTZT HABEN. ES GIBT VIELE MENSCHEN OHNE DIE DIESES BUCH SO NICHT MÖGLICH GEWESEN WÄRE. LEIDER ZU VIELE UM SIE HIER ALLE NAMENTLICH ZU ERWÄHNEN, ICH HOFFE IHR SEHT ES MIR NACH. TROTZDEM GIBT ES EIN PAAR MENSCHEN, DENEN AN DIESER STELLE MEIN GANZ BESONDERER DANK GILT.

FANGEN WIR DORT AN WO AUCH DIESES PROJEKT GESTARTET IST. MIT MAX WEUTHEN UND NILS SCHMADTKE. IHR HATTET GROSSEN ANTEIL DARAN, DASS DIESER BILDBAND ÜBERHAUPT ENTSTEHEN KONNTE.

NILS, DANKE FÜR DEINE UNTERSTÜTZUNG UND VOR ALLEM- DANKE, DASS DU MEINE ERSTEN IDEEN WEITERGETRAGEN HAST.

MAX, DANKE FÜR EIN WEGWEISENDES PRAKTIKUM ;-) UND FÜR ALL DEINE HILFE AUF MEINEM WEG ZU DIESEM BUCH.

DANKE AN EUCH JUNGS - MATTHIAS DEL PIERO, THOMAS SCHLOSSER, MARTIN ARLT, MARTIN FELLNER, JONATHAN MÜLLER, & KEN LAMBERT FÜR EURE KRITIK, INSPIRATIONEN, EUER BÜRO UND VIELE LUSTIGE MOMENTE.

LIL ZERCHER UND MAX VOLLMAR - DANKE FÜR EURE UNTERSTÜTZUNG, EURE ANREGUNGEN UND EURE BEGEISTERUNG.

DANKE MAX BRAUN UND SIMON ZOLLER FÜR DIE UNTERSTÜTZUNG DURCH EUER EQUIPMENT.

BESONDERS DANKBAR BIN ICH FÜR UNSERE FREUNDSCHAFT, RAPHAEL VOLLMAR, DIE DURCH DIESE REISE ENTSTANDEN IST. DANKE FÜR DEINE IMMER EHRLICHEN WORTE, DEINE RATSCHLÄGE UND HILFE IN VIELEN GEMEINSAMEN GESPRÄCHEN, MIT UND OHNE SIGGI TONIC UND DANKE FÜR EINES DER EMOTIONALSTEN BILDER, DAS DU DIESEM BILDBAND GESCHENKT HAST.

MARCO DETERS, DER DANK AN DICH GEHT DEUTLICH WEITER ALS DIESES PROJEKT. ABER DA ES HIER UM DAS BUCH GEHT - EIN GLÜCK, DASS WENIGSTENS DU GUT MIT ZAHLEN KANNST ;-) DANKE!

EIN RIESEN DANK GILT AUCH MARKUS SCHWER. DU HAST DEN BILDBAND GRAFISCH ZU DEM GEMACHT WAS ER JETZT IST.

ZUM ABSCHLUSS MÖCHTE ICH MICH BEI EINER PERSON BEDANKEN, DIE MIR UNGLAUBLICH WICHTIG IST. DU BIST IMMER FÜR MICH DA, STEHST IMMER HINTER MIR UND HILFST MIR WO DU KANNST! OHNE DICH WÄRE DAS ALLES NICHT MÖGLICH GEWESEN. DANKE!

DANKE AN DEN 1. FC KÖLN, DIE MANNSCHAFT UND DAS GESAMTE TEAM - ES WAR MIR EINE FREUDE.